HEINRICH AUGUST WINKLER

Warum es so gekommen ist

HEINRICH AUGUST WINKLER

Warum es so gekommen ist

ERINNERUNGEN

EINES HISTORIKERS

C.H.BECK

Mit 27 Abbildungen auf Tafeln

Wilhelmstraße 9, 80801 München, info@beck.de

www.chbeck.de
Umschlaggestaltung: Kunst oder Reklame, München
Umschlagabbildung: ullstein bild, Berlin
Satz: Janß GmbH, Print- und Digitalmedien, Pfungstadt
Druck und Bindung: CPI books GmbH, Leck
Printed in Germany
ISBN 978 3 406 83631 2

myclimate shape our future

MIX
Papier | Fördert gute Waldnutzung
FSC® C083411
FSC www.fsc.org

verantwortungsbewusst produziert
www.chbeck.de/nachhaltig
produktsicherheit.beck.de

Für Dörte

Inhalt

Anhang

Vorwort

Was ich in diesem Band vorlege, sind keine klassischen «Memoiren». Es sind drei Kapitel mit Rückblicken auf mein Leben, von denen jedes einen eigenen Schwerpunkt hat. Am Anfang des Buches stand eine Anfrage. Im April 2022 erhielt ich einen Brief meiner Historikerkollegen Christof Dipper und Heinz Duchhardt. Sie informierten mich über ihr Vorhaben, einen Band unter dem Arbeitstitel «Historiker im Selbstportrait: Autobiographische Zeugnisse der Geschichtswissenschaft in Deutschland» zusammenzustellen. Dazu sollten Historiker beitragen, die zwischen den ausgehenden 1920er Jahren und dem Jahr 1942 geboren wurden. Ich ging gern auf die Bitte ein, mich an dem Projekt zu beteiligen, und legte den Herausgebern im September 2022 das Ergebnis vor. Der von Dipper und Duchhardt herausgegebene Band ist im Frühjahr 2024 unter dem Titel «Generation im Aufbruch. Die Geschichtswissenschaft im Spiegel autobiographischer Porträts» erschienen.

Eine erweiterte Fassung dieses Beitrags bildet das erste Kapitel meines Buches. Es ist gewissermaßen ein erster Durchgang durch mein Leben: eine Skizze, in der, dem Zweck des Sammelbandes entsprechend, mein wissenschaftlicher Werdegang und meine Tätigkeit als akademischer Lehrer und Forscher im Vordergrund stehen. Anderes trat notwendigerweise in den Hintergrund: etwa meine persönlichen Erinnerungen an meine ostpreußische Heimat, an die Endphase des Zweiten Weltkriegs und die Nachkriegszeit, meine ersten Gehversuche in der politischen Bildungsarbeit und meine frühen Begegnungen mit Politikern, meine Ablösung von den konservativen Prägungen durch die Familie, der Austritt aus der CDU 1961 und der Eintritt in die SPD im Jahr darauf, meine publizistischen Interventionen und meine Rolle in einer Reihe von politischen Kontroversen, vor allem in der Zeit nach der Wiedervereinigung Deutschlands und meinem Wechsel von der Albert-Ludwigs-Universität Freiburg an die Humboldt-Universität zu Berlin im Jahr 1991, meine Gespräche mit Zeitzeugen des 20. Jahrhunderts, meine Eindrücke von Politikern und Intellektuellen, denen ich im Laufe meines Lebens begegnet bin.

Ich entschloss mich deshalb, es nicht bei dem Überblick über mein Historikerleben zu belassen, sondern ihn unter dem Titel «Geschichte in praktischer Forschungsabsicht» zum ersten Kapitel eines Erinnerungsbandes zu machen, der zwei weitere Kapitel enthält: «Politische Interventionen und Kontroversen» und «Begegnungen und Erlebnisse». Für die Zeit seit 1989 kann ich mich dabei auf fortlaufende Tagebuchaufzeichnungen stützen.

Dass das zweite und das dritte Kapitel sehr viel umfangreicher sind als das erste, bedeutet nicht, dass mir meine außerwissenschaftlichen Aktivitäten wichtiger gewesen wären als meine Arbeit in Lehre und Forschung. Vielmehr wird erst in diesen beiden Kapiteln deutlich, vor welchem zeitgeschichtlichen Hintergrund sich meine Themenwahl, meine Fragestellungen und historischen Urteilsmaßstäbe entwickelten, was ich als Echo auf meine Arbeiten erlebte, und, was den letzten Punkt angeht, vor allem *die* Bücher, mit denen ich über die Fachwelt hinaus ein breiteres, an Geschichte und Politik interessiertes Publikum erreichen wollte. Ich denke dabei besonders an die 1993 erschienene Geschichte der ersten deutschen Demokratie, der Weimarer Republik, an die beiden Bände des «Langen Weges nach Westen», einer deutschen Geschichte des 19. und 20. Jahrhunderts, aus dem Jahr 2000 und die vier Bände der «Geschichte des Westens», die ich zwischen 2009 und 2015 vorgelegt habe.

Das Stichwort politische Bildungsarbeit ist bereits gefallen. Letztlich waren alle meine Veröffentlichungen, und nicht nur die zur besonders gegenwartsnahen Geschichte, Versuche, zur politischen Aufklärung beizutragen. Die Frage, welchen Einfluss Geschichtsbilder auf die Politik der jeweiligen Zeit hatten, hat mich seit meinen Studententagen beschäftigt. Sie stellt sich auch heute, und das in allen Ländern und allen politischen Kulturen.

Im wiedervereinigten Deutschland werden wir tagtäglich mit der Tatsache konfrontiert, dass die Spaltung des Landes in zwei Staaten und zwei politische Kulturen Langzeitfolgen hat, die sich unter anderem im unterschiedlichen Wahlverhalten in Ost- und Westdeutschland zeigen. Von einer gesamtdeutschen politischen und Geschichtskultur sind wir noch weit entfernt. Vor allem im zweiten Kapitel dieses Buches gehe ich ausführlich auf diese Herausforderung an Politik und Wissenschaft ein.

Mein Buch erscheint zu einer Zeit, in der vieles von dem, was wir in den westlichen Demokratien nach den Umbrüchen und Aufbrüchen des 20. Jahrhunderts für unumstrittene Erkenntnisse und Errungenschaften hielten, nicht nur von außen, von autoritären oder neototalitären Mächten, sondern auch von innen, aus der Mitte der Gesellschaft heraus, in Frage gestellt wird.

In meiner «Geschichte des Westens» habe ich die Diskrepanzen zwischen dem normativen Projekt des Westens, also den politischen Konsequenzen der Aufklärung, und der politischen Praxis der westlichen Nationen herausgearbeitet, also die moralischen Ansprüche des Westens hinterfragt. Die Relativierung der allgemeinen Menschenrechte, der Herrschaft des Rechts, der Gewaltenteilung und der politischen Freiheit aber, die wir heute erleben, fordert, gleichviel ob sie in «postkolonialer» oder rechtspopulistischer Absicht erfolgt, zum Widerspruch heraus. Ich halte es für eine der vornehmsten Aufgaben der Geschichtswissenschaft und besonders der Zeitgeschichte, die Erfahrungen des «Jahrhunderts der Extreme» lebendig zu erhalten und seine Lehren nicht in Vergessenheit geraten zu lassen. Von diesem praktischen Erkenntnisinteresse habe ich mich in meiner wissenschaftlichen und publizistischen Arbeit leiten lassen. Im Vorwort zum ersten Band meines «Langen Wegs nach Westen» habe ich das berühmte Wort Leopold von Rankes zitiert, der Historiker solle «bloß sagen, wie es eigentlich gewesen ist», und hinzugefügt, nach Hitler müsse die Frage wohl eher lauten, «warum es eigentlich so gekommen ist». Es ist die Frage, von der ich in allen meinen Schriften ausgegangen bin und auch in diesem Band ausgehe.

1. Warum ich Historiker wurde Geschichte in praktischer Forschungsabsicht

Prägungen

Der Beruf des Historikers scheint mir, wie man so sagt, in die Wiege gelegt worden zu sein. Meine Eltern haben beide Geschichte studiert und in diesem Fach promoviert. Vom mütterlichen Zweig meiner Familie her bin ich sogar schon Historiker in der dritten Generation. Mein Großvater August Seraphim, der wie meine Großmutter mütterlicherseits aus einer baltendeutschen Familie stammt, hatte erst alte Sprachen, dann Geschichte studiert. Er war seit 1912 Direktor der Stadtbibliothek und des Stadtarchivs Königsberg und an der dortigen Universität erst Privatdozent und dann von 1911 bis zu seinem Tod im Jahr 1924 außerordentlicher Professor für Geschichte Osteuropas und Altpreußens. Im Ersten Weltkrieg stand er an der Spitze der deutschen Schulverwaltung in Kurland und arbeitete im Einklang mit der deutschen Oberschicht auf die allmähliche Eindeutschung dieses baltischen Landes und seinen Anschluss an das Deutsche Reich hin. Ende August 1914, während der Schlacht bei Tannenberg, kam meine Mutter Brigitte Winkler, geborene Seraphim, in Königsberg zur Welt. 24 Jahre später, im Dezember 1938, wurde ich in der Stadt am Pregel geboren.

Mein Vater Theodor Winkler, 1904 in Meisdorf im östlichen Harzvorland geboren, entstammte einer vorwiegend in Mitteldeutschland beheimateten Pastorenfamilie. Er wuchs in Berlin auf, wo mein Großvater August Winkler seit 1907 evangelischer Pfarrer war. Durch sein Elternhaus ähnlich konservativ, deutschnational und preußisch geprägt wie meine Mutter durch das ihre, schloss er sich als Gymnasiast dem Wandervogel und während seines Geschichtsstudiums in Königsberg, wie seine Historikerkollegen Theodor Schieder und Werner Conze, der Gilde Hermann Balk, einer Gliederung der nationalistischen Deutschen Akademischen Gildenschaft, an. Als diese nach der «Machtergreifung» ihre Mitglieder aufforderte, sich der SA oder der SS anzuschließen, trat mein Vater im Juni 1933 der SA bei. Im Oktober 1934 schied er aus der SA «zur Wehrmacht» aus, was wohl bedeutet, dass er als Zeitfreiwilliger eine militärische Grundausbildung bei der Wehrmacht absolvierte. Im Unterschied zu den meisten seiner Gildenbrüder wurde er aber kein Mitglied der NSDAP.

1931 promovierte Theodor Winkler bei Hans Rothfels in Königsberg mit einer Arbeit über die Anfänge der kommunalen Selbstverwaltung in Preußen mit einer (mit «summa cum laude» bewerteten) Arbeit zum Dr. phil. Im Nachwort zu der 1936 erschienenen Buchfassung seiner Dissertation sprach er demonstrativ seinem «verehrten Doktorvater», der seiner jüdischen Herkunft wegen 1935 zwangsemeritiert worden war, seinen Dank aus. Es war, wie Rothfels 1957 im Geleitwort zur zweiten Auflage des Buches schrieb, ein Bekenntnis, das «durchaus Mut erforderte». Eine akademische Karriere war meinem Vater nicht beschieden. Als er im Dezember 1939 starb, war er wissenschaftlicher Hilfsarbeiter am Arbeitswissenschaftlichen Institut der Deutschen Arbeitsfront in Berlin.

Nach dem Tod meines Vaters nahm meine Mutter ihr nach der

Eheschließung abgebrochenes Studium der Geschichte und der Musikwissenschaft an der Universität Königsberg wieder auf. 1943 promovierte sie bei Theodor Schieder mit einer Arbeit über das Verhältnis der preußischen Ostprovinzen zum Deutschen Bund zum Dr. phil. Im August 1944 erhielt sie die sehnlich erhoffte Genehmigung, das bedrohte Ostpreußen zu verlassen: Die Urspringschule bei Schelklingen am Fuß der Schwäbischen Alb, ein inzwischen verstaatlichtes ehemaliges evangelisches Internat, hatte sie gebeten, eine schwer erkrankte Lehrerin zu vertreten. Anders als der ältesten Schwester meiner Mutter, einer Bibliothekarin der Königsberger Universitätsbibliothek, blieb uns, das heißt meiner Mutter, ihrer Mutter und mir, die lebensgefährliche Flucht aus Ostpreußen im letzten Kriegswinter erspart. In Urspring erlebten wir das Ende des Zweiten Weltkriegs in Gestalt des Einzugs der amerikanischen Truppen Ende April 1945. Meine Großmutter väterlicherseits, die das Kriegsende im Pfarrhaus ihres ältesten Sohnes in der Neumark überlebt hatte, starb wenige Wochen später in dem nunmehr polnischen Teil der ehemaligen Mark Brandenburg an Entkräftung. Mein Onkel (und Patenonkel) Martin Winkler, ein Mann der Bekennenden Kirche, begleitete als Seelsorger die Männer seiner Gemeinde 1945 freiwillig bei der Deportation in ein sowjetisches Arbeitslager, wo er noch im gleichen Jahr ums Leben kam; seine Familie fand 1946 im ostholsteinischen Preetz eine neue Heimat. Im zweiten Kapitel gehe ich etwas ausführlicher auf meine Erinnerungen an das Kriegsende ein.

Nach dem Abschluss ihrer Referendarausbildung unterrichtete meine Mutter, die als Nicht-Parteigenossin im Entnazifizierungsverfahren als «entlastet» eingestuft worden war, die Fächer Musik und Geschichte an der Mädchenoberschule, dem späteren Mädchengymnasium, in Ulm. Ebendort besuchte ich seit dem Herbst 1948, der Familientradition entsprechend, das altsprachliche Gymnasium, das spätere Humboldt-Gymnasium. Ich denke dankbar an diese Zeit zurück und ganz besonders an einen Lehrer, den Historiker und Altphilologen Walter Reichle. Wie die meisten seiner Kollegen war er bei der Entnazifizierung als «Mitläufer» eingestuft worden. Er hatte mit einer Dissertation über den preußischen Kultusminister Heinrich von Mühler promoviert, ließ an seiner Verehrung für Bismarck keinen Zweifel aufkommen, machte aber, für bundesdeutsche Gymnasien der fünfziger Jahre wohl eher atypisch, auch keinen Bogen um die Zeit des Nationalsozialismus. In der Mittelstufe nahm er mit uns Schülern anhand der kurz zuvor publizierten Gerstein-Protokolle zur Massenvergasung die Vernichtung der europäischen Juden durch. 1954 hielt er auf einer öffentlichen Veranstaltung des Politischen Seminars der Ulmer Jugend, eines von 1954 bis 1956 von mir geleiteten überparteilichen Schülerarbeitskreises, eine Gedenkrede zum zehnten Jahrestag des Attentats auf Hitler vom 20. Juli 1944.

Das Politische Seminar der Ulmer Jugend verstand sich als Ergänzung des Gemeinschaftskundeunterrichts. Wir luden Politiker aller im Bundestag vertretenen Parteien, darunter auch Minister des zweiten Kabinetts Adenauer, zu Diskussionen nach Ulm ein und unternahmen Reisen zu Zentren des politischen Geschehens. In Bonn empfingen uns Bundestagspräsident Hermann Ehlers und Bundeswirtschaftsminister Ludwig Erhard, der seit 1949 den Wahlkreis Ulm im Bundestag vertrat, in Berlin der Regierende Bürgermeister Otto Suhr. In Straßburg, dem Sitz der Beratenden Versammlung des Europarats, konnten wir mit den deutschen Abgeordneten Fritz Erler von der SPD und Hans-Joachim von Merkatz von der Deutschen Partei diskutieren, in Paris mit einem Vorkämpfer der europäischen Einigung, dem damaligen französischen Justizminister Robert Schuman. Das Politische Seminar der Ulmer Jugend erhielt von ihm eine handschriftliche Widmung: «Meinen Gruß an alle Freunde Europas.»

Eine andere Ergänzung des Schulunterrichts waren Veranstaltungen der von Inge Aicher-Scholl, der älteren Schwester von Hans und Sophie Scholl, geleiteten Ulmer Volkshochschule. Gastredner waren dort neben anderen der Historiker und Jurist Erich Eyck, der unter Hitler nach England emigriert war, Autor einer kritischen Bismarck-Biographie wie einer zweibändigen Geschichte der Weimarer Republik, und der aus dem schwedischen Exil nach Deutschland zurückgekehrte, in Erlangen lehrende Professor für Religions- und Geistesgeschichte Hans-Joachim Schoeps. Er sprach in Ulm aber nicht über seine Lieblingsthemen, das «andere», das altkonservative Preußen oder die von ihm erstrebte neue Monarchie, sondern hielt eine höchst eindringliche Vorlesung über Leben und Werk Søren Kierkegaards. Außerdem hörte ich an der «VH» den baltendeutschen Dichter Werner Bergengruen, den Osteuropakenner Klaus Mehnert und den Kabarettisten Werner Finck, der wegen seiner mutigen Auftritte in der Berliner «Katakombe» in den ersten Jahren des «Dritten Reiches» berühmt war.

Während der letzten Schuljahre hatte ich geplant, Jura zu studieren. Ein Ereignis im letzten Jahr vor dem Abitur trug wesentlich dazu bei, dass ich mich schließlich doch für mein Lieblingsfach, die Geschichte, entschied: der 23. Deutsche Historikertag, der im September 1956 in Ulm stattfand und an dem auch die an Geschichte besonders interessierten Ulmer Gymnasiasten teilnehmen durften. Ich hatte zudem einen Presseausweis der «Ulmer Nachrichten» erhalten, für die ich über einige der dort gehaltenen Vorträge berichtete.

Zu den «Stars» des Kongresses gehörten der Soziologe Hans Freyer, in den Jahren der Weimarer Republik einer der prominentesten Autoren der «Konservativen Revolution», und der Mediävist Hermann Heimpel. Viel beachtet wurden Auftritte von Historikern der DDR, die Freyer vorwarfen, er habe eine «Apotheose des Kapitalismus» geliefert. Der familiäre Hintergrund erleichterte es mir, mit manchen bekannten Fachvertretern, darunter Hans Rothfels, Theodor Schieder und Werner Conze, ins Gespräch zu kommen.

Rothfels war es 1939 gestattet worden, eine Einladung des St. John's College in Oxford anzunehmen und nach Großbritannien auszureisen. 1940 erhielt er eine Gastprofessur an der Brown University in Providence, Rhodes Island, in den USA, 1946 wechselte er auf einen Lehrstuhl in Chicago. 1951 nahm er einen Ruf nach Tübingen an, wo ich ihn durch Vermittlung meiner Mutter kennenlernte. Als ich ihn Anfang 1957 wegen meiner künftigen Studienfächer um Rat bat, riet er mir, meiner Neigung zu folgen und, so wie einst auch er, Geschichte mit Öffentlichem Recht zu verbinden. Nach dem Abitur, das ich im Februar 1957 ablegte, wurde ich auf Vorschlag des Humboldt-Gymnasiums und befürwortet vom Ulmer Oberbürgermeister Theodor Pfizer, in die Studienstiftung des Deutschen Volkes aufgenommen: ein Privileg, dem ich ein monatliches Büchergeld von 40 Mark, zahllose anregende Begegnungen und im Sommer 1959 die Teilnahme an einem Cours de vacances in Montpellier zwecks Verbesserung meiner Französischkenntnisse verdankte.

Das erste Studiensemester verbrachte ich, auch aufgrund von Eindrücken, die ich auf dem Ulmer Historikertag gewonnen hatte, im Sommer 1957 in Münster. Zu den Vorlesungen, die sich mir besonders einprägten, gehörten die des Mediävisten Herbert Grundmann, des Philosophen Joachim Ritter, des Juristen Harry Westermann und des schon erwähnten Soziologen Hans Freyer. Unter den Proseminaren fand ich besonders eindringlich das des Philosophen Ludger Oeing-Hanhoff über Heideggers «Was ist Metaphysik?» Da ich im Aaseehaus-Kolleg wohnte, durfte ich dort auch an einem Tutorium über die Frühschriften von Karl Marx teilnehmen, das der junge Philosoph Ernst Tugendhat anbot. Auf Empfehlung von Rothfels hörte ich gelegentlich in eine Gastvorlesung von Eugen Rosenstock-Huessy hinein, der nach seiner Emigration aus Deutschland zuerst in Harvard, dann an einem kleinen College in Vermont lehrte. Doch erst vier Jahre später, 1961/62, erschloss sich mir die intellektuelle Brisanz der Rosenstock'schen Geschichtsdeutung: bei der Lektüre einer Nachkriegsausgabe seines erstmals 1931 erschienenen Buches über die europäischen Revolutionen.

Im Wintersemester 1957/58 wechselte ich nach Tübingen, wo ich mit einer kurzen Unterbrechung bis zu meiner Promotion im Sommer 1963 blieb. Die Ausnahme war das Wintersemester 1958/59, das ich in Heidelberg verbrachte, wo ich unter anderem Philosophie bei Dieter Henrich und, eher sporadisch, bei Karl Löwith sowie Wirtschaftstheorie bei Gottfried Eisermann und Verwaltungsrecht bei dem Carl-Schmitt-Schüler Ernst Forsthoff hörte. Werner Conze lehrte in diesem Semester nur zeitweise in Heidelberg. Die Tübinger Professoren, die mich besonders beeindruckten, waren, außer Rothfels, die Philosophen Walter Schulz und später, nach seinem Wechsel aus der DDR in die Bundesrepublik im Jahr 1961, Ernst Bloch, in Öffentlichem Recht Günter Dürig und Otto Bachof, der Althistoriker Karl Friedrich Stroheker und, last but not least, der junge Soziologe Ralf Dahrendorf, der im Sommersemester 1961 eine brillante Vorlesung über die «Soziologie der Revolution» hielt. Inspirierend fand ich das überlaufene Literaturcolloquium des Rhetorikprofessors Walter Jens und die Herodot-Vorlesung von Wolfgang Schadewaldt. Etwas enttäuscht war ich hingegen von den improvisierten Vorlesungen des Politikwissenschaftlers Theodor Eschenburg, dessen analytische Stärken sich eher in seinen Seminaren zeigten.

Bei Rothfels durfte ich, obwohl erst im zweiten Semester, im Winter 1957/58 sogleich an seinem Hauptseminar über Nationalitätenprobleme in der Revolution von 1848/49 teilnehmen. Das Proseminar in Neuester Geschichte absolvierte ich im gleichen Semester bei seinem eloquenten, auch politisch und publizistisch aktiven Assistenten Waldemar Besson. Erste Lehrerfahrungen konnte ich später als Tutor bei Rothfels' anderem Assistenten, Friedrich Freiherr Hiller von Gaertringen, sammeln.

Nach der Rückkehr aus Heidelberg nahm mich Rothfels im Sommersemester 1959 in seine «Arbeitsgemeinschaft» auf. Zu dieser Runde zählten die beiden Assistenten, die Doktoranden, unter ihnen Hans Mommsen, und die Staatsexamenskandidaten des berühmten Professors, den wir intern ehrfürchtig nur den «Chef» nannten. Was mich an seiner Art, historisch zu denken, faszinierte, war seine strikt problemorientierte, antipositivistische, normative und dialektische Herangehensweise an das jeweilige Thema: Erkenntnis war ihm, wie allen meinen akademischen Anregern aus der älteren Generation, stets wichtiger als bloße Kenntnis.

Rothfels, Jahrgang 1891, seit einem Reitunfall im Ersten Weltkrieg infolge einer Beinamputation schwer gehbehindert, ein Schüler von Friedrich Meinecke und Hermann Oncken, war seit seiner Königsberger Zeit als Konservativer in der Tradition Bismarcks bekannt. In den letzten Jahren der Weimarer Republik soll er, wie man von seinen ehemaligen Königsberger Schülern hören konnte, mit den Volkskonservativen, einer vernunftrepublikanischen Absplitterung von den Deutschnationalen, sympathisiert haben. Dass er bei den Reichspräsidentenwahlen von 1932, um eine Wiederwahl Hindenburgs zu verhindern, im ersten Wahlgang für den Kandidaten des «Stahlhelm», Theodor Duesterberg, und im zweiten Wahlgang für Hitler gestimmt hat, geht aus einem Brief an seinen Freund und

Historikerkollegen Siegfried A. Kaehler hervor, über den Gerhard A. Ritter 2006 in einer von ihm herausgegebenen Sammlung von Briefen von emigrierten Schülern Friedrich Meineckes berichtet hat.

Nach seiner Rückkehr aus dem amerikanischen Exil, in dem er auch sein bekanntestes Buch, eine Abhandlung über den deutschen Widerstand gegen Hitler, verfasst und 1948 zunächst auf englisch veröffentlicht hatte, wirkte Rothfels' Konservativismus «westlich» geläutert. Als Mitbegründer der bundesdeutschen Zeitgeschichte erwarb er sich große Verdienste um die wissenschaftliche Aufarbeitung der nationalsozialistischen Diktatur. Er nahm es gelassen hin, dass sich unter seinen Tübinger Schülerinnen und Schülern so etwas wie eine «Rothfelssche Linke» herausbildete. Dieser schloss auch ich mich an, nachdem ich im September 1961 aus Protest gegen die CDU-Kampagne gegen den sozialdemokratischen Kanzlerkandidaten jenes Jahres, den unehelich geborenen ehemaligen Emigranten Willy Brandt, die Partei Adenauers verlassen hatte, in die ich Ende 1954 als Schüler eingetreten war. Als Hans Mommsen 1972 unter Historikern und Politologen Unterschriften für eine Erklärung zugunsten der Ostverträge der Regierung Brandt-Scheel sammelte, unterzeichnete auch Hans Rothfels.

Rothfels' «Arbeitsgemeinschaft» war ein Ort des lebhaften intellektuellen Austauschs. Wir diskutierten dort nicht nur über unsere jeweiligen Projekte, sondern auch über ältere und neuere Texte, die häufig für kontroversen Gesprächsstoff sorgten. Darunter war auch ein von mir vorgestelltes Werk: Helmuth Plessners «Verspätete Nation» von 1959, eine Neubearbeitung seines 1935 im niederländischen Exil veröffentlichten Buches «Das Schicksal deutschen Geistes im Ausgang seiner bürgerlichen Epoche».

1960 begann ich mit den Vorarbeiten für mein Promotionsprojekt über die preußischen Liberalen in der Zeit des Heeres- und Verfassungskonflikts der Jahre 1861 bis 1866. Einen Zugang zu den im Deutschen Zentralarchiv Merseburg lagernden Nachlässen der wichtigsten Politiker der Deutschen Fortschrittspartei verwehrte mir die DDR. Unterstützt von der Studienstiftung, konnte ich aber Anfang 1961 in der Newspaper Library des Britischen Museums in London die für mein Thema zentralen Zeitungsquellen auswerten. Im Juni 1963 wurde ich in Tübingen mit der Note «magna cum laude» promoviert. Anfang 1964 erschien mein erstes Buch «Preußischer Liberalismus und deutscher Nationalstaat. Studien zur Geschichte der Deutschen Fortschrittspartei 1861–1866» als Band 17 der «Tübinger Studien zur Geschichte und Politik» im Verlag J. C.B. Mohr (Paul Siebeck) in Tübingen.

Mit dem Abschluss der Doktorarbeit endete auch eine für die damalige Zeit bezeichnende Nebentätigkeit. Meldungen über Hakenkreuzschmierereien in einigen Klein- und Mittelstädten auf der Schwäbischen Alb und andernorts in Württemberg hatten um 1960 herum die Tübinger Zweigstelle der Arbeitsgemeinschaft «Der Bürger im Staat», der späteren Landeszentrale für politische Bildung, veranlasst, bei zwei Doktoranden von Hans Rothfels, meinem Freund Günter Plum und mir, anzufragen, ob wir bereit wären, an ausgewählten Schulen des Landes historische Aufklärungsarbeit über zwei im Geschichtsunterricht meist vernachlässigte Themenfelder, die Weimarer Republik und die nationalsozialistische Diktatur, zu leisten. Wir sagten nicht nur des (bescheidenen) Honorars wegen zu, sondern auch, weil uns die pädagogische Herausforderung reizte.

Bei fast allen Auftritten mussten wir uns mittelbar mit den Elternhäusern der Schülerinnen und Schüler auseinandersetzen, und zwar in Gestalt des Widerhalls der dort üblichen Erzählung von der «Kriegsschuldlüge» und dem «Diktat von Versailles», von sittlichem Verfall, wirtschaftlichem Niedergang, Massenelend und politischem

Chaos in der Zeit vor 1933, von der Wiederherstellung von Ruhe und Ordnung, der raschen Beseitigung von Parteienhader und Massenarbeitslosigkeit, von allgemeiner wirtschaftlicher Erholung und neu gewonnener Nationalehre nach der «Machtergreifung». Die politische Unterdrückung Andersdenkender, die systematische Kriegsvorbereitung, die Entrechtung und schließlich Vernichtung der Juden kamen in diesem weit verbreiteten Bild von der «Hitlerzeit» nicht oder allenfalls am Rande vor.

Den Studienjahren folgte meine Assistentenzeit. Sie begann auf eine Empfehlung meines Doktorvaters Hans Rothfels hin im November 1963 am Max-Planck-Institut für Geschichte in Göttingen. Mit Dietrich Gerhard, einem Schüler Friedrich Meineckes, der die Abteilung Neuzeit leitete, hatte ich mich auf ein Forschungsprojekt zur Geschichte des deutschen Beamtentums in der Wilhelminischen Ära verständigt. Gerhard weilte im Wintersemester 1963/64 an der Washington University in St. Louis Missouri, wo er seit 1936 eine Professur innehatte. Seine Assistenten hatten das mit mir vereinbarte Thema inzwischen, wohl ohne sein Wissen, abgeändert: Ich sollte mich mit dem hannoverschen Beamtentum im 18. Jahrhundert befassen. Da ich diesem Vorhaben nicht viel abgewinnen konnte und überdies den lebendigen Austausch mit der Universität vermisste, begann ich nach wenigen Wochen, mich um eine alternative Beschäftigung zu bemühen. Der Institutsdirektor Hermann Heimpel war wenig erbaut, als ich ihm Ende 1963 mitteilte, dass ich nicht über meine dreimonatige Probezeit hinaus am Max-Planck-Institut bleiben wollte.

Die zweite und letzte Station meiner Assistentenlaufbahn war seit April 1964 das Otto-Suhr-Institut (OSI) an der Freien Universität Berlin, der einstigen Deutschen Hochschule für Politik. Mein Tübinger Kommilitone Dieter Fitterling, der auch an der FU studiert hatte, vermittelte mir den Kontakt zu Georg Kotowski. Kotowski, 1948 einer der studentischen Gründer der Freien Universität und später der letzte Assistent Friedrich Meineckes, war kurz zuvor auf eine außerordentliche Professur auf die Geschichte der politischen Theorien am OSI berufen worden, von der er 1966 auf den Lehrstuhl für die historischen Grundlagen der Politik wechselte. Ein Gutachten von Rothfels trug sicherlich viel dazu bei, dass mir Kotowski eine seiner beiden Assistentenstellen anbot. (Die andere hatte sein Doktorand Peter Lösche inne.)

Da Kotowski bis 1969 die CDU im Berliner Abgeordnetenhaus, danach bis 1972 im Bundestag vertrat und der Erfüllung seiner politischen Aufgaben viel Zeit widmete, oblag die Vorbereitung und Durchführung seiner Hauptseminare weitgehend den beiden Assistenten. Mir blieb aber neben der Lehre genügend Zeit, um mich meinem Habilitationsvorhaben, einer Studie über die politische Entwicklung von Handwerk und Kleinhandel in der Weimarer Republik, widmen zu können. 1966 gestattete mir die DDR einen mehrwöchigen Aufenthalt zwecks Archivstudien in den beiden Abteilungen des Deutschen Zentralarchivs in Potsdam und Merseburg, was mir die Gelegenheit gab, nachträglich auch jene Nachlässe auszuwerten, die ich gern schon für meine Dissertation eingesehen hätte.

In mein erstes Jahr an der Freien Universität fiel der 26. Deutsche Historikertag, der im Oktober 1964 in Berlin stattfand und unter dem Rahmenthema «Das Problem des Zusammenlebens von Staaten verschiedener Rechtsordnungen und Grundüberzeugungen» stand. Der Regierende Bürgermeister Willy Brandt eröffnete den Kongress mit einer unkonventionellen Rede, in der er einen Bogen schlug von seinem Lübecker Geschichtsunterricht in den 1920er Jahren bis zum Berliner Passierscheinabkommen von 1963, das zur

Ouvertüre seiner Ostpolitik werden sollte. Besondere Aufmerksamkeit fanden zwei Sektionen. In der einen ging es um die Arbeiterräte in der deutschen Revolution von 1918/19 und in diesem Zusammengang um die bis dahin herrschende Lehrmeinung des Verbandsvorsitzenden Karl Dietrich Erdmann, es habe damals nur die Alternative zwischen bolschewistischer Revolution und der tatsächlich praktizierten Zusammenarbeit zwischen den Sozialdemokraten und den alten Eliten wie der Militärführung gegeben. Ebendiese Deutung wurde in der «Rätesektion» von jüngeren Historikern, unter ihnen Eberhard Kolb, nachdrücklich in Frage gestellt, so dass sie am Ende der Debatte zumindest als erschüttert galt.

Auf noch mehr öffentliche Aufmerksamkeit stieß die Sektion, in der der Streit um die These des Hamburger Historikers Fritz Fischer, des Autors des 1961 erschienenen Buches «Griff nach der Weltmacht», ausgetragen wurde, entgegen der vorherrschenden Meinung seien die europäischen Mächte 1914 nicht in den Ersten Weltkrieg «hineingeschlittert», vielmehr trage das Deutsche Reich durch seine Vorkriegspolitik die Hauptverantwortung für die «Urkatastrophe des 20. Jahrhunderts» (George F. Kennan). Aus der stundenlangen Debatte ragten der Beitrag des konservativen Fischer-Kritikers Gerhard Ritter aus Freiburg und eine Intervention von Fritz Stern von der Columbia-Universität New York heraus, die viel dazu beitrug, dass Fischer, dem Beifall des Publikums und dem überwiegenden Urteil der Presse nach zu schließen, als Sieger aus der Redeschlacht hervorging. Eingeprägt hat sich mir ein Freudscher Lapsus eines der hartnäckigsten Fischer-Kontrahenten, Erwin Hölzle. Im Eifer des Gefechts verkehrte er eine goldene Regel aus dem alten Rom in ihr Gegenteil: «Si vis bellum, para pacem.»

Das Otto-Suhr-Institut war in den sechziger Jahren eine intellektuell überaus anregende Lehr- und Forschungsstätte. Ich nenne nur zwei der bekanntesten deutschen Politikwissenschaftler, die dort wirkten: die Remigranten Ernst Fraenkel und Richard («Rix») Löwenthal. Beide hatten großen Einfluss auf meine weitere wissenschaftliche und politische Entwicklung. Einer der etwas älteren Assistenten war Arnulf Baring, der auch journalistisch tätig war und durch den ich in Verbindung mit prominenten Journalisten wie Carola Stern, Peter Merseburger, Peter Bender, Hermann Rudolph und Winfried Scharlau kam. Baring verdankte ich auch die Bekanntschaft mit Guido Goldman, einem Mitarbeiter Henry Kissingers an der Harvard-Universität, der mich einlud, mich um eine der ersten German Kennedy Memorial Fellowships zu bewerben.

Da die Bewerbung erfolgreich war, ging ich Anfang Dezember 1967 an die Harvard-Universität in Cambridge, Massachusetts, wo ich bis Juli 1968 blieb. Ich verdanke dieser Zeit die Begegnung mit vielen amerikanischen Gelehrten, darunter in Harvard selbst den Emigranten Stanley Hoffmann, Karl W. Deutsch und nicht zuletzt dem (zu Recht) umstrittenen Henry Kissinger, der damals Direktor des Center for International Affairs und des Harvard International Seminar war. Unvergesslich waren die vielen kontroversen politischen Debatten, vor allem über den Vietnamkrieg, und die Seminare mit europäischen Gästen, darunter auch Richard Löwenthal und Ralf Dahrendorf.

Im Sommer 1968 übernahm ich auf Bitten von Guido Goldman die Aufgabe, Kissingers Essay über den «weißen Revolutionär» Otto von Bismarck wissenschaftlich zu überarbeiten, den dieser in der Zeitschrift «Daedalus» veröffentlichen wollte. Konkret ging es darum, die wörtlichen Zitate zu verifizieren, die der Autor großteils der populärwissenschaftlichen Bismarck-Biographie von Emil Ludwig entnommen hatte. Dank vor allem der Friedrichsruher Ausgabe von Bismarcks Werken in der Widener Library wurde ich in meisten

Fällen fündig. Das Honorar bestand in 50 Dollar und der Einladung zu einem Lunch im Harvard Faculty Club. Unser zentrales Gesprächsthema waren die ostpolitischen Ziele des damaligen bundesdeutschen Außenministers Willy Brandt, denen Kissinger misstraute. Meine Gegenargumente hörte er sich geduldig an, überzeugen konnte ich ihn aber nicht. Auf einen weiteren Höhepunkt meines ersten Aufenthalts in den USA, eine Rundreise per Bus während der «Primaries» des Wahljahres 1968, gehe ich im dritten Kapitel dieses Buches ein.

Nach meiner Rückkehr nach Berlin erfuhr ich, dass ich als Vertreter der «Reformergruppe» unter den Assistenten in die drittelparitätisch besetzte Institutsleitung gewählt worden war. «Drittelparitätisch» hieß: In allen Gremien waren die Professoren gleich stark vertreten wie die Studierenden und der (wissenschaftliche und technische) «Mittelbau». Zusammen mit meinem Freund Peter Lösche, der zum Leiter des Institutsrats gewählt worden war, versuchte ich, den vom Sozialistischen Deutschen Studentenbund, dem SDS, geführten radikalen Flügel der Studenten- und Assistentenbewegung Paroli zu bieten, womit wir aber nur punktuell und vorübergehend Erfolg hatten.

Wie zuvor angekündigt, schied ich nach dem Wintersemester 1968/69 aus der Institutsleitung aus, um mich ganz dem Abschluss meines Habilitationsprojekts zu widmen. Im Juni 1970 erhielt ich nach bestandenem Colloquium als letzter Habilitand der alten, vor ihrer Auflösung in Fachbereiche stehenden Philosophischen Fakultät der Freien Universität die Venia legendi für die Fächer Wissenschaft von der Politik und Neuere Geschichte. Drei Wochen später wurde ich zum Wissenschaftlichen Rat und Professor ernannt. Im darauf folgenden Wintersemester ging ich erneut als German Kennedy Memorial Fellow nach Harvard, wo ich Material für ein ergänzendes vergleichendes Kapitel meiner Habilitationsschrift sammeln konnte, in dem es um europäische und amerikanische Mittelstandsbewegungen in der Zwischenkriegszeit geht.

Die Auseinandersetzungen mit den Auswirkungen des Jahres 1968 auf die deutschen Universitäten waren um 1970/71 noch längst nicht abgeschlossen. Am Otto-Suhr-Institut war inzwischen ein Konflikt um die Zwischenprüfung entbrannt. Den radikalen Kräften im Institut war es gelungen, den Prüfungscharakter des Zwischenexamens zu beseitigen: An die Stelle der Obligatorischen Studienprüfung trat eine Obligatorische Studienberatung.

Als erster Professor verweigerte Arnulf Baring die Mitwirkung an diesem zur Farce gewordenen Ritual, als zweiter trat ich nach meiner Rückkehr aus Harvard in den «Prüfungsstreik». Obwohl die Institutsleitung uns mit Disziplinarverfahren drohte, schlossen sich die meisten Reformer, aber auch einige der eher konservativen Kollegen wie Jürgen Domes diesem Schritt wenig später an. Mit Domes, einem führenden Mitglied der Notgemeinschaft für eine freie Universität und des Bundes Freiheit der Wissenschaft, arbeitete ich in der Folgezeit eng und vertrauensvoll zusammen; den genannten beiden Vereinigungen trat ich aber nicht bei, weil ich sie als zu konservativ empfand.

Da mein Versuch, den Senator für Wissenschaft und Kunst, Werner Stein, in einem langen Schriftsatz von der Notwendigkeit des Eingreifens zu überzeugen, ohne Erfolg blieb, entschloss ich mich, ermutigt durch intensive Gespräche mit Ernst Fraenkel, an die Öffentlichkeit zu gehen. Am 13. August 1971, dem zehnten Jahrestag des Mauerbaus, erschien in der *Süddeutschen Zeitung* mein in dem Aufsatzband «Deutungskämpfe» wieder abgedruckter Artikel «Requiem für eine Reform». Er wirbelte einigen Staub auf. Senator Stein lud mich zu einem ausführlichen Gespräch ein. In der *FAZ* unterstützte

Kurt Reumann die Berliner Reformer. «Rix» Löwenthal stand uns mit Rat und Tat beiseite. Die sozialdemokratische *Berliner Stimme*, der *Vorwärts* und das Boulevardblatt *Der Abend* öffneten mir ihre Spalten (die *Berliner Stimme* auch für eine Kritik an Thesen des trotzkistischen Cheftheoretikers Ernest Mandel, der damals an die FU berufen werden sollte). Der Kulturausschuss des Abgeordnetenhauses veranstaltete ein Hearing mit den Kritikern der missglückten Hochschulreform. Gedrängt vor allem von dem späteren Schul- und Wissenschaftssenator Gerd Löffler, machten sich die tonangebenden gemäßigten Teile der Berliner SPD an eine schrittweise «Reform der Reform». Dass ich seit 1962 Mitglied der SPD war, erleichterte es mir, die Entwicklung in diesem Sinn zu beeinflussen.

Von Berlin nach Freiburg: Lehrerfahrungen und Forschungsschwerpunkte

1972 erhielt ich meine ersten beiden Rufe: einen an die Technische Hochschule Darmstadt und einen an die Albert-Ludwigs-Universität Freiburg, den ich annahm. Bevor ich von der Spree an die Dreisam wechselte, nahm ich Anfang Oktober 1972 am 29. Deutschen Historikertag in Regensburg teil. Ich wurde dort in den Ausschuss des Verbandes der Historiker Deutschlands gewählt. Zuvor war ich mit der Leitung einer «Reformsektion» betraut worden, die faktisch während der Gesamtdauer des Kongresses tagte (ein Experiment, das sich nach meinem Eindruck nicht bewährt hat). Als Thema hatte ich in Abstimmung mit Hans-Ulrich Wehler, Jürgen Kocka, Hans-Jürgen Puhle, Charles S. Maier (Harvard) und Gerald D. Feldman (Berkeley) «Voraussetzungen und Anfänge des Organisierten Kapitalismus» vorgeschlagen, was der Ausschuss akzeptierte. Die Beiträge zu dieser Sektion erschienen 1974 unter dem Titel «Organisierter Kapitalismus. Voraussetzungen und Anfänge» als Band 9 der Kritischen Studien zur Geschichtswissenschaft.

Wehler, der «spiritus rector» des Vorhabens, hoffte mit dem (von Rudolf Hilferding 1915 erdachten) Theorem des «Organisierten Kapitalismus» der konkurrierenden, von orthodoxen Neomarxisten vertretenen Theorie des Staatsmonopolistischen Kapitalismus (Stamokap) das Wasser abgraben zu können. Ich selbst habe mich nach langen intensiven Gesprächen mit dem Sozialhistoriker Hans Rosenberg, der 1977 aus dem amerikanischen Exil endgültig nach Deutschland zurückkehrte und sich in Kirchzarten bei Freiburg niederließ, von dem allzu mechanischem Schema des Organisierten Kapitalismus abgewandt und diese Selbstkorrektur zuerst im November 1978 in einem Colloquium an der Universität Bern und im Jahr darauf in meinem Aufsatzband «Liberalismus und Antiliberalismus» publik gemacht.

Meine Hoffnung, mich in Freiburg, anders als in den Jahren zuvor in Berlin, wieder ganz auf die wissenschaftliche Arbeit konzentrieren zu können, erfüllte sich zunächst. Die engste Zusammenarbeit entwickelte sich in den ersten Freiburger Jahren mit dem Osteuropahistoriker Gottfried Schramm und den Politikwissenschaftlern Dieter Oberndörfer, Wolfgang Jäger und Wilhelm Hennis. Im November 1963 hielt ich in der Aula meine Antrittsvorlesung «Zum Verhältnis von bürgerlicher und proletarischer Revolution bei Marx und Engels». Darin bemühte ich mich, den Analogieschluss der beiden Gründerväter des «Wissenschaftlichen Sozialismus» von der bürgerlichen auf die proletarische Revolution, ein Kernstück ihrer Revolutionstheorie, sozialgeschichtlich zu widerlegen. Auf meinen Vorschlag hin fand zwei Stunden später in einem anderen Hörsaal eine

Diskussion über meine Thesen statt. Die gesamte akademische Linke Freiburgs lief gegen meine «revisionistische» Marxkritik Sturm. 1974 erschien der Text meiner Antrittsvorlesung in der von Wehler herausgegebenen Festschrift zum 70. Geburtstag von Hans Rosenberg «Sozialgeschichte Heute».

Ein Sabbatical im Winter 1974/75 gab mir die Gelegenheit, mich einem neuen Forschungsprojekt zuzuwenden: vergleichenden Nationalismusstudien. Ich folgte damit einem Vorschlag von Hans-Ulrich Wehler, der mich gebeten hatte, innerhalb der vom ihm betreuten historischen Reihe der Neuen Wissenschaftlichen Bibliothek den Band «Nationalismus» zu übernehmen. Im Oktober 1974, wenige Wochen nach meiner Heirat mit der Trierer Geschichtsdoktorandin Dörte Schnurr, die damals unter der Ägide von Wolfgang Schieder an ihrer Dissertation über «Frauenarbeit im Dritten Reich» arbeitete, brach ich zu meinem dritten längeren Aufenthalt in die USA auf, und zwar diesmal nach Princeton, wohin mich meine Kollegen Arno Mayer und Carl Schorske eingeladen hatten. Ich konnte dort den Grund legen für den von mir herausgegebenen Jubiläumsband 100 der Neuen Wissenschaftlichen Bibliothek, der 1978 erschien.

Als ich im April 1976 die Kernthesen meiner sozialgeschichtlichen und ideologiekritischen Interpretation des Nationalismus auf einem Colloquium aus Anlass des 85. Geburtstags von Hans Rothfels in Tübingen vortrug, reagierte der Jubilar abwehrend, ja schroff. Er empfand meine Analyse als Kritik an seinen eigenen Auffassungen. In der anschließenden Diskussion stellte sich Werner Conze auf seine Seite, was ich mit dem Hinweis konterte, dass es eben Unterschiede zwischen Rechts- und Links-Rothfelsianern gebe. Da der *FAZ*-Redakteur Ernst-Otto Maetzke, ein «rechter» Rothfels-Schüler, am 12. April 1976 in seiner Zeitung über das Colloquium berichtete, wurde der Vorgang einer etwas breiteren Öffentlichkeit bekannt. Einen Tag nach dem Colloquium empfing Hans Rothfels meine Frau und mich in seinem Haus auf der Waldhäuser Höhe zu einem schon seit längerem vereinbarten Gespräch, das in sehr freundlicher Atmosphäre verlief. Es war meine letzte Begegnung mit meinem Doktorvater. Er starb am 22. Juni 1976.

Ein für die Geschichtswissenschaft wichtiges Ereignis führte mich Ende August 1975 nochmals in die USA: der 14. Internationale Historikertag in San Francisco. Der Ausschuss des Historikerverbandes hatte mich gebeten, in der Sektion «Geschichte und Gesellschaft» am ersten Kongresstag auf ein von der sowjetischen Delegation vorgelegtes Grundsatzpapier zu antworten. Ich entledigte mich dieses Auftrages unter ausgiebiger Zitierung von Marx und Engels sowie Hinweisen auf die kurz zuvor verabschiedete Helsinki-Schlussakte der Konferenz über Sicherheit und Zusammenarbeit in Europa und die dort enthaltenen Menschenrechtszusagen.

Außerdem nutzte ich zum Missfallen des Sektionsleiters Thomas Nipperdey die Gelegenheit, um für eine Unterschriftensammlung zugunsten der seit der Niederschlagung des «Prager Frühlings» im August 1968 mit Berufsverboten belegten tschechoslowakischen Historiker. Die zusammen mit Fritz Stern und Eberhard Jäckel vorbereitete Solidaritätsaktion wurde auch von kommunistischen Historikern aus Westeuropa, darunter Eric Hobsbawm und Albert Soboul, unterstützt und fand auf dem Kongress und in der Öffentlichkeit großen Widerhall. Meine Kritik am Sowjetpapier wurde inoffiziell sehr unterschiedlich kommentiert. Ein Mitglied der Sowjetdelegation räumte unter vier Augen ein: «Marx was only a human being, sometimes he was right, sometimes he was wrong.» Aus den Reihen der ungarischen Delegierten kam verhaltene Zustimmung, wohingegen mich Carl Schorske ermahnte: «Don't forget: *They* are the underdogs.» In der *FAZ* vom 8. September 1975 habe ich über meine Eindrücke von dem Kongress in San Francisco berichtet.

Nach meiner Rückkehr nach Freiburg übernahm ich das Amt des Geschäftsführenden Direktors des Historischen Seminars für das akademische Jahr 1975/76. In diese Zeit fielen Versuche des maoistischen Kommunistischen Bundes Westdeutschland (KBW), Freiburg neben Heidelberg zu seiner zweiten Hochburg in Baden-Württemberg zu machen. Um Aufmerksamkeit zu erregen, wurden Lehrveranstaltungen, darunter auch meine, systematisch gestört und mehrere Hochschullehrer tätlich angegriffen.

Als eine maskierte Gruppe von «Spontis», offenkundig in Abstimmung mit dem KBW, Anfang 1976 meine Vorlesung sprengte, riefen der Dekan, Wolfgang Jäger, und ich unsere Kollegen zu einer mehrtätigen Einstellung des Lehrbetriebs auf, um auf diese Weise deutlich zu machen, dass es bei diesem Konflikt um nichts Geringeres ging als um die Freiheit der Lehre. Die (unter den Historikern durchaus umstrittene) professorale Protestaktion trug wesentlich zur Beruhigung der Lage bei. Ich konnte zwar für den Rest des Semesters meine Vorlesung nur unter (verdecktem) Polizeischutz und in demonstrativer Anwesenheit meines althistorischen Kollegen (und einstigen akademischen Lehrers) Walter Schmitthenner und zeitweise auch des Rektors Helmut Engler abhalten. Die Lehrveranstaltungen aber wurden seitdem nicht mehr gewaltsam gestört. Als ich im akademischen Jahr 1976/77 das Amt des Dekans der Philosophischen Fakultät IV ausübte, verlief der Lehrbetrieb wieder normal. Einige Zeit später konnte ich sogar völlig ungestört in der Aula ein öffentliches Streitgespräch mit Reinhard Opitz, einem Vertreter der orthodoxen neomarxistischen Faschismustheorie, führen.

Die akademische Lehre bestand für mich nicht nur aus Vorlesungen und Hauptseminaren, sondern auch, wann immer möglich, aus Proseminaren für die Erstsemester, also Einführungen in die theoretischen und methodologischen Grundlagen der Geschichtswissenschaft am Beispiel eines konkreten Themas, das sich quellennah bearbeiten ließ. Die Themen der Hauptseminare entstammten meist meinen Forschungsschwerpunkten. Ich erwähne nur eines, das Seminar «Das Problem des Staatsnotstands in der Weimarer Republik», das ich im Sommersemester 1990 zusammen mit dem Bundesverfassungsrichter Dieter Grimm abhielt.

Die Forschung stand für mich seit der Rückkehr von einer siebenwöchigen Vortragsreise nach Südost- und Ostasien, die ich Anfang 1977 auf Einladung des Goethe-Instituts unternahm, ganz im Zeichen eines Großprojektes, für das mich Gerhard A. Ritter gewonnen hatte: Zusammen mit ihm, Jürgen Kocka und Klaus Tenfelde sollte ich eine Geschichte der deutschen Arbeiterbewegung schreiben, wobei mir der Teil über die Weimarer Republik zugedacht war.

Die Initiative zu dem Vorhaben kam von der SPD-nahen Friedrich-Ebert-Stiftung und letztlich vom Parteivorsitzenden Willy Brandt. Ihnen ging es vor allem darum, der marxistisch-leninistischen Deutung des Großthemas, wie die SED sie betrieb, eine unabhängige wissenschaftliche Darstellung gegenüberzustellen. Mich reizte das von der Stiftung Volkswagen und der Friedrich-Ebert-Stiftung mit Drittmitteln geförderte Projekt, weil es die Chance bot, einer Antwort auf die Frage aller Fragen näher zu kommen, die mich seit meinem frühen Studententagen umtrieb: der Frage nach der Vermeidbarkeit der größten Katastrophe der deutschen Geschichte, der Herrschaft des Nationalsozialismus. Eng damit verbunden war die kontrovers diskutierte komplementäre Frage, ob die deutsche Entwicklung vor 1933 es rechtfertigte, von einem «deutschen Sonderweg» zu sprechen. Ich entschloss mich deshalb, auf Ritters Angebot einzugehen.

Wiederum gab mir ein Forschungsaufenthalt in den USA, diesmal, im Winter 1977/78, am Woodrow Wilson International Center for Scholars in Washington, D. C., die Gelegenheit, meine Fragestellungen und vorläufigen Erkenntnisse mit Kollegen aus anderen Ländern und vor allem natürlich aus Amerika zu diskutieren. Doch auch jenseits meines engeren Themas erwies sich das Wilson Center als Quelle der Inspiration. Ich lernte dort den polnischen Mediävisten und Armutsforscher Bronisław Geremek, einen Exkommunisten, überzeugten Anwalt der historischen Zugehörigkeit Ostmitteleuropas zum Westen und scharfen Kritiker des «real existierenden Sozialismus», kennen, mit dem ich mich rasch anfreundete. Ich lud Geremek nach Freiburg ein, und er revanchierte sich mit einer Einladung an die Polnische Akademie der Wissenschaften nach Warschau. Am 7. Juni 1979 hielt ich dort einen Vortrag über die «Wandlungen des deutschen Nationalismus», dem eine lebhafte, völlig undoktrinäre Debatte folgte.

Die Verbindung zu Geremek blieb auch in der Zeit des Kriegsrechts aufrechterhalten, in der er, seit 1980 einer der engsten Berater des Solidarność-Vorsitzenden Lech Wałęsa, mehrfach verhaftet und interniert wurde. In den achtziger Jahren fuhren meine Frau und ich mehrfach nach Polen, um uns mit unseren polnischen Freunden, obenan den Historikern Bronisław Geremek und Jerzy Holzer und ihren im selben Fach tätigen Ehefrauen, zu treffen. Die Gespräche, die wir in Warschau, am Narew und in Masuren führten, trugen dazu bei, dass ich mich zunehmend kritisch mit der zweiten, etatistischen, ganz auf die Wahrung des Status quo ausgerichteten Phase der sozialdemokratischen Ostpolitik auseinandersetzte: eine Sichtweise, die sich erst in Zeitungsartikeln und Streitgesprächen und später auch in wissenschaftlichen Arbeiten niederschlug. Nach den ersten halbfreien Wahlen in Polen im Juni 1989 stieg Geremek zum

Fraktionsvorsitzenden des Bürgerkomitees, des parlamentarischen Arms der Solidarność im Sejm, auf. Von 1997 bis 2000 war er polnischer Außenminister, von 2004 bis 2008 Abgeordneter der liberalen Fraktion im Europaparlament. Auch in dieser Zeit haben wir uns mehrfach wiedergesehen, zuletzt zehn Tage vor seinem Unfalltod am 10. Juli 2008, an der American Academy in Berlin.

Die Archiv- und anderen Quellenstudien zur Geschichte der deutschen Arbeiterbewegung in der Weimarer Republik nahmen mehr Zeit in Anspruch, als ich anfangs vermutet hatte. Ich entschied mich schließlich der Komplexität des Untersuchungsgegenstands wegen für eine dreibändige Darstellung. 1984 erschien im Verlag J. H.W. Dietz Nachf., Bonn, der erste Band über die Jahre 1918–1924 («Von der Revolution zur Stabilisierung»). Der zweite über die mittlere Phase der Weimarer Republik, («Der Schein der Normalität») folgte 1985, der dritte über die Jahre 1930 bis 1933 («Der Weg in die Katastrophe»), der zu erheblichen Teilen während eines Forschungsjahres am Wissenschaftskolleg zu Berlin 1985/86 entstand, 1987.

Während meines Aufenthalts am Wissenschaftskolleg entbrannte, ausgelöst durch einen Artikel des Berliner Historikers Ernst Nolte in der *Frankfurter Allgemeinen Zeitung* vom 6. Juni 1986, der «Historikerstreit» über die Einzigartigkeit des nationalsozialistischen Judenmordes. Nolte vertrat die These, der bolschewistische Klassenmord sei das «ursprünglichere» Verbrechen als der nationalsozialistische Rassenmord, dieser also im Wesentlichen eine Angstreaktion gewesen. In einem Leserbrief, den die *FAZ* am 26. Juni 1986 gekürzt veröffentlichte, hielt ich Nolte vor, mit seiner nationalapologetischen Geschichtsdeutung kündige er die geistige Westbindung der Bundesrepublik auf. Jürgen Habermas machte sich in seiner großen Replik auf Nolte, die am 1. Juli 1986 in der *Zeit* erschien, diese Kritik zu eigen. Ich selbst setzte mich ausführlicher als in dem Leserbrief an die *FAZ* in einem am 14. November 1986 in der *Frankfurter Rundschau* publizierten Artikel mit Noltes Thesen auseinander. Ebendort erschien zehn Jahre später, am 29. Oktober 1996, unter dem Titel «Kehrseitenbesichtigung» auch mein selbstkritischer Rückblick auf den «Historikerstreit». Beide Texte sind in meinem Aufsatzband «Auf ewig in Hitlers Schatten?» abgedruckt.

Meine «Arbeitertrilogie» wurde in der Bundesrepublik überwiegend freundlich, von der Geschichtswissenschaft der DDR hingegen ablehnend aufgenommen. Umso überraschender kam für mich im Frühjahr 1989 eine Einladung des Leiters der Sektion Geschichte der Karl-Marx-Universität Leipzig, Professor Werner Bramke, dort einen Vortrag aus meinem Forschungsbereich zu halten. Am 8. Juni 1989 hielt ich in Leipzig von etwa 90 Historikern, darunter «Forschungsstudenten», die auch von anderen Universitäten der DDR kamen, einen (im Juni 1990 in Band 250 der *Historischen Zeitschrift* abgedruckten) Vortrag zum Thema «Die Revolution von 1918/19 und das Problem der Kontinuität in der deutschen Geschichte». Zu meinem Erstaunen wurde meine Kritik an den Thesen des ZK der SED zum 70. Jahrestag der Gründung der KPD ohne alle Missfallensäußerungen aufgenommen und auch in der anschließenden Diskussion nicht zurückgewiesen. Gespräche im kleineren Kreis bestärkten mich in dem Eindruck, dass es bis weit in die Kreise von SED-Akademikern hinein in der DDR eine Sehnsucht nach einer «Wende» im Sinne von Gorbatschows «Glasnost» und «Perestrojka» gab.

Im letzten Jahrzehnt der «alten» Bundesrepublik hatte ich mich in Zeitungsartikeln mehrfach, auch in kritischer Auseinandersetzung mit meinem Freund und Kollegen Hans Mommsen, für die Aufrechterhaltung des Gedankens der *einen* deutschen Nation, aber zugleich gegen die Forderung nach der Wiederherstellung eines souveränen deutschen Nationalstaats ausgesprochen und das mit der

Rolle des Deutschen Reiches in der ersten Hälfte des 20. Jahrhunderts begründet. Erst zweieinhalb Monate nach dem Fall der Berliner Mauer korrigierte ich mich öffentlich. Auf einer Veranstaltung des Freiburger Historischen Seminars sprach ich mich am 21. Januar 1990 für die bundesstaatliche Vereinigung Deutschlands in den Grenzen von 1945 mit einer Konföderation als Zwischenstadium aus. Wenig später, am 16. Februar, tat ich dasselbe in einem Artikel in der *Süddeutschen Zeitung*.

Professor an der Humboldt-Universität: Der Westen wird zu meinem Leitthema

Die Epochenwende von 1989/90 hatte für mich weitreichende persönliche Konsequenzen. Ich gab den Gedanken auf, meiner Geschichte der deutschen Arbeiterbewegung in der Weimarer Republik eine vergleichende Geschichte der sozialdemokratischen beziehungsweise sozialistischen Parteien in Deutschland, Frankreich und Großbritannien in der Zwischenkriegszeit folgen zu lassen, und beließ es bei zwei Aufsätzen zur vergleichenden Geschichte der deutschen Sozialdemokraten und der französischen Sozialisten zwischen den Epochenjahren 1917 und 1933, dem Ertrag eines dreimonatigen Forschungsaufenthalts an der Pariser Maison des Sciences de l'Homme Anfang 1988. An die Stelle eines zweiten Projekts zur Geschichte der Arbeiterbewegung trat ein anderes Vorhaben: eine deutsche Geschichte im 19. und 20. Jahrhundert bis hin zur Wiedervereinigung.

Außerdem entschied ich mich, das idyllische Freiburg zu verlassen und in meine Wahlheimat Berlin zurückzukehren. Rufe nach Saarbrücken und an die Freie Universität Amsterdam hatte ich in den Jahren zuvor abgelehnt, desgleichen 1991 auch ein Berufungsangebot des History Department der University of California in Los Angeles. Einen (Rück-)Ruf an das Otto-Suhr-Institut der Freien Universität Berlin lehnte ich 1991 ebenfalls ab, aber erst, als sich eine noch größere Herausforderung abzeichnete: ein Ruf auf einen Lehrstuhl für Neueste Geschichte an der Humboldt-Universität zu Berlin. Ich erhielt diesen Ruf und nahm ihn am 4. Oktober 1991, einen Tag nach dem ersten Jahrestag der Wiedervereinigung, als einer der ersten drei «Westprofessoren» und als erster Historiker aus der «alten» Bundesrepublik an.

Der Neuaufbau an der bisherigen Nummer Eins unter den Universitäten der DDR oblag den aus west- und ostdeutschen Vertretern zusammengesetzten Struktur- und Berufungskommissionen (SBK) und den neuberufenen Professorinnen und Professoren. Vordringlich war die personelle Erneuerung bei den besonders ideologienahen Fächern Philosophie (zu DDR-Zeiten «Marxistisch-leninistische Philosophie»), Geschichte, Germanistik, Rechts-, Wirtschafts-, Sozial- und Erziehungswissenschaften. Den Vorsitz der SBK Geschichte übernahm Gerhard A. Ritter; sein Stellvertreter war Otto Gerhard Oexle. Die Zusammenarbeit mit den Neuberufenen war eng, aber nicht konfliktfrei. Probleme ergaben sich schon daraus, dass einerseits die SBK den gesetzlichen Auftrag hatte, über Berufungen zu entscheiden, andererseits aber die Neuberufenen einen gesetzlich verbrieften Anspruch hatten, an den Berufungsentscheidungen gleichberechtigt mitzuwirken.

Da ich vom Senator für Wissenschaft und Forschung, Manfred Erhardt, und dem Rektor der Humboldt-Universität, dem Theologen Heinrich Fink, gebeten worden war, für das akademische Jahr 1991/92 das Amt des Geschäftsführenden Direktors des Instituts für Geschichtswissenschaften zu übernehmen, und die neu berufenen

Professoren – darunter mit als erste Michael Borgolte, Wolfgang Hardtwig, Hartmut Harnisch, Ludolf Herbst, Hartmut Kaelble und Wilfried Nippel – diesem Vorschlag zustimmten, oblag es mir, unseren Anspruch gegenüber der widerstrebenden SBK durchzusetzen. Durch Vermittlung von Senator Erhardt verständigten wir uns schließlich am 23. Januar 1992 auf einen Kompromiss, eine «Kurienlösung»: Die Mitglieder der SBK und die Neuberufenen stimmten getrennt ab, wobei das Votum der SBK «ausschlaggebend» war, die Neuberufenen aber nicht nur, wie Ritter vorgeschlagen hatte, pauschal über die Berufungslisten, sondern auch über die Reihung der Listenplätze mitentscheiden durften; die Senatsverwaltung versprach, beide Voten zu berücksichtigen. Daraus ergab sich ein starker Einigungsdruck.

Zu den Aufgaben der Struktur und Berufungskommissionen gehörte die Evaluierung des bisherigen wissenschaftlichen Personals an den betroffenen Fachbereichen der Humboldt-Universität. Wer positiv evaluiert wurde, sollte befristet weiterbeschäftigt werden; bei einem negativen Ergebnis gab es diese Möglichkeit nicht. Die SBK Geschichte war zwar bereit, eine Positivliste zu erstellen, weigerte sich aber aus Furcht vor langwierigen arbeitsgerichtlichen Verfahren als einzige Kommission, Negativlisten zu erstellen und inhaltlich, also gerichtsverwertbar, zu begründen. Vergeblich versuchte ich, Ritter davon zu überzeugen, dass das Nein der SBK den Erneuerungsprozess im Fach Geschichte gefährdete. Nach Presseberichten über heftige Angriffe, die im Akademischen Senat von «Alt-Humboldtianern» gegen meine angeblich harte Linie gerichtet worden waren, entschloss ich mich Mitte Januar 1992 meinerseits, an die Öffentlichkeit zu gehen und in mehreren Interviews, am ausführlichsten im *Tagesspiegel* vom 22. Januar 1992, über meinen Dissens mit der SBK zu sprechen. Es bedurfte des zuletzt fast schon ultimativen Drängens von Senator Erhardt, um die Kommission zum Einlenken zu bewegen. Die Kehrtwende wurde ihr dadurch erleichtert, dass die Neuberufenen sich ihrerseits bereit erklärten, sich an der Evaluierung der «Alt-Humboldtianer» zu beteiligen.

Bei der Beurteilung des bisherigen wissenschaftlichen Personals der Humboldt-Universität ging es nicht nur um die Bewertung wissenschaftlicher Leistungen, sondern auch um die Gewichtung von politischen Belastungen. Entgegen den Bestrebungen des kurzzeitigen, stasibelasteten Rektors Heinrich Fink, und nach dessen faktischer Entlassung durch Senator Erhardt am 22. November 1991, der Prorektoren der Humboldt-Universität und trotz mancher journalistischer und leider auch (un)kollegialer Querschüsse aus der Historikerzunft des «alten» Westens gelang es uns, die Weichen in Richtung eines alles in allem konsequenten personellen Neuanfangs zu stellen. Auf einer Veranstaltung des Deutschen Hochschulverbands am 10. Februar 1992 bekannte sich Senator Erhardt auf meine Bitte hin öffentlich zu dem Grundsatz, dass im Rechtsstaat Bundesrepublik das Amt eines Hochschullehrers nicht ausüben konnte, wer unter der SED-Diktatur Kollegen denunziert oder an politisch motivierten Exmatrikulationen von Studierenden mitgewirkt hatte. Auf eine solche Klarstellung hatten vor allem die im Unabhängigen Historikerverband zusammengeschlossenen, von solchen Maßnahmen betroffenen ehemaligen DDR-Studentinnen und Studenten gedrungen.

Nahezu ausschließlich Sache der Neuberufenen war die Neuordnung des Studiums und der akademischen Prüfungen. Gestützt auf bewährte Vorbilder, darunter das der Universität Freiburg, gelang uns innerhalb weniger Wochen eine Reform, die diesen Namen verdiente. In der Summe trug das gemeinsame Werk der Struktur- und Berufungskommissionen und der Neuberufenen erheblich dazu bei, dass die Humboldt-Universität sich einige Jahre nach der Wiedervereinigung nicht nur in Deutschland, sondern auch international wieder eines guten Rufes erfreute. Mein 2022 erschienener Aufsatzband «Nationalstaat wider Willen» enthält einige meiner publizistischen Einlassungen zu den Kämpfen um den Neuaufbau der ältesten Berliner Universität, darunter auch den Aufsatz «Ein Rektor im Zwielicht» zum Fall Fink, der am 5. Dezember 1991 in der *FAZ* erschien und dazu führte, dass die Prorektoren der Humboldt-Universität meine Ernennung zum Geschäftsführenden Direktor des Instituts für Geschichtswissenschaften bis Ende Januar 1992 verhinderten.

Zum «Fall Fink» noch eine weitere Bemerkung: Der evangelische Theologe Fink hatte eine persönliche «Lobby», die weit über die ehemalige DDR hinausreichte. Wenige Stunden vor seiner Entlassung am 25. November 1994 hatte er einen akademischen Festakt für die neu immatrikulierten Studierenden der Humboldt-Universität in der Komischen Oper in eine Kundgebung für seine Wiederwahl verwandelt. Der Schriftsteller und Friedensnobelpreisträger Elie Wiesel, ein Überlebender des Holocaust, war aus Boston eingeflogen worden, um für «my dear friend» Heinrich Fink Zeugnis abzulegen, der sich immer als Freund der Juden bewährt habe. Der Präsident des Ökumenischen Rates der Kirchen, Philip Potter aus Jamaika, den die Theologische Fakultät der Humboldt-Universität auf Finks betreiben 1986 zum Ehrendoktor gemacht hatte, ließ bei derselben Gelegenheit die «prestigious University» Unter den Linden hochleben und beglückwünschte die Studierenden dazu, dass sie ihren neuen Lebensabschnitt unter der Ägide Heinrich Finks beginnen konnten. Mein Artikel über Finks zwiespältige Rolle vor und nach der sogenannten «Wende» trug mir nicht nur massive Kritik, sondern auch die offene Feindschaft vieler Anhänger des abgesetzten Rektors ein.

Die neunziger Jahre wurden für mich zur Hochzeit meiner Mitwirkung in Kommissionen, wissenschaftlichen Beiräten und Herausgebergremien. Ich nenne die Mitgliedschaft in der Unabhängigen Kommission für die Umbenennung von Straßen (in Berlin-Mitte), der Gemeinsamen Kommission zur Erforschung der jüngeren Geschichte der deutsch-russischen Beziehungen und der Historischen Kommission bei der Bayerischen Akademie der Wissenschaften. Ich war Mitglied der Beiräte der Stiftung Reichspräsident-Friedrich-Ebert-Gedenkstätte, des Hauses der Geschichte der Bundesrepublik Deutschland, des Instituts für Zeitgeschichte und des Internationalen Beirats der Bundeskanzler-Willy-Brandt-Stiftung. Von 1985 bis 1999 gehörte ich dem Arbeitskreis für moderne Sozialgeschichte an. Von 1975 bis 1999 war ich Mitherausgeber der Zeitschrift «Geschichte und Gesellschaft» und von 1997 bis 2009 der Berliner Ausgabe der Schriften und Reden von Willy Brandt. 2006 wurde ich in den Senat der Deutschen Nationalstiftung gewählt, die mich 2020 zu ihrem Ehrensenator ernannte. 2008 wurde ich zum Korrespondierenden Mitglied der Bayerischen Akademie der Wissenschaften gewählt.

Im Zusammenhang mit meiner Mitarbeit im Wissenschaftlichen Beirat des Instituts für Zeitgeschichte steht auch ein Disput um die Laudatio, die der Direktor des Instituts für Zeitgeschichte, Horst Möller, im Juni 2000 anlässlich der Ehrung des inzwischen sehr umstrittenen Ernst Nolte mit dem Adenauer-Preis der rechts stehenden Deutschlandstiftung halten wollte und dann auch, trotz öffentlicher Kritik, hielt. Ich bat Möller erst intern, dann öffentlich um eine Revision seiner Entscheidung und forderte ihn, als er an seiner Absicht festhielt, in einem Offenen Brief, der in der *Zeit* erschien, zum Rücktritt vom Amt des Institutsdirektors auf. Meine Kritik an seiner Ehrung Noltes halte ich auch im Rückblick für gerechtfertigt, die Rücktrittsforderung aber für überzogen. Ich habe das Horst Möller ein paar Jahre später auch gesagt. Auf die teilweise hoch politischen Kontroversen, die in den späten neunziger Jahren um die Zusammensetzung der Wissenschaftlichen Beiräte entbrannten, gehe ich im zweiten Kapitel ein.

In den ersten Jahren an der Berliner Humboldt-Universität konnte ich meine einbändige Geschichte der Weimarer Republik abschließen, die ich zu einem großen Teil 1990/91 als Stipendiat des Historischen Kollegs in München geschrieben hatte. Das Buch beruhte zu erheblichen Teilen auf meinen drei Bänden zur Geschichte der Arbeiter und der Arbeiterbewegung in der Weimarer Republik. «Weimar 1918–1933. Die Geschichte der ersten deutschen Demokratie» erschien 1993 als erstes der Bücher, die ich bei C.H.Beck veröffentlicht habe. Bei dem den polnischen Freunden gewidmeten Weimarbuch orientierte ich mich erstmals am Modell der konzentrischen Kreise: Die Arbeitertrilogie bildete die Grundlage des nächstgrößeren Projekts, der Geschichte der ersten deutschen Republik. Auf «Weimar» folgten die beiden Bände der deutschen Geschichte im 19. und 20. Jahrhundert, die im Jahr 2000 unter dem Titel «Der lange Weg nach Westen» erschienen. Dem «Langen Weg» schlossen sich die von der Robert-Bosch-Stiftung, der Ringier- und der ZEIT-Stiftung geförderten vier Bände meiner «Geschichte des Westens» an, die C.H.Beck zwischen 2009 und 2015 herausbrachte.

In «Weimar» und stärker noch im «Langen Weg» und in der «Geschichte des Westens» versuchte ich, die bis dahin von mir betriebene politische Sozialgeschichte zu einer politischen Problemgeschichte zu erweitern, in der auch die von der Historischen Sozialwissenschaft, der «Bielefelder Schule», eher vernachlässigten Bereiche der politischen Mentalitäts- und Ideengeschichte, der politischen Kultur samt der sie prägenden Diskurse, der politischen Entscheidungsprozesse und der internationalen Beziehungen zu ihrem Recht kamen und die Erzählung als Mittel der Erklärung diente. Ich verfolgte damit einen anderen Ansatz als die Autoren der beiden deutschen Nationalgeschichten mit dem Schwerpunkt im 19. und 20. Jahrhundert, die zwischen 1983 und 1995 erschienen waren: Thomas Nipperdeys dreibändige «Deutsche Geschichte» von 1800 bis 1918, deren letzter Band 1992, im Todesjahr des Verfassers, herauskam, und Hans-Ulrich Wehlers fünfbändige «Deutsche Gesellschaftsgeschichte», von der bis zur Jahrtausendwende die ersten drei Bände vorlagen, in denen die Zeit von 1700 bis 1914 behandelt wird.

Beiden Werken verdankte ich eine Fülle von Anregungen. Der «Lange Weg nach Westen» aber sollte ganz bewusst keine Annäherung an das unerreichbare, letzlich auch positivistisch ausdeutbare Ideal einer «histoire totale» (Fernand Braudel) sein, weder eine historistische, von einem bildungsbürgerlichen Erkenntnisinteresse aus geschriebene, um einfühlendes Verständnis für die akademischen Eliten der Kaiserzeit und deren politisches Denken bemühte, Objektivität beanspruchende, aber stellenweise nationalapologetisch wirkende Geschichtsdeutung wie Nipperdey noch eine aus dem distanzierten, scheinbar überlegenen, weil theoretisch fundierten Blickwinkel der systematischen Sozialwissenschaften verfasste Struktur- und Prozessanalyse wie Wehler, in der die Frage nach den Motiven, den Handlungsspielräumen und der Verantwortlichkeit der Akteure eine eher untergeordnete Rolle spielte und alles, was an eine literarischen Ansprüchen genügende Geschichtsschreibung erinnerte, geradezu verpönt war.

Vielmehr entschied ich mich für eine von Warum-Fragen geleitete, um Gerechtigkeit für die hellsichtigen Zeitgenossen, für die frühzeitigen Warner und die tragisch Gescheiterten bemühte Darstellung der jüngeren deutschen Geschichte mit nunmehr *zwei* erzählerischen Fluchtpunkten: zum einen der Machtübertragung an

Hitler am 30. Januar 1933 und zum anderen der Lösung der deutschen Frage durch die Wiedervereinigung am 3. Oktober 1990. Wichtig war mir dabei die normative Dimension der Geschichtsschreibung: das, was Johann Gustav Droysen in seiner «Historik» die «Interpretation nach den sittlichen Mächten und Ideen» genannt und wie folgt erläutert hat: «Damit gewinnen wir den ethischen Horizont, in dem alles stand, was in diesem Volk, in dieser Zeit war und geschah, und damit das Maß für jeden einzelnen Vorgang in diesem Volk, in dieser Zeit.» Erst von einem solchen normativen Ansatz aus gewinnen der deutsche Weg in die Katastrophe von 1933 und alles, was daraus folgte, ihre geradezu existenzielle Dramatik, die sich, wie ich finde, auch in der Geschichtsschreibung niederschlagen sollte.

Eine Bemerkung noch zu einer Gemeinsamkeit der drei deutschen Nationalgeschichten, die in den letzten beiden Jahrzehnten des 20. Jahrhunderts geschrieben wurden. Alle drei beginnen mit einem «Am Anfang»-Satz. Bei Nipperdey heißt es: «Am Anfang war Napoleon», bei Wehler «Am Anfang war keine Revolution», bei mir «Am Anfang war das Reich». Anders als man oft lesen kann, war Nipperdey aber nicht der erste deutsche Historiker, der die Eingangsworte des Johannes-Evangeliums derart verweltlichte. Vorangegangen war ihm sein Berliner Kollege Arnulf Baring. Sein 1969 erschienenes Buch «Außenpolitik in Adenauers Kanzlerdemokratie» beginnt mit dem Satz: «Am Anfang war Adenauer.»

Der «Lange Weg nach Westen» sollte auch meine Antwort auf die eingangs gestellte Frage nach der Berechtigung der These vom «deutschen Sonderweg» in der Moderne sein. Mein Fazit: Es gab einen solchen Sonderweg, aber er war kein zwangsläufiger Weg in die Katastrophe. Die Machtübertragung an Hitler war bis zuletzt vermeidbar. Der 30. Januar 1933 war kein notwendiges Ergebnis der vorausgegangenen deutschen Geschichte, aber auch kein bloßer

«Betriebsunfall». Dass es dazu kommen konnte, hatte Gründe, die tief in die deutsche Geschichte zurückreichen.

Alle Geschichte ist eine Geschichte von «Sonderwegen», aber einige sind noch «besonderer» als die anderen, darunter der deutsche. Deutschland hat die politischen Konsequenzen der Aufklärung nur teilweise mit vollzogen; es hat einen eigenen Rechtsstaat hervorgebracht, sich den westlichen Ideen der Volkssouveränität, der repräsentativen Demokratie und der unveräußerlichen Menschenrechte bis ins 20. Jahrhundert hinein aber verweigert. Erst nach 1945 hat sich der westliche Teil des gespaltenen Deutschland voll der politischen Kultur des Westens geöffnet. 1990 endeten zwei deutsche «Sonderwege» der Nachkriegszeit: der postnationale der alten Bundesrepublik und der internationalistische der DDR. Das wiedervereinigte Deutschland verstehe ich als postklassischen Nationalstaat, der einige seiner Hoheitsrechte in der Europäischen Union gemeinsam mit den anderen Mitgliedstaaten ausübt und andere auf gemeinsame Einrichtungen übertragen hat.

Ein weltgeschichtlicher «Sonderweg» war auch die Geschichte des Westens. Nur unter sehr spezifischen Bedingungen konnte sich jenes normative Projekt entwickeln, an dem sich der alte europäische und der neue überseeische Westen seit den beiden atlantischen Revolutionen des späten 18. Jahrhunderts abarbeiten. Die Geschichte des modernen Westens ist zu erheblichen Teilen eine Geschichte von Kämpfen um die Aneignung oder Verwerfung der Ideen von 1776 und 1789, aber auch von Kämpfen, die aus Verstößen gegen die damals proklamierten Werte erwuchsen, sowie eine Geschichte von Lernprozessen, also von Selbstkritik und Selbstkorrekturen des Westens.

In meiner Lehre an der Humboldt-Universität konnte ich immer wieder auf meine abgeschlossenen und laufenden Forschungsprojekte zurückgreifen. Gestützt auf die Recherchen zum «Langen Weg nach Westen», hielt ich im Wintersemester 2005/06 ein Seminar zum deutschen Einigungsprozess ab, das von einer Vertiefenden Übung mit Zeitzeugen flankiert wurde. Unsere Gesprächspartner waren unter anderem Marianne Birthler, Rainer Eppelmann, Joachim Gauck, Stephan Hilsberg, Lothar de Maizière, Walter Momper, Ulrike Poppe, Günter Schabowski, Richard Schröder, Rudolf Seiters und zwei ehemalige enge Mitarbeiter Helmut Kohls, Michael Mertes und Horst Teltschik. Aus Seminaren über die Wirkungsmacht von Mythen und Geschichtsbildern erwuchs ein von der Fritz Thyssen Stiftung geförderter Sammelband mit Beiträgen einiger der Teilnehmerinnen und Teilnehmer dieser Veranstaltungen, die unter dem Titel «Griff nach der Deutungsmacht. Zur Geschichte der Geschichtspolitik in Deutschland» 2004 im Wallstein Verlag in Göttingen erschien.

Wie bei der Vertiefenden Übung mit Zeugen und Gestaltern der Wiedervereinigung konnte ich den Standortvorteil einer Hauptstadtuniversität auch in regelmäßig angebotenen, praxisnahen Vertiefenden Übungen zu den Themen «Politik und Medien in der Berufspraxis von Historikerinnen und Historikern» und «Europa denken: Stand und Perspektiven eines supranationalen Projekts» voll ausschöpfen. An meine frühen Ulmer und die späteren amerikanischen Erfahrungen in Harvard anknüpfend, lud ich Gäste aus der Politik, dem Auswärtigen Amt, dem Diplomatischen Corps, aus Thinktanks, Medien und Buchverlagen in diese Veranstaltungen ein. Auch in den ersten Jahren nach dem Beginn meines Ruhestandes im April 2007 setzte ich diese Vertiefenden Übungen während vieler Semester fort.

«Ohne letztlich praktische Forschungsabsicht kann es in der Staatslehre weder fruchtbare Fragen noch wesentliche Antworten geben»: Diesen Satz aus der 1934 posthum in den Niederlanden erschienenen «Staatslehre» von Hermann Heller habe ich 1972 der Buchfassung meiner Habilitationsschrift «Mittelstand, Demokratie und Nationalsozialismus» vorangestellt. Ich war und bin davon überzeugt, dass sich auch die Geschichtswissenschaft und namentlich die zeitgeschichtliche Forschung an dieser Maxime orientieren kann und soll.

2. Politische Interventionen und Kontroversen

Von Königsberg nach Ulm: Erinnerungen an Krieg und Nachkriegszeit

Im ersten Kapitel stand mein berufliches Leben als Historiker im Vordergrund. Eher am Rande war von meiner politischen Entwicklung und meiner publizistischen Betätigung die Rede. Das soll im Folgenden ausführlicher geschehen. Dabei werde ich auch auf die zeitgeschichtlichen Hintergründe meiner wissenschaftlichen Arbeit und, konkret, auf die Entstehungs- und, soweit es sie gab, die Wirkungsgeschichte einiger meiner Bücher zu sprechen kommen.

Was meine politische Entwicklung betrifft, so war sie wie die ersten beiden Jahrzehnte meines Lebens überhaupt durch mein familiäres Umfeld geprägt. Es bestand nach dem frühen Tod meines Vaters im Dezember 1939 aus meiner Mutter, ihrer ältesten Schwester und meiner Großmutter mütterlicherseits. Ich wurde streng evangelisch erzogen. Meine Mutter gehörte in Königsberg wie ihre ganze Familie der Altlutherischen Kirche an, das heißt jener Minderheit des preußischen Protestantismus, die 1817 die Vereinigung von Lutheranern und Reformierten zur Evangelischen Kirche der Altpreußischen Union unter König Friedrich Wilhelm III. nicht mitvollzogen hatte.

Ich wuchs auf mit Geschichten aus dem Alten und Neuen Testament anhand einer kindergerechten Bilderbibel mit den Illustrationen des «Neu-Römers» Julius Schnorr von Carolsfeld, eines Malers der Nazarener Schule, mit Kirchen- und Volksliedern, klassischer Musik, wobei Johann Sebastian Bach das Nonplusultra war und für mich geblieben ist, mit Gedichten, Märchen und patriotischen Erzählungen.

Gegen nationalsozialistische Einflüsse wurde ich, so gut es ging, abgeschirmt. Ich erinnere mich an ein Hitlerbild im Kindergarten, an Hakenkreuzfahnen am 20. April, «Führers Geburtstag», an Plakate mit dem «Kohlenklau» und der Warnung «Feind hört mit», an das Lied vom «Guten Kameraden», das immer häufiger im Volksempfänger zu hören war, an Fliegerangriffe und Aufenthalte, mal mit, mal ohne Gasmaske, im Luftschutzkeller, zuerst in Königsberg und in Berlin-Lichterfelde, wo meine Großmutter väterlicherseits lebte, dann in Ulm und Umgebung.

Meine kontinuierliche Erinnerung setzt in den ersten Augusttagen des Jahres 1944 ein. Sie beginnt, genauer gesagt, in dem kleinen Ort Neuhäuser an der Samlandküste, nur wenige Kilometer von Königsberg entfernt, wo meine Mutter, meine Großmutter, meine Tante (und Patentante) Doris und ich ein paar Ferientage verbrachten. Am 3. oder 4. August brachte der Postbote meiner Mutter einen sehnlichst erwarteten amtlichen Brief. Er enthielt die Mitteilung, dass meine Mutter nach Württemberg ausreisen durfte, wo sie, wie im ersten Kapitel erwähnt, eine Stelle als Aushilfslehrerin an der Urspringschule bei Schelklingen antreten sollte.

Am 5. August verließen meine Mutter, meine Großmutter und ich Königsberg. Dass es für sie ein Abschied für immer war, werden die beiden Erwachsenen geahnt haben; mit mir darüber gesprochen haben sie nicht. Ich erinnere mich an die Verabschiedung von Bekannten, unter ihnen eine befreundete Rot-Kreuz-Schwester, auf dem Hauptbahnhof der ostpreußischen Hauptstadt, an die Ankunft im schon stark zerstörten Berlin und die Weiterfahrt über Leipzig und Crailsheim nach Ulm. Dort trafen wir am 6. August 1944 ein. Drei Wochen später, in der Nacht vom 26. zum 27. August, wurde die Königsberger Innenstadt durch einen britischen Fliegerangriff zum größten Teil zerstört.

Ulm, wo wir in den ersten Wochen nach unserer Ankunft aus Königsberg und dann dauerhaft seit dem Herbst 1948 wohnten, war die Stadt, in der seit langem eine Schwester meiner Mutter, Hella Füchtner, mit ihren fünf Söhnen lebte. Ihr Mann, der Handelsschullehrer und Hauptmann der Reserve Richard Füchtner, war, was sich erst später durch Aussagen eines Kameraden bestätigte, 1942/43 in der Schlacht um Stalingrad gefallen. Meine Mutter und meine Großmutter kannten Ulm bereits von früheren Besuchen, was ihnen das Einleben in Württemberg sehr erleichterte. Mir halfen meine fünf Ulmer Vettern, mich in der Stadt an der Donau und in Schwaben bald auch sprachlich heimisch zu fühlen. Von der Wohnung der Füchtners auf dem Michelsberg hatte man einen wunderbaren Blick auf die damals noch unzerstörte Stadt Ulm und das Münster – die Kirche, in der ich acht Jahre später, im März 1952, konfirmiert wurde.

Lebhaft vor Augen stehen mir die letzten Monate des «Dritten Reiches», die ich im ehemaligen Benediktinerkloster und nachmaligen Internat Urspring erlebte, wo meine Mutter seit dem September 1944 die Fächer Musik und Deutsch unterrichtete. Unvergesslich sind mir etwa die letzten Tage vor dem Weihnachtsfest 1944. Am Abend des 17. Dezember hörten wir den nicht enden wollenden Motorenlärm der britischen Bomberflotte, die wenige Minuten später die Innenstadt von Ulm in ein Ruinenfeld verwandelte. Tags darauf zogen dichte Rauchwolken westwärts über Urspring hinweg. Am 19. Dezember, meinem sechsten Geburtstag, ließ Schulleiter

Fritz Ehrecke beim gemeinsamen Mittagessen der Urspringschule mir zu Ehren eine «Rakete» steigen: Sie bestand aus erst leisem, dann immer stärker werdendem Klopfen auf die Tische des Speisesaals. Um dieselbe Zeit feierte Urspring auf einer schneebedeckten Lichtung seine jährliche Waldweihnacht. Eines der Lieder, die dabei gesungen wurden, war «Hohe Nacht der klaren Sterne». Es stammte vom Lieblingsdichter und -komponisten der Hitler-Jugend, Hans Baumann. An den Weihnachtsbäumen jenes Jahres sah man letztmals neben den üblichen auch die blauen Stearinkerzen des «VDA», des Vereins für das Deutschtum im Ausland.

Gut erinnern kann ich mich auch an eine Schüleraufführung des (stark überarbeiteten) Puppenspiels vom Doktor Faust mit meinem Vetter Jörg Füchtner als Stimme der Titelgestalt im Februar oder März 1945. In lebhafter Erinnerung geblieben ist mir sodann ein Tag in der zweiten Märzhälfte, an dem in einem Saal der Schule Wochenschauen mit Frontberichten gezeigt wurden. Ich verließ den Raum der schlechten Luft wegen und begab mich auf die Straße, die Urspring mit Schelklingen verbindet. Auf der Höhe der Schulgärtnerei kam mir zu meiner grenzenlosen Freude meine Tante Doris Seraphim entgegen, die Königsberg kurz zuvor auf dem Seeweg hatte verlassen können.

Wenige Tage später wurden die Schüler der Urspringschule, soweit sie noch ein einigermaßen sicheres Zuhause hatten, dorthin entlassen. Um den 17. April herum machte die Gauleitung von Württemberg mit dem Gauleiter und Reichsstatthalter Wilhelm Murr an der Spitze auf der Flucht in die legendäre, tatsächlich nicht existente «Alpenfestung» in Urspring Station. Als der Geschützdonner der heranrückenden Amerikaner immer lauter wurde, verließ die Gauleitung nach wenigen Tagen Urspring überstürzt mitten in der Nacht. Ihre Hinterlassenschaft waren viele amerikanische Nähmaschinen der (jüdischen) Firma Singer, Rundfunkgeräte, Alkoholika und Berge von Schweizer Schokolade.

Um dieselbe Zeit wurden in Urspring auch die Kinder darüber informiert, wie sie sich bei «Akuter Luftgefahr», verursacht durch feindliche Tiefflieger, zu verhalten hatten: sofort Deckung suchen, freies Feld meiden, so schnell wie möglich in den nahe gelegenen Luftschutzstollen im Wald laufen. Tags darauf wurde es ernst: Wenige Minuten nach dem Ertönen des Sirenensignals «Akute Luftgefahr» wurde ganz nahe bei Urspring, im etwa zwei Kilometer entfernten Schmiechen, ein Munitionszug der Wehrmacht von amerikanischen Fliegern bombardiert. Ich hatte den Stollen wie die anderen Urspringer gerade noch rechtzeitig erreicht. Nach dem Signal «Entwarnung» brach ich mit anderen Kindern zu einer Tatortbesichtigung in Schmiechen auf: eine nicht ganz ungefährliche Expedition, weshalb ich anschließend zurecht heftig gescholten wurde.

An einem der letzten Tage vor dem regionalen Kriegsende wurde Urspring durch den Ruf «Ein Spion! Ein Spion!» aufgeschreckt. Ich sah einen Mann oberhalb der Straße nach Schelklingen am Waldrand entlanglaufen und wieder im Wald verschwinden. War es der Pilot eines kurz zuvor bei Hausen ob Urspring abgestürzten oder abgeschossenen kleinen amerikanischen Aufklärungsflugzeugs? Der Vorgang wurde, soweit ich weiß, niemals aufgeklärt. In der «Stunde Null» gab es wohl auch niemanden, der sich dafür zuständig gefühlt hätte.

Am 22. April zogen Truppen der Sechsten US-Armee, von Hausen ob Urspring von der Schwäbischen Alb herkommend, nach Beseitigung einer Panzersperre am Ortseingang, ohne auf Widerstand zu stoßen, in Schelklingen ein. Für Urspring nahm der Zweite Weltkrieg ein überaus symbolträchtiges Ende: Amerikanische Soldaten holten die beiden Eisernen Kreuze aus Holz aus der ehemaligen

Klosterkirche heraus und stellten sie, nachdem sie die Hakenkreuze in der Mitte herausgeschossen hatten, an die Außenmauer der Kirche, wo sie mindestens ein Jahr lang stehenblieben.

Rund 10 Tage später, es wird der 2. Mai 1945 gewesen sein, empfing mich meine Großmutter, als ich sie in ihrem Zimmer aufsuchte, mit der Nachricht, die sie eben im Rundfunk gehört hatte: «Hitler ist tot». Meine Frage, ob das gut sei, bejahte sie und fügte dann sinngemäß hinzu, es kämen aber noch schwere Zeiten auf die Deutschen zu. Sie meinte damit wohl nicht die materiellen Entbehrungen, mit denen man in der Nachkriegszeit rechnen musste, sondern etwas anderes: Jetzt würden die Deutschen für die Verbrechen der Nazis zur Rechenschaft gezogen.

Zunächst ging es aber um das materielle Überleben. Es erforderte häufige «Hamsterwanderungen» in den nahegelegenen Weiler Hausen ob Urspring, wo gutherzige Bauern uns im Tausch gegen Holzschuhe, Geschirr und Kleidungsstücke mit Gemüse, Milch, Brot und Eiern versorgten. Ergänzend kamen hinzu: Fallobst aufsammeln, Ährenlesen und das Sammeln von Bucheckern, die zu einer Ölmühle gebracht wurden, wo man etwas Öl dafür erhielt. Dass sich Brennnesseln zu schmackhaften Gerichten verarbeiten lassen, war bekannt, wurde aber 1945/46 mehr beherzigt als vorher und nachher. Und auch das gehört zu meinen Erinnerungen an die frühe Nachkriegszeit: das Einsammeln von Kartoffelkäfern, von denen es hieß, feindliche Flieger hätten sie abgeworfen, um den Deutschen zu schaden.

Die ländliche Umgebung Urspring erwies sich für uns als Segen. Großstädter hatten es sehr viel schwerer, in der frühen Nachkriegszeit «über die Runden zu kommen». Dass das in unserem Fall gelang, lag wesentlich aber auch an meiner Großmutter. Sie musste nach Kriegsende lange darauf warten, bis sie wieder ihre Pension als

Beamtenwitwe erhielt. Sie verdingte sich deshalb als Putzfrau bei einer Handwerkerfamilie in Schmiechen. Ihre Dienste ließ sie sich, wann immer möglich, in Form von Naturalien vergüten. Das war damals sehr viel mehr wert als eine Entlohnung in Reichsmark. An den besonders kalten Nachkriegswinter 1945/46 habe ich noch eine makabre Erinnerung. Dem *Südwestkurier*, der damals wohl größten Tageszeitung im südlichen Württemberg, unterlief bei einem Wetterbericht ein tragikomischer Druckfehler. Statt «Bewölkungsabnahme bei Frostverschärfung» hieß es dort: «Bevölkerungsabnahme bei Frostverschärfung».

Die Besatzungszeit verlief für uns in zwei Etappen: Den Amerikanern folgten im Juni 1945, nachdem auch sie eine eigene Besatzungszone erhalten hatten, die Franzosen. Anders als ihre Vorgänger requirierten sie einige Gebäude der Urspringschule für ihre Truppen. Ich erinnere mich an ein großes Fest mit Lagerfeuer, Feuerwerk und Absingen der Marseillaise am 14. Juli 1945, dem französischen Nationalfeiertag. Aus einer gewissen Entfernung heraus durften die deutschen Bewohner Ursprings die Feier beobachten.

Die Grenze zwischen der französischen und der amerikanischen Besatzungszone verlief zwischen dem katholischen, einst vorderösterreichischen Schelklingen, das nun ein Teil des neuen Landes Südwürttemberg-Hohenzollern wurde, und dem evangelischen Blaubeuren, das vor dem Reichsdeputationshauptschluss von 1803 zum altwürttembergischen Gebiet gehört hatte und jetzt ein Teil von Württemberg-Baden wurde. Die offiziellen Grenzübergänge wurden streng überwacht, waren aber für meine Mutter dank eines Passierscheins durchlässig. Den erhielt sie, weil sie, die überzeugte Lutheranerin, 1945/46 sowohl den katholischen Kirchenchor in Schelklingen als auch den evangelischen Kirchenchor von Blaubeuren leitete. In der dortigen Stadtkirche hängt auch heute noch ein Bild des Reformators von Reutlingen, Urach und Blaubeuren, Matthäus Alber, inmitten seiner vielköpfigen Familie. Ich erwähne das deshalb, weil Alber einer meiner Vorfahren väterlicherseits ist.

Dass es keine Rückkehr nach Königsberg und Ostpreußen geben würde, war meiner Mutter schmerzlich bewusst. Sie zitierte immer wieder ein Wort aus dem Hebräerbrief: «Denn wir haben hier keine bleibende Stadt, aber die zukünftige suchen wir.» Doch auch auf dieser Erde gab es eine Heimat, die ihr verblieben war. Zu dieser Heimat gehörte für meine Mutter und ihre Familie die evangelische Kirche (auch wenn die liturgiearmen Gottesdienste der württembergischen Landeskirche für strenge Lutheraner gewöhnungsbedürftig waren). Dazu kamen die gemeinsame deutsche Hochsprache, die Literatur und die Musik. Eine solche spirituelle oder im Sinne Kants «intelligible» Kompensation des Verlustes der physischen Heimat war freilich an bestimmte gesellschaftliche Voraussetzungen gebunden. Sie fiel «Bildungsbürgern» leichter als Bauern, für die Flucht und Vertreibung den Verlust von Grund und Boden und damit ihrer gesamten bisherigen Lebenswelt bedeutete. Sie mussten sich nach 1945 im Westen Deutschlands meist einen neuen Beruf suchen und das hieß oft Industriearbeiter zu werden.

In unseren frühen Ulmer Jahren, der Zeit nach 1948, abonnierte meine Mutter oder meine Großmutter das «Ostpreußenblatt», die Zeitung der Landsmannschaft Ostpreußen, und das vor allem deshalb, weil man dort erfuhr, wo vertriebene Königsberger inzwischen lebten. Meine Großmutter stieß dabei Anfang der fünfziger Jahre auf den Namen einer früheren Mitbewohnerin des Hauses Hardenbergstraße 24 in Königsberg, einer Frau E., die die Funktion des Blockwarts der NSDAP innegehabt hatte – eine Funktion, in der es ihr oblag, ihre «Klientel» immer wieder vor dem illegalen Abhören von «Feindsendern» zu warnen. Da sie meine Familie politisch nicht weiter belästigt hatte, schrieb ihr meine Großmutter, gutmütig wie sie war, ein paar Zeilen und erhielt eine ausführliche Antwort, aus der sich mir ein zeitgeschichtlich bemerkenswerter Satz wörtlich eingeprägt hat: «Ich hasse den Verderber Ostpreußens, wie man nur jemanden hassen kann, an den man einmal geglaubt hat.»

Meine Großmutter Sophie Seraphim möchte ich noch in einem anderen zeitgeschichtlichen Zusammenhang erwähnen. Als ich sie irgendwann Anfang der fünfziger Jahre fragte, was sie während des Krieges von der Vernichtung der Juden erfahren habe, sagte sie sinngemäß: «Wir sahen, dass es auf den Straßen immer weniger Menschen gab, die den Judenstern trugen, und wir ahnten, dass etwas ganz Furchtbares mit ihnen geschieht.»

Um dieselbe Zeit, also in den frühen fünfziger Jahren, erfuhr ich durch meine Mutter oder meine Großmutter von einer Begebenheit aus dem Königsberg der Jahre 1941 oder 1942. Meine Tante, die Bibliothekarin Doris Seraphim, sah, wie ein am gelben Davidstern erkennbarer älterer Jude auf offener Straße einen Schwächeanfall erlitt und kollabierte. Sie half ihm wieder auf und fragte ihn nach seiner Adresse, um ihn dann nach Hause zu bringen. Auf dem Weg dorthin hielt ein Polizist die beiden auf und wies Doris Seraphim zurecht: Sie wisse doch, dass das, was sie tue, streng verboten sei. Die Antwort meiner Tante lautete: Der Herr könne sich nicht selber helfen, also helfe sie ihm. Daraufhin wich der Polizist zurück und ließ die beiden ziehen.

Mir wurde die Geschichte als Beispiel von persönlichem Mut und Anstand in schweren Zeiten erzählt. Aber Doris Seraphim war nicht die einzige Heldin dieser Geschichte. Der Polizist, der vermutlich noch in der Weimarer Republik ausgebildet worden war, folgte der Stimme seines Gewissens, als er den Einwand der frommen Christin akzeptierte. Beide, der Polizist und meine Tante, gingen durch ihr Verhalten ein hohes Risiko ein, und das dürften sie gewusst haben. Doris Seraphim, die mich in Königsberg mit den biblischen Geschichten und der deutschen Märchenwelt vertraut gemacht hatte, war es übrigens auch, die mir in Urspring Lesen, Schreiben und Rechnen beibrachte. Ich war im Herbst 1944 schulpflichtig geworden, durfte aber gemäß einer Entscheidung des Schulamtes des Kreises Ehingen wegen der ständigen Tieffliegergefahr auf der zwei Kilometer langen Strecke von Urspring nach Schelklingen statt in der dortigen Volksschule zu Hause unterrichtet werden. Da von regelmäßigem Schulunterricht in jenen Monaten kaum gesprochen werden konnte, dürfte ich dadurch nicht viel versäumt haben.

Eines der ersten Bücher, die mir, nunmehr des Lesens kundig, von meiner Mutter geschenkt wurden, trug den Titel «Manuel». Es handelte von dem jungen Immanuel Kant. Wenn man dem Autor glauben durfte, war es die Mutter Kants, die Frau Kantin, die ihrem kleinen Sohn, dem «Manuelchen», half, bei abendlichen Spaziergängen durch Königsberg in Gesprächen mit ihr nicht nur den gestirnten Himmel über sich, sondern auch schon das moralische Gesetz in sich zu entdecken.

Zu den bestimmenden Ereignissen der ersten Nachkriegsjahre gehörten für mich die Währungsreform, die wir in der amerikanischen Zone, in Klingenstein bei Ulm erlebten, die Berliner Blockade und die Gründung der Bundesrepublik. In der zweiten Klasse des Ulmer altsprachlichen Gymnasiums, des späteren Humboldt-Gymnasiums, ließ uns unser Klassenlehrer Josef Röhrle kurz nach dem 12. September 1949 einen Aufsatz über unsere Eindrücke von der Rundfunkübertragung der ersten Bundespräsidentenwahl in Bonn schreiben. Mit dem Ertrag war er aber nicht recht zufrieden, weshalb er uns seinen eigenen Musteraufsatz vorlas. Er schloss mit den Worten: «Und was uns besonders freut: Professor Heuss ist Schwabe.»

Mein Interesse an Politik erwachte im Februar 1952 fast schlagartig, nachdem mich ein Klassenkamerad gefragt hatte, ob ich tags zuvor die Rundfunkübertragung einer leidenschaftlichen Bundestagsdebatte zur Wiederbewaffnung der Bundesrepublik im Rahmen einer Europäischen Verteidigungsgemeinschaft gehört hätte (was nicht der Fall war). Von da ab hörte ich bei solchen Debatten regelmäßig zu und las fortan auch kontinuierlich Tages- und Wochenzeitungen. Von der Notwendigkeit der Wiederbewaffnung war ich rasch überzeugt, während unsere Religionslehrer sie strikt ablehnten. Sie fühlten sich eng mit dem Kirchenpräsidenten von Hessen-Nassau, dem ehemaligen U-Boot-Kommandanten und späteren KZ-Häftling Martin Niemöller, und mit dem ehemaligen CDU-Politiker Gustav Heinemann verbunden, der im Oktober 1950 aus Protest gegen die Wiederaufrüstungspläne des Bundeskanzlers Konrad Adenauer von seinem Amt als Bundesinnenminister zurückgetreten war, Anfang 1952 die CDU verließ und im November jenes Jahres zusammen mit der früheren Vorsitzenden der Deutschen Zentrumspartei, Helene Wessel, die Gesamtdeutsche Volkspartei gründete, die eine Wiedervereinigung Deutschlands unter dem Vorzeichen der Neutralität forderte. Meine meist außerschulischen Streitgespräche mit zwei unserer aufeinander folgenden Religionslehrer und Schulpfarrer gingen aus wie das Hornberger Schießen.

Im Juni 1954 durfte ich als Politischer Referent des Arbeitsausschusses der Schüler Ulms und Leiter des Politischen Seminars der Ulmer Jugend, von dem ich im ersten Kapitel berichtet habe, an einer gemeinsam mit der Katholischen Akademie Hohenheim veranstalteten Tagung der Evangelischen Akademie Bad Boll zum Verhältnis von Staat und Kirche teilnehmen. Bei diesem Treffen traten viele bekannte Politiker auf. Der prominenteste unter ihnen war Bundeskanzler Konrad Adenauer. Ich nutzte das gemeinsame Mittagessen, um den «Alten» um ein Autogramm für das Politische Seminar der Ulmer Jugend zu bitten. Er fragte, was es mit dem Politischen Seminar auf sich habe, worauf ich mit einer kurzen Erläuterung antwortete, und erfüllte dann meine Bitte. Höhepunkt der Tagung war eine vielbeachtete öffentliche Rede, in der der Kanzler seiner Gewissheit Ausdruck gab, dass die französische Nationalversammlung demnächst den Vertrag über die Europäische Verteidigungsgemeinschaft ratifizieren würde. Als die Pariser Abgeordneten wenige Wochen später, am 30. August, dem Vertragswerk durch Vertagung eine Beerdigung dritter Klasse bereiteten, empfand der Kanzler dies als seine bisher schwerste politische Niederlage.

Im Anschluss an Adenauers Vortrag fand in Bad Boll noch eine Diskussion mit dem Bundeskanzler im kleineren Kreis der Tagungsteilnehmer im Freien unter malerischen Bäumen statt: Der damals 78jährige Regierungschef begann mit seinen Erinnerungen an den langjährigen Vorsitzenden der Zentrumspartei vor 1933, den Prälaten Ludwig Kaas, und ging dann zur aktuellen Politik über. In meinem Gedächtnis haften geblieben ist seine Bemerkung, deutsche Kriegsgefangene in der Sowjetunion schickten ihm, um die dortigen Postbehörden und damit die Zensur zu täuschen, Briefe, die an «Onkel Konrad in Rhöndorf» adressiert seien.

Mehr noch als Adenauer beeindruckte mich der Präsident des Deutschen Bundestages, Hermann Ehlers, der Gründer des Evangelischen Arbeitskreises der CDU/CSU und ein bekennender Preuße. Am 4. Februar 1954 empfing er mich, anlässlich eines Besuches des Politischen Seminars der Ulmer Jugend in seinem Dienstzimmer im Bundestag, bevor er mit uns diskutierte. Ehlers starb im Oktober

1954 im Alter von fünfzig Jahren an Herzversagen. Rund zwei Monate später trat ich der CDU bei.

Ein anderes, für mich wichtiges Ereignis aus dem Jahr 1954 möchte ich nicht unerwähnt lassen. Während ihrer Ausbildung zur Studienreferendarin hatte sich meine Mutter 1945/46 mit Marianne Meyer-Krahmer, einer Tochter des seit seiner Zeit als Bürgermeister von Königsberg von 1920 bis 1930 in meiner Familie hoch angesehenen Carl Goerdeler, angefreundet, der am 2. Februar 1945 in Berlin-Plötzensee als Widerstandskämpfer hingerichtet worden war. Im Sommer 1954 besuchten wir auf Einladung von Marianne Meyer-Krahmer die Familie Carl Goerdelers in Heidelberg. Ich lernte dort seine Witwe und seine Söhne kennen. Es entwickelten sich intensive Gespräche über die konservative Opposition gegen Hitler, und ich hatte die willkommene Gelegenheit, im Hause Goerdeler Teile der kurz zuvor erschienenen Goerdeler-Biografie von Gerhard Ritter zu lesen.

Von meinen Lehrern am Ulmer Humboldt-Gymnasium habe ich bisher nur unseren Klassenlehrer im Schuljahr 1948/49, Josef Röhrle, und unseren langjährigen Geschichtslehrer Walter Reichle genannt. Wie der Letztere unterrichtete auch unser «Direx» Alfred Hauser neben Geschichte Latein und Griechisch. Ihm verdanke ich eine erste Einführung in Thukydides' Geschichte des Peloponnesischen Krieges. In Erinnerung geblieben ist mir besonders seine Interpretation der Gefallenenrede des Perikles: eines Schlüsseltextes zum Verständnis der athenischen Demokratie. Ein Höhepunkt meiner Schulzeit war 1955 eine Schüleraufführung des Urfaust, die unser Deutschlehrer Hans Koch, der erst kurz zuvor aus der sowjetischen Gefangenschaft heimgekehrt war, mit uns einstudiert hatte. Ich selbst spielte den Erdgeist, was es mit sich brachte, dass ich von Anfang an, wenn auch für das Publikum zunächst unsichtbar, auf der

Bühne stand, und deshalb den Eingangsmonolog des Doktor Faust bald auswendig konnte.

Ein anderer Höhepunkt meiner Schulzeit war eine herbstliche Kunstreise nach Südtirol und Oberitalien, geleitet von unserem Zeichenlehrer, dem Maler Hans Flauaus, und verbunden mit einem vorbereitenden Landschulheimaufenthalt in Eppan bei Bozen. Die Kunstreise führte uns über Bozen, Brixen, Meran, Verona, Venedig nach Padua. Geradezu überwältigt war ich von den Giotto-Fresken in der Kapelle degli Scrovegni in Padua und den Reliefs am Portal der Kirche San Zeno in Verona: Kunsterlebnisse, die zum Anlass vieler späterer Italienreisen wurden.

In angenehmer Erinnerung habe ich auch den älteren, besonders vielseitigen Studienrat Friedrich Waaser, von uns Schülern liebevoll «Wambo» genannt, einen Anthroposophen, der seine morgendlichen Schulstunden mit kunstvoll vorgetragenen Gedichten von Goethe, Mörike oder Hermann Hesse zu beginnen pflegte. Waaser unterrichtete abwechselnd Englisch, Chemie oder Biologie. Zu Beginn eines Schuljahres, in dem er uns «nur» Englisch und Chemie beibringen sollte, während der Biologieunterricht seinem Kollegen Günter Breining übertragen war, baten wir ihn scherzhaft, uns doch auch wieder eine Biologiestunde zu geben. Er ging freudig darauf ein und wandte sich in einer der nächsten Stunden dem Lehrplan entsprechend, dem Wurmfarn zu, den er uns in Anlehnung an Goethes «Metamorphose der Pflanzen» nahezubringen versuchte. Kurz zuvor hatten wir den Wurmfarn, ganz ohne Rekurs auf Goethe, bei seinem Kollegen Breining durchgenommen. Der doppelte Wurmfarnunterricht dauerte zwei Wochen. Dann bemerkte Waaser etwas verlegen, in Sachen Biologieunterricht habe er sich wohl geirrt. Den Grund seiner Selbstkorrektur entdeckten wir im Klassenbuch. Da stand als Wocheneintrag des

Schulleiters Alfred Hauser die lakonische Frage: «Wer lehrt Wurmfarn?»

Was mir meine Schulzeit an Bildung vermittelte, erfüllt mich noch heute mit Dankbarkeit. Ich war mir bewusst, dass meine Erziehung an einem humanistischen Gymnasium, ja überhaupt der Besuch einer höheren Schule ein gesellschaftliches Privileg war. Auf der Volksschule in Klingenstein hatte ich 1948 zwar gute, aber keine herausragenden Noten erhalten. Viel besser waren die meiner Klassenkameradin Lucie D., die aber, anders als ich, trotz des nachdrücklichen Drängens unserer Lehrerin Pia Mangold, nicht die Aufnahmeprüfung in Ulm ablegen durfte. Ihr Vater, ein Industriearbeiter, setzte sich mit seiner Forderung durch, sie solle auf der Volksschule bleiben und dann so schnell wie möglich Geld verdienen. Lucie war die sprichwörtliche, benachteiligte «katholische Arbeitertochter vom Lande», die in der Bildungsreformdebatte der sechziger Jahre von Soziologen und Pädagogen immer wieder bemüht wurde, um die ungleiche Verteilung der Bildungschancen in der Bundesrepublik deutlich zu machen. Dass ich eine höhere Schule besuchen durfte, verdankt sich nicht einer von mir erbrachten Leistung, sondern der bildungsbürgerlichen Familientradition. Zu ihr gehörten frühe Theater-, Opern- und Konzertbesuche, beginnend mit Aufführungen von «Peterchens Mondfahrt» und Humperdincks «Hänsel und Gretel» noch in Königsberg, und eine eher beiläufige erste Einführung in die Welt der klassischen Literatur und Musik. Die weiteren Etappen des bürgerlichen Bildungsprozesses waren damit vorgezeichnet.

Es gab freilich auch eine andere Seite dieser Erziehung: ihre apologetische, nationalkonservative Prägung. Vom Anteil des deutschnationalen Bildungsbürgertums an der Zerstörung der Weimarer Republik und seinem Beitrag zum Aufstieg und zur Machtbehauptung des Nationalsozialismus war weder in meinem familiären Umfeld noch am Ulmer Humboldt-Gymnasium die Rede: ein Mangel, der mir erst bewusst wurde, als die Schulzeit bereits hinter mir lag.

Von der CDU zur SPD: Erfahrungen aus drei Jahrzehnten

Meine Emanzipation von der konservativen Familientradition und, damit verbunden, die allmähliche Abkehr von meiner politischen Bindung an die CDU, fallen in meine Tübinger Studentenzeit, also in die Jahre ab 1957. Gleichzeitig begann ich mich von der unter Vertriebenen damals noch selbstverständlichen Ansicht zu lösen, die Oder-Neiße-Linie dürfe niemals anerkannt, auf die Gebiete östlich dieser Grenze unter keinen Umständen verzichtet werden. Gespräche mit meinem Kommilitonen und Freund Hans Kaiser, einem Mitglied des Sozialistischen Deutschen Studentenbundes, der wie ich der Arbeitsgemeinschaft von Hans Rothfels angehörte, verstärkten um 1960 mein Interesse an den Frühschriften von Karl Marx. Dass die CDU im Bundestagswahlkampf von 1961 eine Anti-Immigranten-Kampagne gegen den sozialdemokratischen Kanzlerkandidaten, den Berliner Regierenden Bürgermeister Willy Brandt, führte, empörte mich, und ganz besonders das Verhalten Adenauers. Am 14. August, einen Tag nach dem Beginn des Baus der Berliner Mauer, sprach er in einer Wahlkampfrede in Regensburg, auf Brandts uneheliche Geburt wie auf sein norwegisches Exil anspielend, von «Herrn Brandt alias Frahm», und ließ sich dann bis zum 22. August Zeit, ehe er in das geteilte Berlin kam. Ich entschloss mich, bei der Wahl am 17. September beide Stimmen der SPD zu geben, und trat unmittelbar danach aus der CDU und der Jungen Union aus. Unter dem Datum des 1. Mai 1962 wurde ich Mitglied der SPD.

Mehrere Entwicklungen waren für meine (und nicht nur für meine) Entscheidung zugunsten der SPD wichtig: das Godesberger Programm vom November 1959, mit dem sich die älteste deutsche Partei von ihrem traditionellen «Volksmarxismus» abwandte und als undoktrinäre, auch für Menschen bürgerlicher Herkunft offene Partei des sozialen und politischen Fortschritts präsentierte, sodann Herbert Wehners historische Bundestagsrede vom 30. Juni 1960, mit der sich die Sozialdemokratie auf den Boden von Adenauers Westpolitik stellte, und Willy Brandts überzeugende Verteidigung der Rechte des freien Berlin.

Viele Jahre später sollte ich Willy Brandt auch persönlich kennenlernen. Die Gelegenheit dazu ergab sich aus meiner im ersten Kapitel erwähnten Mitarbeit an dem Projekt «Geschichte der Arbeiter und der Arbeiterbewegung in Deutschland». Zusammen mit den leitenden Mitarbeitern der Friedrich-Ebert-Stiftung empfing Brandt am 8. Dezember 1976 die beteiligten Wissenschaftler im Erich-Ollenhauer-Haus in Bonn zu einem zweistündigen Gespräch. Er äußerte dabei zwei Bitten: Wir sollten so schreiben, «dass es auch die Funktionäre verstehen», und wir sollten die politische Ideengeschichte nicht vernachlässigen.

Rund drei Jahre später, Anfang November 1979, kam es auf Initiative von Brandts dritter Ehefrau, Brigitte Seebacher-Brandt, die ich aus ihrer Zeit als Chefredakteurin des sozialdemokratischen Wochenblatts «Berliner Stimme» kannte, zu einem ausgedehnten sonntäglichen Gespräch mit dem Altkanzler in seiner Wohnung in Unkel bei Bonn. Dabei ging es um seine Erinnerungen an die Zeit vor 1933 und um aktuelle Politik. Im Gedächtnis geblieben ist mir unter anderem seine Frage: «Was ist eigentlich aus den hessischen

Rahmenrichtlinien geworden?» Gemeint waren die 1972 erlassenen, höchst umstrittenen Leitlinien des sozialdemokratischen Kultusministers von Hessen, Ludwig von Friedeburg, für das Fach Gesellschaftslehre, in dem Sozialkunde, Geschichte und Erdkunde aufgehen sollten (und zeitweilig aufgingen), wogegen sich ein wahrer Proteststurm erhob. Brandt ließ keinen Zweifel daran, dass er die Richtlinien für einen Fehler hielt. Ende 1981 wurden sie vom Hessischen Staatsgerichtshof für verfassungswidrig erklärt.

Aktiv wurde ich in der SPD seit dem Frühjahr 1964 in Berlin, und zwar in der teilweise akademisch geprägten Abteilung Lichterfelde-West. Ich wurde dort bald zum linken Flügel gerechnet, weil ich mich, anders als die konservative Parteimehrheit um den Landesvorsitzenden Kurt Mattick, von Anfang an vorbehaltlos für die «neue Ostpolitik» Willy Brandts und Egon Bahrs einsetzte. Das theoretische Fundament dieser Strategie hatten beide im Juli 1963, ermutigt durch Präsident Kennedys kurz zuvor vollzogene Wendung zur «Strategie des Friedens» und damit der Entspannungspolitik, in Grundsatzreden vor der Evangelischen Akademie in Tutzing gelegt. Brandt und Bahr folgten dabei der Einsicht, dass sich bei fortdauernder Teilung Deutschlands der Zusammenhalt der deutschen Nation nur bewahren lassen würde, wenn man auf westlicher Seite bereit war, der staatlichen Existenz der DDR pragmatisch Rechnung zu tragen. Das Berliner Passierscheinabkommen vom Dezember 1963, das es den West-Berlinern ermöglichte, während der Weihnachtszeit Verwandte im Ostteil der Stadt zu besuchen, war die Probe aufs Exempel.

Im Verlauf des Jahres 1964 wurde ich von der Abteilung Lichterfelde-West zu einem der Kassierer gewählt, was damals noch das monatliche Einsammeln der Mitgliedsbeiträge per Hausbesuch bedeutete und für mich nicht nur das Kennenlernen des für die

Berliner SPD typischen, vom öffentlichen Dienst geprägten Sozialmilieus mit sich brachte, sondern auch häufige sonntägliche Gespräche mit einem besonders prominenten Genossen, Brandts Stellvertreter im Senat, Bürgermeister Heinrich Albertz, der nach Brandts Wechsel in das Amt des Außenministers der Großen Koalition im Dezember 1966 dessen Nachfolger als Regierender Bürgermeister von Berlin wurde. Er hatte dieses Amt freilich nur kurz inne: Im September 1967 übernahm er die Verantwortung für das Versagen der West-Berliner Polizei bei den «Schah-Unruhen» vom Mai und Juni jenes Jahres und trat zurück.

1965 wurde ich als Vertreter des linken Flügels erst zum Kreis- und wenig später zum Landesdelegierten der Berliner SPD gewählt. Bald nachdem die Berliner Sozialdemokraten im Zuge der studentischen Revolte von 1968 ihrerseits hochschulpolitisch nach links gerückt waren, begann sich meine Bindung an den linken Parteiflügel zu lockern. Was als «Hochschulreform» seinen Anfang nahm, schlug bald in linken Doktrinarismus und institutionelles Chaos um. Seit 1971 arbeitete ich, um diese Fehlentwicklung zu korrigieren, eng und nicht ohne Erfolg mit dem gemäßigten «Britzer Kreis» der Berliner SPD zusammen.

Anders als zuletzt in Berlin, fand ich seit Ende 1972 in Freiburg nur wenige Verbündete unter den moderaten Sozialdemokraten. Ich wurde im Frühjahr 1973 zwar zum Kreisdelegierten gewählt, gab mein Mandat aber schon bald darauf zurück, weil ich als hauptberuflicher Hochschullehrer schon aus Zeitmangel keine Chance sah, im örtlichen Rahmen etwas zu bewirken. Stattdessen äußerte ich mich nun öfter in Zeitungen und Zeitschriften zu politischen Themen. Bis dahin hatte ich hauptsächlich Besprechungen historischer und politischer Bücher in Tages- und Wochenzeitungen, wie der *Stuttgarter Zeitung,* dem *Parlament* und vor allem in der *Zeit* veröffentlicht, wo ich besonders eng mit den Rezensionschefs Paul Sethe, Karl-Heinz Janßen, Hermann Rudolph und Volker Ullrich zusammenarbeitete. Meine politischen Artikel erschienen vorzugsweise in der *Zeit*, der *Frankfurter Allgemeinen Zeitung*, der *Frankfurter Rundschau*, der *Süddeutschen Zeitung* und seit den 1990er Jahren auch im *Spiegel*.

Unter den Themen, denen ich mich widmete, rückten nach Streitfragen der Hochschulpolitik zunächst solche der Geschichtspolitik in den Vordergrund. Ich polemisierte zum Beispiel im November 1979 im Vorfeld der Bundestagswahl von 1980 in der *Zeit* gegen den Versuch des bayerischen Ministerpräsidenten Franz Josef Strauß und des CSU-Generalsekretärs Edmund Stoiber, den Nationalsozialismus als Zweig der sozialistischen Bewegung darzustellen, um so die Wahlkampfparole «Freiheit oder Sozialismus» zu untermauern. Stoiber antwortete darauf in einem bemerkenswert kleinlauten Leserbrief.

In den achtziger Jahren dominierten dann Themen der Außen- und Sicherheitspolitik sowie der Ost- und Deutschlandpolitik. Ich unterstützte zunächst das vorsichtige Agieren des Kanzlers Helmut Schmidt nach der Verhängung des Kriegsrechts in Polen am 13. Dezember 1981 während seines Besuchs in der DDR und wandte mich dann in einer Reihe von Aufsätzen der Verteidigung der inzwischen internierten polnischen Solidarność-Aktivisten und besonders meines Freundes Bronisław Geremek zu.

Ein halbes Jahr nach dem zweiten Bonner Machtwechsel, der Ablösung der sozialliberalen Koalition unter Helmut Schmidt durch eine christlich-liberale Koalition unter Helmut Kohl im Oktober 1982, verfasste ich zusammen mit zwei Politikwissenschaftlern, Karl Kaiser und Gesine Schwan, einen offenen Brief an die Führung der

SPD, der von sieben weiteren sozialdemokratischen Hochschullehrerinnen und Hochschullehrern unterzeichnet und am 28. Mai 1983, wenige Wochen nach der Bundestagswahl jenes Jahres, in der *Frankfurter Allgemeinen Zeitung* veröffentlicht wurde. Darin übten wir scharfe Kritik an der Abkehr der Parteimehrheit von der sicherheitspolitischen Doppelstrategie des Kanzlers Helmut Schmidt: der Verbindung von kontinuierlichem Ost-West-Dialog und glaubwürdiger militärischer Abschreckung. Im gleichen Sinn argumentierte ich am 11. November 1983 in einem Artikel, der unter dem Titel «Wohin treibt die SPD?» in der *Zeit* erschien. Helmut Schmidt bedankte sich kurz darauf in einem persönlichen Brief für diese Unterstützung.

Um dieselbe Zeit übte ich mehrfach öffentliche Kritik an der etatistischen, national verengten «zweiten Phase» der sozialdemokratischen Ostpolitik, der es primär um das deutsche Interesse an einem erträglichen Verhältnis zwischen der Bundesrepublik und der DDR ging und Bürgerrechtsbewegungen im Ostblock wie die unabhängige polnische Gewerkschaft Solidarność als Störfaktoren behandelt wurden. Als ich um 1984, noch zur Zeit des Ende 1981 verhängten Kriegsrechts in Polen, in einem Streitgespräch mit dem Bundesgeschäftsführer der SPD, Peter Glotz, in Freiburg meinem Kontrahenten vorhielt, wenn es um die polnische Opposition gehe, klinge er wie Metternich, antwortete er spontan mit der rhetorischen Frage: «Was hast du gegen Metternich?»

Nach meinem Besuch an der Karl-Marx-Universität in Leipzig Anfang Juni 1989 (im ersten Kapitel ist davon ausführlicher die Rede) berichtete ich mehreren führenden Politikern der Bonner Regierungsparteien und der Opposition in vertraulichen Briefen von den politischen Eindrücken, die ich in der DDR gewonnen hatte. Ich empfahl dringend, nicht nur mit der Staats- und Parteiführung zu verhandeln, sondern auch mit ihren Gegnern und Kritikern und den Befürwortern einer Reformpolitik à la Gorbatschow zu sprechen, die es auch in der SED gebe.

Aus der sozialdemokratischen Parteiführung erhielt ich daraufhin einige überraschende Anrufe. Der Partei- und Fraktionsvorsitzende Hans-Jochen Vogel fand meine Beobachtungen ermutigend und wunderte sich über die Offenheit, mit der man mit mir gesprochen habe. Horst Ehmke teilte mir mit, er werde meinen Bericht für eine kleine Arbeitsgruppe vervielfältigen, um Egon Bahrs Meinung zu konterkarieren. Bahr gehe es immer noch um Friedensverträge mit beiden deutschen Staaten; die inneren Verhältnisse in der DDR erschienen ihm vergleichsweise sekundär. Er, Ehmke, stimme mir zu, dass es jetzt vor allem um die Demokratisierung der DDR gehe.

Am wichtigsten wurde für mich mein Briefwechsel mit dem nordrhein-westfälischen Ministerpräsidenten Johannes Rau. Er kündigte an, meinen Reisebericht im Parteipräsidium der SPD zur Sprache zu bringen, und bat mich, ihn bei seiner aus Anlass des 50. Jahrestages der Entfesselung des Zweiten Weltkrieges geplanten Reise nach Warschau als Mitglied seiner Delegation zu begleiten. In der polnischen Hauptstadt könnte ich dann ausführlicher, als ihm selbst das möglich sein werde, mit meinem Freund Bronisław Geremek sprechen und ihm, Rau, darüber dann berichten. Geremek, seit 1980 einer der engsten Berater des Gewerkschaftsführers Lech Wałęsa, war inzwischen Fraktionsvorsitzender der parlamentarischen Vertretung der Solidarność im Sejm. Ich sagte selbstverständlich sofort zu.

Am Abend des 31. August 1989 führten meine Frau und ich in Geremeks Wohnung in der Warschauer Altstadt ein viereinhalbstündiges Gespräch mit ihm und seiner Frau Hanna. Geremek erläuterte die dramatischen Entwicklungen, die sich in Polen seit den Wahlen vom Juni vollzogen hatten, die gegenwärtigen Probleme der prekären, halb gewerkschaftlichen, halb kommunistischen Koalitionsregierung unter dem Solidarność-Berater Tadeusz Mazowiecki und die Zukunftsperspektiven eines freien Polen. Eine vergleichbare Entwicklung hielt er in der Tschechoslowakei für möglich, aber nicht in der DDR, die faktisch der 13. Mitgliedstaat der Europäischen Gemeinschaft und schon deshalb reformresistent sei. Stattdessen befürwortete Geremek, um den kommunistischen Nachbarn im Westen loszuwerden, der Polens Weg nach Europa blockierte, eine Wiedervereinigung Deutschlands: eine Idee, die ich damals noch für kontraproduktiv hielt, weil sie nach meiner Meinung nur die Hardliner in der SED in ihrer Position bestärken könnte.

Tags zuvor hatte Geremek bereits bei einem Empfang in der Residenz des bundesdeutschen Botschafters von einer «peaceful revolution» in Polen gesprochen. (Möglicherweise war er der erste, der diesen Begriff verwandt hat.) Vor der Delegation aus Düsseldorf fasste er sein Credo in Worte, die ich in meinem Tagebuch festgehalten habe: «In Polen entscheidet sich das Schicksal Europas.» Auf dem Rückflug nach Deutschland hatte ich die Gelegenheit, Johannes Rau über meine Unterredung mit Geremek zu berichten. Es war unverkennbar, dass die Begegnungen mit unserem polnischen Freund den Ministerpräsidenten von Nordrhein-Westfalen stark beeindruckt hatten.

Folgen einer friedlichen Revolution: Berlin in den 1990er Jahren

Den Fall der Berliner Mauer am 9. November 1989 erlebten meine Frau und ich zunächst anlässlich einer Hammelschlachtung auf einem Schwarzwälder Bauernhof im Steurental, ganz in der Nähe unseres Hauses in Stegen-Eschbach. Wir eilten, elektrisiert durch die ersten Fernsehnachrichten von der inzwischen legendären Pressekonferenz des ZK-Sekretärs Günter Schabowski, nach Hause, wo ich die halbe Nacht lang die Berichte aus Berlin verfolgte. Es dauerte einige Wochen, bis ich begriff, dass dieses weltgeschichtliche Ereignis meiner Erwartung, die deutsche Frage könne über eine grundlegende Demokratisierung der DDR und eine darauf aufbauende Vertragsgemeinschaft der beiden deutschen Staaten gelöst werden, den Boden entzogen hatte.

Bald nach der Jahreswende 1989/90 stand für mich fest, dass die Entwicklung auf die bundesstaatliche Vereinigung Deutschlands in den Grenzen von 1945 hinauslief. Dass die staatliche Einheit des vier Jahrzehnte lang geteilten Landes bereits neun Monate später wiederhergestellt werden würde, lag jenseits meiner Vorstellungskraft. Der 3. Oktober 1990, der Tag der Wiedervereinigung, wurde auch in Eschbach feierlich begangen. Der Teilortsbürgermeister, ein aufrechter badischer Christdemokrat, dankte in seiner Rede von der Treppe des alten Rathauses aus dem «Regenten von Russland», also Michail Gorbatschow, unter großem Beifall dafür, dass er dieses Ereignis möglich gemacht habe. Es dürfte das erste und letzte Mal in der Geschichte gewesen sein, dass der Chef einer kommunistischen Partei in einem Schwarzwalddorf so viel Zuspruch fand.

Über die Vorgeschichte meines Entschlusses, Freiburg nach

19 Jahren zu verlassen und im Herbst 1991 einen Ruf an die Humboldt-Universität im ehemaligen Ost-Berlin anzunehmen, habe ich bereits berichtet. Die Chancen, in der damals erst nominellen Hauptstadt des wiedervereinigten Deutschlands politisch etwas zu bewirken, waren ungleich größer als in der idyllischen Schwarzwaldmetropole. Ich meine das nicht im engen parteipolitischen Sinn. Auch bevor Bundestag und Bundesregierung 1999 tatsächlich vom Rhein an die Spree umzogen, ergaben sich in Berlin einzigartige Kontakte und Gesprächsmöglichkeiten.

Einige Monate nach Ablauf meiner Amtszeit als Geschäftsführender Direktor des Instituts für Geschichtswissenschaften der HU erhielt ich die Einladung des Bundespräsidenten Richard von Weizsäcker zu einem Empfang in seinem Berliner Amtssitz, Schluss Bellevue, am 16. Dezember 1992, verbunden mit der Mitteilung, der Hausherr wolle dabei auch persönlich mit mir sprechen. Eines unserer Themen war der Amtssitz selbst. Ich riet Weizsäcker, den Vorschlag des Berliner Senats abzulehnen, von Bellevue in das Kronprinzenpalais in der Straße Unter den Linden umzuziehen (und zwar deshalb, weil der zuständige Senator darauf bestand, zumindest ein höchstes Verfassungsorgan müsse in der ehemaligen Hauptstadt der DDR residieren). Mein wichtigstes Argument war, das Schloss Bellevue sei schon seit Jahrzehnten als Berliner Amtssitz des Bundespräsidenten und damit ein Stück bewährter und bewahrenswerter Nachkriegstradition. Das ist es auch noch heute.

Das zentrale Thema unseres etwa zehnminütigen Gesprächs aber waren die Berufsperspektiven ehedem SED-naher Wissenschaftler, die den Bundespräsidenten offenbar in großer Zahl brieflich ihre Sorgen und Beschwerden mitgeteilt hatten. Ich erläuterte ihm die Kriterien der Personalauswahl, auf die wir uns nach langen intensiven Debatten am Institut für Geschichtswissenschaften verständigt hatten, um einem ideologisch so belasteten Fach wie der Geschichte einen wirklichen Neuanfang zu ermöglichen. Ich hatte den Eindruck, dass das Verständnis, das der Bundespräsident den Diktaturverstrickungen einer neuen Generation deutscher Akademiker entgegenbrachte, einen autobiographischen Hintergrund hatte: Er mochte an die umstrittene Rolle seines Vaters Ernst von Weizsäcker, des Staatssekretärs des Auswärtigen Amtes in den Jahren 1938 bis 1943, denken, der zeitweilig eine Art «Ressortwiderstand» gegen Hitlers Kriegspolitik geleistet, aber auch Schuld auf sich geladen hatte und deshalb im Nürnberger Wilhelmstraßen-Prozess zu sieben Jahren Haft verurteilt worden war (aus der er aber 1950 vorzeitig entlassen wurde).

Einen der Nachfolger Richard von Weizäckers im Amt des Bundespräsidenten, den damaligen Bundesbeauftragten für die Unterlagen des Staatssicherheitsdienstes der ehemaligen DDR, Joachim Gauck, erlebte ich erstmals persönlich am 29. November 1991, als er, zusammen mit seinem Justitiar, Hansjörg Geiger, in einer turbulenten öffentlichen Sitzung des Konzils der Humboldt-Universität im Auditorium Maximum der Hochschule auftrat. Das Thema der Veranstaltung war die Amtsenthebung des Rektors Heinrich Fink durch den Senator für Wissenschaft und Forschung, Manfred Erhardt, nachdem Finks frühere Tätigkeit als Inoffizieller Mitarbeiter der Stasi bekanntgeworden war. Gauck und Geiger hatten den Mut, die Aktenlage gegen die wütenden Proteste der zahlreichen studentischen Anhänger Finks und seiner älteren Sympathisanten, darunter der Schriftsteller Stefan Heym, darzulegen und zu bewerten.

Wenig später kam es zu ersten persönlichen Gesprächen mit Joachim Gauck und seiner damaligen Lebensgefährtin Helga Hirsch – Gesprächen, die mal bei uns in Nikolassee, mal in Gaucks Wohnung in Schöneberg stattfanden. Unsere Themen waren fast immer grundsätzlicher Art, so etwa die mentale Auseinanderentwicklung von Ost- und Westdeutschen in den Jahrzehnten der Teilung, die historische und rechtliche Aufarbeitung des SED-Unrechts, die theologische Überfrachtung des deutschen Nationalismus, die etatistischen Verformungen der sozialdemokratischen Ostpolitik in den achtziger Jahren, die geschichtspolitischen Kontroversen in der «alten» Bundesrepublik und dem wiedervereinigten Deutschland und in diesem Zusammenhang ganz besonders die Vergleichbarkeit von rechten und linken Formen totalitärer Herrschaft.

Anfang 1993 lernte ich die spätere erste Bundeskanzlerin kennen. Angela Merkel war damals Bundesministerin für Frauen und Jugend. Anlass für unsere erste Begegnung war eine kleine Konferenz über den Stand der deutschen Einheit, die die Berliner Senatsverwaltung für Wissenschaft und Kunst zusammen mit den Professorinnen und Professoren des Instituts für Geschichtswissenschaften der Humboldt-Universität durchführte. Der Senator, Manfred Erhardt, hatte dazu neben seinem einstigen Stuttgarter Chef, dem ehemaligen Ministerpräsidenten von Baden-Württemberg und nunmehrigen Vorsitzenden der Geschäftsführung von Jenoptik Carl Zeiss in Jena, Lothar Späth, auch die junge ostdeutsche Politikerin Angela Merkel eingeladen. Die Vorbereitung der Tagung lag auf der Seite der Historiker in meinen Händen. Eines Tages erhielt ich einen Anruf der Ministerin aus Bonn. Sie wollte wissen, ob ich Einwände dagegen hätte, dass auch ihr Lebensgefährte, der Quantenchemiker Joachim Sauer, mein international hoch renommierter Kollege an der Humboldt-Universität, an der Konferenz teilnehme – eine Frage, die ich natürlich verneinte.

Die Begegnung im Gästehaus des Berliner Senats im Grunewald wurde zum Auftakt zu vielen weiteren Gesprächen, zu denen Angela Merkel und Joachim Sauer sich mit meiner Frau und mir trafen –

zunächst im Rahmen eines kleinen Kreises um Merkel, zu dem auch Birgit Breuel, die Präsidentin der Treuhandanstalt, der Filmemacher Volker Schlöndorff und der evangelische Theologe Richard Schröder, der frühere Vorsitzende der sozialdemokratischen Fraktion in der freigewählten Volkskammer, gehörten, später dann zu viert, sei es bei uns in Nikolassee, sei es in der Merkel-Sauer'schen Wohnung in der Wilhelmstraße und später am Kupfergraben oder in ihrer «Datsche» in der Uckermark. Die unterschiedliche Parteizugehörigkeit spielte dabei keine Rolle. Die Gespräche, bei denen es nicht nur um aktuelle Politik, sondern stets auch um grundsätzliche historische und normative Fragen ging, fanden stets in großer Offenheit statt. Nach Merkels Wahl zur Parteivorsitzenden der CDU im April 2000 wurden die Begegnungen seltener. Mit der Bundeskanzlerin Merkel habe ich nur ein längeres Gespräch im Juli 2012 geführt, in dem es um Fragen der Europapolitik ging.

Ein anderer politischer Treffpunkt waren die «Nikolasseer Gespräche», die seit März 1993 in unregelmäßigen Abständen in unserem Haus im Südwesten von Berlin stattfanden. In diesem Rahmen diskutierten wir mit ostdeutschen Sozialdemokraten wie den Bundestagsabgeordneten Markus Meckel, Stephan Hilsberg und Angelika Barbe sowie dem Berliner Beauftragten für die Stasiunterlagen, Martin Gutzeit, die zu den Mitgründern der Sozialdemokratischen Partei in der DDR im Pfarrhaus von Schwante Anfang Oktober 1989 gehörten, und ausgewählten Gästen über alles, was mit dem mühsamen Zusammenwachsen der beiden Teile Deutschlands zu tun hatte.

Einen Schwerpunkt bildete dabei das Verhältnis der SPD zur umbenannten SED, der Partei des Demokratischen Sozialismus. Die «Schwantener», mit denen wir uns angefreundet hatten, standen ebenso wie wir jeder Art von Zusammenarbeit mit der PDS ablehnend gegenüber. Aus unserer Sicht war die Partei von Lothar Bisky und Gregor Gysi noch längst nicht in der westlichen Demokratie angekommen. Ihr Parteiprogramm wies die PDS als eine postkommunistische Partei aus, die an den Geschichtslegenden der KPD und der SED festhielt und in der Oktoberrevolution der Bolschewiki von 1917 ein «welthistorisches Ereignis» sah, «dem die Menschheit grundlegende günstige Entwicklungen im 20. Jahrhundert» verdanke. Folgerichtig richtete die PDS in ihren ersten Jahren scharfe Angriffe gegen die Sozialdemokratie, die nach 1918 erst die sozialistische Revolution und dann eine antifaschistische Einheitsfront verhindert habe. Wirtschafts- und gesellschaftspolitisch vertrat die PDS Positionen, die stark an die der SPD in den Jahren vor dem Godesberger Reformparteitag von 1949 erinnerten. Außenpolitisch stand sie in strikter Opposition zur Westbindung der Bundesrepublik.

Innerhalb der ostdeutschen Sozialdemokratie gab es freilich auch ganz andere Meinungen, was das Verhältnis zur PDS anging. Als der sachsen-anhaltinische Landesverband der SPD unter Reinhard Höppner 1994 Kurs auf die Bildung einer rot-grünen Minderheitsregierung unter Duldung der PDS nahm, verfassten Hilsberg, Gutzeit und ich eine Erklärung gegen ein Zusammengehen von SPD und PDS, die auch von prominenten westdeutschen Sozialdemokraten wie der ehemaligen Bundestagspräsidentin Annemarie Renger, den früheren Bundesministern Hans-Jürgen Wischnewski und Anke Fuchs sowie Gerd Andres, dem Vorsitzenden des konservativen «Seeheimer Kreises» innerhalb der SPD, unterzeichnet wurde. Als die Erklärung schließlich am 23. August 1994 veröffentlicht wurde, war Reinhard Höppner bereits Ministerpräsident. Ein zweieinhalbstündiges Gespräch, das Hilsberg, Gutzeit und ich am

16. August mit ihm in der Magdeburger Staatskanzlei führten, endete mit dem erwartbaren «agree to disagree».

Die intellektuelle Auseinandersetzung mit der PDS verlangte vor allem eine Kritik ihres Geschichtsbildes und ihrer Geschichtspolitik. Ich steuerte dazu eine Reihe von Grundsatzartikeln bei, die ich unter anderem in der *Zeit,* der *Frankfurter Allgemeinen Zeitung* und der *Berliner Zeitung* veröffentlichte. Dazu kamen Streitgespräche mit Historikern und Parlamentariern der PDS, unter den Letzteren Gregor Gysi, Lothar Bisky, Dietmar Bartsch und mehrfach Uwe-Jens Heuer vom «Marxistischen Forum» im *DeutschlandRadio,* an der Humboldt-Universität, auf Veranstaltungen der Friedrich-Ebert-Stiftung in Potsdam und der SPD in Strausberg, wobei meine Kontrahenten durchgängig defensiv reagierten und sich mehr als einmal von Aussagen ihres Parteiprogramms distanzierten.

Mit dem Erbe der SED hatte ich mich seit Juli 1993 auch in einem offiziellen Gremium, der vom Berliner Senator für Verkehr und Betriebe, dem CDU-Politiker Herwig Haase, eingesetzten Unabhängigen Kommission für die Umbenennung von Straßen zu befassen. Außer mir gehörten ihr noch zwei weitere Historiker an: Arnulf Baring von der Freien Universität und Laurenz Demps von der Humboldt-Universität. Die Kommission sollte sich jenen Straßen und Plätzen im Hauptstadtbezirk widmen, die zu DDR-Zeiten nach kommunistischen Funktionären, darunter bekannten Stalinisten, benannt waren. Ich schlug vor, wo immer möglich, an ihrer Stelle Vorkämpfer von Rechtsstaat und Demokratie aus der Zeit von Kaiserreich und Weimarer Republik zu ehren und fand damit die Zustimmung des Gremiums.

Das Gesamtergebnis war so «republikanisch», dass ich es trotz mancher Einwände mittragen konnte. Die PDS aber lief Sturm gegen unsere Vorschläge und besonders gegen einen: Die nach dem langjährigen Generalsekretär der Kommunistischen Internationale, Georgi Dimitroff, einem treuen Gefolgsmann Stalins, benannte große Straße sollte nach zwei Ministern der Weimarer Republik, dem Zentrumspolitiker Matthias Erzberger und dem Sozialdemokraten Rudolf Hilferding, benannt werden. Bei einer von der *Berliner Zeitung* initiierten, ganz überwiegend von Anhängern der PDS besuchten Veranstaltung zum Thema «Umbenennungen» in ihrem Verlagsgebäude in Berlin-Mitte kreuzte ich am 9. Mai 1995 die Klingen mit Gregor Gysi, der sich indes als historisch nicht eben sattelfest erwies. Der ebenfalls eingeladene Verkehrssenator ließ sich durch einen Referenten vertreten.

Am Ende war die Mühe der Kommission größtenteils vergeblich. Senator Haase hatte versprochen, das Ergebnis der Beratung uneingeschränkt zu übernehmen. Der rechte Flügel der Berliner CDU hielt unsere Beschlüsse jedoch für zu «links», und Haase beugte sich dem Votum seiner Parteifreunde. Er folgte dem Abschlussbericht der Kommission fast nur dort, wo sie die alten Straßennamen wiederherstellte wie im Fall der Straße, die von Osten her auf das Reichstagsgebäude, nunmehr Sitz des Bundestages, zuführt: Sie hieß jetzt nicht mehr nach der kommunistischen Reichstagsabgeordneten Clara Zetkin, sondern wie früher nach Dorothea, der zweiten Frau des Großen Kurfürsten und Gründerin der Dorotheenstadt (was nicht etwa als Bekenntnis zur Monarchie, sondern zur Geschichte Berlins gedacht war).

Aus der Dimitroffstraße wurde nicht, wie von der Kommission vorgeschlagen, eine Hilferding- und eine Erzbergerstraße, sondern in ganzer Länge die Danziger Straße (was für einen Teil dieser Straße eine Rückbenennung war). In einer Diskussion zum Straßenstreit mit dem Verkehrssenator, die das Fernsehen des Senders *Freies Berlin* am 12. Mai aufnahm und drei Tage später ausstrahlte, warf ich

Haase vor, er habe sein Wort gebrochen und aus dem Kommissionsbericht Schwarz-Rot-Gold heraus- und Schwarz-Weiß-Rot hineingezwungen. Der Angegriffene beließ es bei der Replik, das sei «starker Tobak». Unter dem Titel «Danzig statt Dimitroff» habe ich einen Bericht über die Arbeit der Kommission verfasst, der in meinem Aufsatzband «Nationalstaat wider Willen» abgedruckt ist.

Was alles strittig war: Innenpolitische Kontroversen

Ein polarisierendes Thema der deutschen Politik der mittleren neunziger Jahre war die Frage, ob die Bundeswehr des wiedervereinigten Deutschland sich unter dem Dach der Vereinten Nationen an humanitären Einsätzen zum Schutz der Menschenrechte außerhalb des nordatlantischen Bündnisgebiets beteiligen durfte – eine Frage, die von den Unionsparteien bejaht, von den Sozialdemokraten und den Grünen überwiegend verneint wurde. Rechtlich war die Sache seit dem 12. Juli 1994 klar: An diesem Tag hatte das Bundesverfassungsgericht entschieden, dass Out-of-Area-Einsätze der Bundeswehr zulässig waren, aber der konstitutiven Zustimmung des Bundestages mit einfacher Mehrheit bedurften.

Am 30. Juni 1995 stimmte der Bundestag einem von der Bundesregierung beantragten Tornado-Einsatz der Bundeswehr zum Schutz und zur Unterstützung der Schnellen Eingreiftruppe der NATO im Bürgerkriegsland Bosnien-Herzegowina mit 386 gegen 258 Stimmen bei 11 Enthaltungen zu. Die Mehrheit der Sozialdemokraten votierte ebenso wie die meisten Grünen und alle Parlamentarier der PDS mit Nein; 45 Abgeordnete der SPD, darunter Stephan

Hilsberg und Markus Meckel, stimmten mit der Koalition für den Antrag der Bundesregierung. Als der Bundesgeschäftsführer der SPD, Günter Verheugen, im Augustheft des Mitgliedermagazins *Vorwärts* die Minderheit der sozialdemokratischen Parlamentarier scharf attackierte und sich dabei auf besondere moralische Pflichten Deutschlands berief, die sich aus dem Holocaust ergäben, konterte ich mit einem Artikel, der am 7. August unter der Überschrift «Rücksichtslos gewaltfrei» in der *FAZ* erschien. Darin hielt ich Verheugen vor, er instrumentalisiere das größte Menschheitsverbrechen der Geschichte, um eine neue, diesmal pazifistische Sonderrolle Deutschlands zu rechtfertigen.

Der Artikel brachte mir Kritik, aber auch Zustimmung ein. Der Frankfurter Politologe und Friedensforscher Ernst-Otto Czempiel warf mir, ebenfalls in der *FAZ*, Bellizismus vor. Ähnlich äußerte sich der Abgeordnete Peter Glotz, zuerst in der sozialdemokratischen Bundestagsfraktion, bald darauf auch auf dem Bundesparteitag der SPD. Ganz anders, nämlich überaus freundlich, reagierten zwei seiner Parteifreunde, die am 30. Juni mit der Regierungskoalition gestimmt hatten: der Kieler Bundestagsabgeordnete Norbert Gansel und der Vizepräsident des Bundestages, Hans-Ulrich Klose. Der Letztere bedankte sich brieflich für meine Intervention und fügte hinzu, es sei an der Zeit, «dass wir uns äußern, wenn blanker Opportunismus und schiere Unvernunft den Kurs der SPD und ihr Außenbild bestimmen».

Im November 1995 fand in Mannheim jener Bundesparteitag der SPD statt, auf dem es dem Idol des linken Flügels, dem saarländischen Ministerpräsidenten Oskar Lafontaine, gelang, mit einer von den Delegierten stürmisch bejubelten Rede den moderaten Parteivorsitzenden Rudolf Scharping förmlich hinwegzuputschen. Vom Parteivorsitzenden Lafontaine war, wenn er auch die Bundestagsfraktion hinter sich bringen konnte und die innerparteilichen Mehrheitsverhältnisse es erlaubten, ein entschiedener Linkskurs zu erwarten – einschließlich einer neutralistischen und pazifistischen Außen- und Sicherheitspolitik, einer auf «deficit spending» gegründeten, protektionistischen Wirtschafts-, Finanz- und Sozialpolitik sowie, wo immer möglich, linker Regierungsbündnisse.

Entsprechend kritisch kommentierte ich die Wahl Lafontaines in Rundfunkinterviews und zahlreichen Zeitungsartikeln, unter anderem in der *Frankfurter Allgemeinen*, der *Süddeutschen Zeitung* und der *Frankfurter Rundschau*, im *Tagesspiegel* und der *Zeit*. Mein Hauptargument war, dass die SPD bei einem resoluten Ruck nach links in der Mitte mehr verlieren würde, als sie links gewinnen könnte. Was die Koalitionsfrage anging, war die innerparteiliche Opposition gegen Lafontaine relativ erfolgreich: Den «Seeheimern» gelang es, den Parteivorsitzenden von Festlegungen auf rot-rot-grüne Regierungsbündnisse abzuhalten. Außerdem machten sie ihm klar, dass er, falls er selbst Bundeskanzler werden wolle, nicht mit der ungeteilten Unterstützung der Bundestagsfraktion rechnen durfte.

Anders verliefen die Fronten in einer bildungspolitischen Streitfrage, in der ich mich über viele Jahre hinweg engagierte: der Studienfinanzierung. In Australien hatte die regierende Labour Party 1989 nachträgliche Studiengebühren eingeführt. Wer sich nicht in der Lage sah, Studiengebühren zu bezahlen, sollte später, wenn er oder sie das Durchschnittseinkommen eines erwachsenen Australiers erreicht hatte, nachträglich über einen längeren Zeitraum hinweg Studiengebühren in angemessenen Raten bezahlen. Später kam man in Australien allerdings auf den unglücklichen Gedanken, für «teure» naturwissenschaftliche Fächer höhere Studiengebühren einzuführen als für die «billigen» Geisteswissenschaften. 1989 war davon noch keine Rede.

Mir schien ein Solidarbeitrag von Gutverdienenden sozial gerechter und sozialdemokratischer zu sein als eine generelle Gebührenbefreiung, von der Studierende aus besser situierten Kreisen profitierten – aus Familien, die es sich sehr wohl leisten konnten und es gewohnt waren, das Studium ihrer Kinder zu finanzieren. Dabei ging ich von der statistisch begründeten Annahme aus, dass Akademiker im Durchschnitt nach wie vor ein deutlich höheres Einkommen hatten als Nichtakademiker.

Meine Plädoyers für nachträgliche Studiengebühren erschienen in der *FAZ*, in der *Berliner Morgenpost* und im *Tagesspiegel*. Bei den politischen Generalisten fand ich damit viel Zustimmung, und das vor allem innerhalb der SPD. Unter vier Augen erklärten mir Bundeskanzler Gerhard Schröder, Innenminister Otto Schily, Finanzminister Hans Eichel und später die Parteivorsitzenden Franz Müntefering und Sigmar Gabriel, dass ihnen das australische, inzwischen von der britischen Labour-Regierung unter Tony Blair übernommene Modell durchaus einleuchte – Schröder freilich mit dem Zusatz, er könne diese Idee gegen seine Bildungsministerin Edelgard Bulmahn nicht durchsetzen, Gabriel mit der Bemerkung, ich könne mir gar nicht vorstellen, wie konservativ die SPD sei.

Zu den wenigen Generalisten, die sich offen für nachträgliche Studiengebühren aussprachen, gehörte Berlins Regierender Bürgermeister Klaus Wowereit. Unter den sozialdemokratischen Bildungspolitikern war der zeitweilige niedersächsische Minister für Wissenschaft und Kultur, Thomas Oppermann, was nachträgliche Studiengebühren anging, ein «weißer Rabe». Die resoluteste Gegnerin war die nordrhein-westfälische Wissenschaftsministerin Anke Brunn, die sogar daran dachte, Studiengebühren durch eine Novelle zum Hochschulrahmengesetz zu verbieten, und Australien als bildungspolitisch zurückgebliebenes Einwanderungsland abtat, von dem

Deutschland nicht lernen könne. Als die *taz* 1997 bei Anke Brunn anfragte, ob sie ein Streitgespräch mit mir führen wolle, fand sie dafür keine Zeit. Ihr Parteifreund, der rheinland-pfälzische Kultusminister Jürgen Zöllner, hingegen war dazu bereit. Der Disput, den wir im Juli 1997 führten, verlief kontrovers, aber sachlich.

Die sozialdemokratische Bundesbildungsministerin Edelgard Bulmahn vom Sinn nachträglicher Studiengebühren zu überzeugen, gelang mir nicht. Sie bestritt mir gegenüber sogar die statistisch belegte Tatsache, dass Akademiker im Durchschnitt mehr verdienten als Nichtakademiker. Kurz vor der Bundestagswahl von 2002 setzte sie durch eine Novelle zum Hochschulrahmengesetz das von ihrer früheren Düsseldorfer Kollegin Anke Brunn gewünschte Verbot von Studiengebühren im Erststudium durch. Es hatte allerdings keinen Bestand: Das Bundesverfassungsgericht kippte das Verbot im Januar 2005 mit der Begründung, der Bund habe damit seine Kompetenzen überschritten.

Gegen jedwede Studiengebühren waren indes nicht nur sozialdemokratische Bildungspolitiker, sondern auch solche aus den Reihen der Unionsparteien, an ihrer Spitze Kohls Bildungsminister Jürgen Rüttgers und der bayerische Kultusminister Hans Zehetmair. Sie fürchteten vermutlich ebenso wie ihre Kollegen von der SPD eine neue Studentenrevolte, falls es zu irgendeiner Variante von Studiengebühren kommen sollte. Meine Erfahrung war eine andere. Als ich Anfang Dezember 1997 während eines «Studentenstreiks» auf einer turbulenten studentischen Vollversammlung im Kinosaal der Humboldt-Universität meine bildungspolitischen Thesen vortrug, erhielt ich neben wütendem Widerspruch auch die Zustimmung einer Minderheit. Erledigt hat sich der Gedanke sozial gerecht gestalteter nachträglicher Studiengebühren bis heute nicht. Er hat, anders gewendet, seine Zukunft noch nicht hinter sich.

Die Wiedervereinigung Deutschlands am 3. Oktober 1990 war auf dreifache Weise eine Antwort auf die historische deutsche Frage. *Erstens* war nunmehr geklärt, wo Deutschland lag, wo seine Grenzen verlaufen, was dazugehört und was nicht. Die endgültige völkerrechtliche Anerkennung der deutschen Ostgrenze an Oder und Görlitzer Neiße bedeutete zugleich die Lösung eines anderen Jahrhundertproblems: der polnischen Frage. *Zweitens* löste die Wiedervereinigung das Problem von Einheit und Freiheit, an dem die Revolution von 1848/49 gescheitert war. Ganz Deutschland war nunmehr ein demokratischer Bundesstaat. *Drittens* bildete das wiedervereinigte Deutschland als Mitglied der Europäischen Union und des Atlantischen Bündnisses kein Problem der europäischen Sicherheit mehr.

Deutschland war seit dem 3. Oktober 1990 wieder ein Nationalstaat, aber kein klassischer, auf sich allein gestellter souveräner Staat nach Art des 1945 untergegangenen Deutschen Reiches, sondern ein postklassischer Nationalstaat wie die anderen Mitgliedstaaten der Europäischen Union auch – ein Staat, der einige seiner Hoheitsrechte gemeinsam mit anderen ausübte und andere Hoheitsrechte auf supranationale Institutionen wie die Europäische Zentralbank übertrug.

Soweit der objektive Befund. Im Bewusstsein vieler Altbundesdeutscher aber wollte die historische Zäsur des 3. Oktober 1990 einfach nicht ankommen. Sie sahen in Deutschland weiterhin eine «postnationale Demokratie unter Nationalstaaten»– ein Begriff, mit dem der Bonner Politikwissenschaftler und Zeithistoriker Karl Dietrich Bracher erstmals 1976 eine Besonderheit der alten Bundesrepublik zu erfassen versucht hatte, der aber nach meiner Überzeugung nicht mehr auf das wiedervereinigte Deutschland passte.

Der Begriff «Nationalstaat» war für die Intellektuellen, die so dachten, durch den Nationalsozialismus negativ besetzt. Viele von ihnen schrieben Deutschland, das seinen ersten Nationalstaat, das von Bismarck errichtete Deutsche Reich, durch Größenwahn und Militarismus ruiniert hatte, eine neue historische Sendung zu: Es war, wie Oskar Lafontaine 1988 in seinem Buch «Die Gesellschaft der Zukunft» schrieb, gerade aufgrund seiner Erfahrungen mit einem pervertierten Nationalismus prädestiniert, in Europa in der supranationalen Überwindung des Nationalstaates voranzuschreiten.

Auf dem linken Flügel der Sozialdemokratie und bei den Grünen waren solche Gedanken vor wie nach 1990 weit verbreitet. Damit stand die deutsche intellektuelle Linke freilich so gut wie allein da. Im übrigen Europa dachte kaum jemand daran, den eigenen Nationalstaat in einem europäischen Bundesstaat aufgehen zu lassen. Man wunderte sich viel mehr über die Deutschen, die die nationale Identität vieler ihrer Nachbarn im 20. Jahrhundert schon mehr als einmal, wenn auch unter anderen Vorzeichen, in Frage gestellt hatten.

In einer Reihe von Aufsätzen und Vorträgen trat ich in den neunziger Jahren der postnationalen Ideologie der deutschen Linken, die ich für den Ausdruck eines falschen Bewusstseins hielt, entgegen. Die kompakteste Zusammenfassung meiner Argumente war der Vortrag «Von der postnationalen Demokratie zum postklassischen Nationalstaat», den ich im November 1996 im Goethe-Institut in Rom hielt und im Februar 1997 im *Merkur* veröffentlichte. Ich setzte mich darin aber nicht nur mit andersdenkenden Autoren, sondern auch mit eigenen Irrtümern auseinander: Ich hatte mich zwar stets zur Idee der *einen* deutschen Nation bekannt, in den achtziger Jahren aber dem Gedanken eines neuen deutschen Nationalstaats eine allzu selbstsichere Absage erteilt.

Ein Thema, dem ich mich seit den neunziger Jahren immer wieder zuwandte, waren die Folgen der Spaltung Deutschlands in zwei politische Kulturen nach 1945. Nur in einem Teil des ehemaligen Deutschen Reiches, dem westlichen, war es nach 1945 möglich gewesen, sich allmählich der politischen Kultur der westlichen Demokratie zu öffnen und sich an einen nicht von «oben» verordneten selbstkritischen Umgang mit dem obrigkeitsstaatlichen Erbe der deutschen Geschichte zu gewöhnen. Ich denke dabei an die «Schulddebatten» der ersten Nachkriegsjahre, den Streit um den maßgeblichen Anteil der zivilen und militärischen Reichsleitung an der Auslösung des Ersten Weltkrieges in den frühen sechziger Jahren und, nach dem Eichmann-Prozess in Jerusalem von 1961 und dem Frankfurter Auschwitz-Prozess von 1963 bis 1965, an das zentrale Ereignis der deutschen Geschichte des 20. Jahrhunderts, die Ermordung der europäischen Juden.

Die DDR war, was den gesellschaftlichen Bruch mit dem Nationalsozialismus betraf, sehr viel radikaler als die Bundesrepublik, die das Gros der ehemaligen Parteigenossen der NSDAP rasch rehabilitierte und integrierte, darunter viele hohe Richter, Staatsanwälte und Ministerialbeamte, ja selbst einen so kompromittierten Mann wie den einstigen offiziellen Kommentator der Nürnberger Rassengesetze, Hans Globke, als Staatssekretär in Adenauers Kanzleramt walten ließ. Der «Antifaschismus», den die SED zur obersten Staatsdoktrin machte, war bei vielen Mitgliedern der herrschenden Partei sicherlich subjektiv ehrlich, er ersetzte aber nicht eine offene, zivilgesellschaftliche Auseinandersetzung mit dem Problem der deutschen Schuld. Das sah die Führung der SED freilich anders: Sie rechnete sich zu den «Siegern der Geschichte» und betrachtete den von ihr regierten Staat als den Teil Deutschlands, der im Gegensatz zur kapitalistischen und imperialistischen «BRD» die richtigen Schlussfolgerungen aus der deutschen Geschichte gezogen hatte.

Eine paradoxe Folge des «verordneten Antifaschismus» war, dass sich unter seiner Decke alte deutsche Vorbehalte gegenüber der westlichen Demokratie und nationalapologetische Lesarten der deutschen Geschichte in der DDR in größerem Umfang und sehr viel länger behaupten konnten als in der westdeutschen Streitkultur, wie sie sich verstärkt seit den frühen sechziger Jahren herausbildete. Dass es in der DDR, anders als in der Bundesrepublik, 1968 und danach nicht zu einer Auflehnung der akademischen Jugend gegen die hergebrachten Autoritäten kam (und unter den herrschenden politischen Bedingungen auch nicht kommen konnte), hatte gravierende, noch heute spürbare Folgen.

Im Zeichen des «Antizionismus» der Staaten des «sozialistischen Lagers» machten das Regime und die Geschichtswissenschaft der DDR auch einen Bogen um das Thema Holocaust. In Darstellungen zum Zweiten Weltkrieg war zwar von der Massenvernichtung von Menschen in den nationalsozialistischen Konzentrationslagern die Rede, aber bei den Opfern handelte es sich den Autoren zufolge um Staatsbürger der Sowjetunion, Polens, Ungarns oder Rumäniens. Dass es ganz überwiegend Juden waren, wurde nicht gesagt.

Eine andere Ungleichzeitigkeit der deutschen Nachkriegszeit betraf den Umgang mit Menschen aus fremden Kulturen: Die alte Bundesrepublik wurde früher und in höherem Maße als die DDR zu einem Einwanderungsland. Die Bundesdeutschen hatten also mehr Zeit, sich an Gastarbeiter aus Ländern außerhalb Europas zu gewöhnen, als die Deutschen in der DDR, wo es bis zuletzt vergleichsweise wenige Arbeitskräfte aus Ländern wie Vietnam, Mosambik, Angola, Kuba oder Algerien gab. Eine Folge war das Ost-West-Gefälle bei den fremdenfeindlichen Ausschreitungen in den neunziger Jahren – der Zeit, als Bürgerkriegsflüchtlinge aus dem Libanon und aus Bosnien-Herzegowina in großer Zahl nach Deutschland kamen. Gewaltsame Abwehraktionen gab es in den alten und den neuen Bundesländern, im Osten aber waren sie weiter verbreitet, und sie hielten auch länger an als im Westen. «Baseballschläger-Jahre» ist der einschlägige Begriff.

Die PDS nutzte nicht nur, was es in den östlichen Bundesländern an traditionellen und neueren Vorbehalten gegenüber dem Westen gab, sie schürte die Ressentiments auch ganz bewusst. Die Härten des wirtschaftlichen und gesellschaftlichen Umbruchs, unter denen die meisten Ostdeutschen zu leiden hatten, waren aber nicht in erster Linie Folgen von westdeutschen Fehlentscheidungen, sondern der fehlenden Wettbewerbsfähigkeit der meisten ostdeutschen Unternehmen. Die Eingewöhnung und die politische Kultur der westlichen Demokratie wurden im Übrigen nicht nur durch Massenarbeitslosigkeit und andere Erfahrungen von sozialem Abstieg erschwert, sondern auch dadurch, dass sich an den Schulen der neuen Länder, anders als an den Universitäten, personell nach 1990 nur wenig änderte.

Eine kritische Aufarbeitung der deutschen Geschichte gehört zu den Herausforderungen des «inneren Einigungsprozesses», die in den ersten Jahren nach der Wiedervereinigung von den politisch Verantwortlichen in Bund und Ländern allgemein unterschätzt wurden. Die Versäumnisse von damals wirken immer noch nach. Nutznießerin der damaligen Unterlassungen ist heute nicht mehr die politische Linke, sondern die radikale Rechte in Gestalt der AfD.

Für mich war die Zwiespältigkeit des «Antifaschismus» der DDR stets ein wesentlicher Punkt in meiner Auseinandersetzung mit der Geschichtspolitik der PDS. Doch nicht nur die Nachfolgepartei der SED, sondern auch die West-Linke hatte und hat nach wie vor Probleme mit der sozialistischen Variante von totalitärer Herrschaft im 20. Jahrhundert. Das wurde besonders deutlich bei den Kontroversen um das «Schwarzbuch des Kommunismus», das 1997 in Paris und im Jahr darauf in einer deutschen Ausgabe erschien. Darin wurden die Menschheitsverbrechen der stalinistischen Sowjetunion, des maoistischen China, der Pol-Pot-Herrschaft in Kambodscha und anderer kommunistischer Regime ausführlich beschrieben und analysiert.

Bei einer Podiumsdiskussion in der Berliner «Urania» am 16. Juni 1998, an der neben dem Mitherausgeber des «Schwarzbuchs», Stéphane Courtois, der Leiter der Stasi-Unterlagenbehörde, Joachim Gauck, der Historiker Jürgen Kocka von der Freien Universität Berlin und ich teilnahmen, kam es zu derart massiven Störungen, unter anderem durch lautstarke «Nie wieder Deutschland»-Sprechchöre der Westberliner Antifa-Szene und Gewaltandrohungen gegenüber Andersdenkenden, dass die Leitung der «Urania» zum ersten Mal in der Geschichte des Hauses die Polizei um Hilfe bitten musste. Einen Teil dessen, was ich an Argumenten pro und contra «Schwarzbuch» vorbereitet hatte, konnte ich dennoch vortragen, den vollen Text publizierte die *FAZ* drei Tage später.

Mit der Bundestagswahl vom 28. September 1998 endete die sechzehnjährige Ära des christdemokratischen Bundeskanzlers Helmut Kohl. Die SPD wurde mit einem Stimmenanteil von 40,9 % zur stärksten Partei; die Mehrheitsverhältnisse gestatteten die Bildung *der* Bundesregierung, zu der es am 27. Oktober kam: eines rot-grünen Kabinetts mit dem bisherigen niedersächsischen Ministerpräsidenten Gerhard Schröder als Bundeskanzler und Joschka Fischer, bislang Ko-Vorsitzender der Bundestagsfraktion von Bündnis 90/Die Grünen, als Außenminister und Vizekanzler.

Noch vor der Kanzlerwahl entschied sich der Bundestag am 16. Oktober 1998 mit den Stimmen der bisherigen und der künftigen

Regierungsparteien für eine deutsche Beteiligung an einem möglichen Militäreinsatz der NATO im Kosovo-Konflikt. Ein entsprechendes Mandat des Sicherheitsrats der Vereinten Nationen gab es, des russischen Widerstands wegen, nicht. In Übereinstimmung mit den USA und ihren europäischen Verbündeten stellte sich die Bundesrepublik aber auf den Standpunkt, dass es einen drohenden Völkermord im Kosovo abzuwenden galt, das völkerrechtlich zur Bundesrepublik Jugoslawien, das heißt Serbien, gehörte, aber ganz überwiegend von ethnischen Albanern bewohnt ist. Die serbischen Gewaltakte gegenüber der einheimischen Bevölkerung hatten Formen angenommen, die ein Gemetzel wie wenige Jahre zuvor in Bosnien-Herzegowina befürchten ließen.

Innerhalb der neuen Koalition, und ganz besonders bei den Grünen, war die Beteiligung Deutschlands am Kosovokrieg hochumstritten. Befürworter des Bundeswehreinsatzes wie Außenminister Joschka Fischer und Verteidigungsminister Rudolf Scharping sahen sich deshalb genötigt, zugunsten der humanitären Intervention des Atlantischen Bündnisses ein geschichtspolitisches Argument anzuführen, das kurz zuvor noch von der pazifistischen Linken *gegen* deutsche Militäreinsätze vorgetragen worden war: Sie beriefen sich im Sinne eines «Nie wieder!» auf das deutsche Menschheitsverbrechen, die Ermordung der europäischen Juden. Ich hielt zwar auch diese Instrumentalisierung des Holocaust für höchst anfechtbar, war aber zugleich von der Notwendigkeit einer humanitären Intervention im Kosovo überzeugt, und das unter Beteiligung der Bundeswehr. In diesem Sinne sprach ich mich in mehreren Interviews und in einer Podiumsdiskussion im Audimax der Humboldt-Universität am 31. Mai 1999 aus – im zuletzt genannten Fall in einer Art «Schlagabtausch» mit dem früheren PDS-Abgeordneten Uwe-Jens Heuer.

Am 14. April 1999 fand die erste Sitzung des Deutschen Bundestages im umgebauten Reichstagsgebäude statt. Ich hatte mich vor der Hauptstadtentscheidung des Bundestages am 20. Juni 1991 in mehreren Zeitungsartikeln, darunter in der *Zeit* und der *FAZ*, für den Umzug der Verfassungsorgane Bundespräsident, Bundestag und Bundesregierung von Bonn nach Berlin ausgesprochen, und freute mich entsprechend, als es kurz vor der Jahrtausendwende endlich so weit war.

Das sahen indes nicht alle Zeitgenossen so. Wenige Monate vor der Umsetzung der Hauptstadtentscheidung, am 4. Oktober 1998, erklärte der sozialdemokratische Ministerpräsident von Nordrhein-Westfalen, Wolfgang Clement, in einem Interview mit dem *Tagesspiegel*, der Umzug nach Berlin bedeute eine «Schwerpunktverlagerung nach Osten». Dadurch verstärke sich die ohnehin starke Westorientierung Nordrhein-Westfalens – eine Orientierung auf die EU, die Benelux-Staaten und Frankreich. Berlin und Brandenburg würden sich dagegen nach Polen und den ostmitteleuropäischen Staaten hin orientieren.

Ich konterte die Ausführungen Clements mit einem polemischen Artikel, der am 14. Oktober 1998 unter der von mir gewählten Überschrift «Separatismus auf Filzlatschen» in der *Zeit* erschien. (Der Titel war eine Parodie auf den vom einstigen DDR-Außenminister Otto Winzer geprägten, auf die Bundesrepublik gemünzten Begriff «Imperialismus auf Filzlatschen».) Ich warf Clement vor, er denke in der ganz und gar nicht sozialdemokratischen Kategorie «Reich und reich gesellt sich gern» und der logischen Umkehrung dieser Devise. Wenn es nach ihm ginge, werde sich die Bundesrepublik in einen Staatenbund zurückverwandeln.

Eine schriftliche Antwort erhielt ich nicht. Als ich Clement am Pfingstmontag, den 24. Mai 1999, beim Staatsakt zum 50. Jahrestag der Gründung der Bundesrepublik und einen Tag später nach der Wahl von Johannes Rau zum Bundespräsidenten im Wallotbau traf und auf meine Attacke hin ansprach, sagte er, er würde gern mit mir diskutieren, ein klarer Begriff von dem, was er wolle, fehle ihm aber noch. Auf meine Frage, ob er denn mit dem Bekenntnis zum Patriotismus leben könne, das Rau tags zuvor abgelegt hatte, antwortete er, das müsse er wohl, und er wisse ja, wie schwer es sei, mit seinen Ansichten Anklang zu finden.

Rot-Grün an der Macht: Die Anfänge der Berliner Republik und das Echo des «Langen Wegs nach Westen»

Seit dem Umzug von Bundestag und Bundesregierung häuften sich die Gelegenheiten, mit Politikerinnen und Politikern ins Gespräch zu kommen. Anfang Juni 1999 hatte Bundeskanzler Gerhard Schröder in Form des in Berlin und London gleichzeitig verkündeten Schröder-Blair-Papiers einen gesellschaftspolitischen Befreiungsschlag gewagt. Nachdem Oskar Lafontaine am 18. März 1999 in einem Überraschungscoups seine Ämter als Bundesfinanzminister und Vorsitzender der SPD niedergelegt hatte und Schröder im April zum neuen Parteivorsitzenden gewählt worden war, fühlte sich der Kanzler frei, mit größerer Entschiedenheit als bisher die von ihm seit langem angestrebte Politik der gesellschaftspolitischen Modernisierung zu betreiben. In dem zusammen mit dem britischen Labour-Premier Tony Blair vorgelegten Manifest skizzierten die beiden Politiker, was sie voranbringen wollten: den Umbau des überkommenen Wohlfahrtsstaates in einen «aktivierenden» Sozialstaat, die Entwicklung einer wissensorientierten Dienstleistungsgesellschaft und eine neue Partnerschaft zwischen Staat und Bürger.

Innerhalb der SPD war Schröders Modernisierungskurs schon damals umstritten. Ich applaudierte dem Paukenschlag vom 4. Juni in einem Beitrag für den *Tagesspiegel* und nutzte diese Gelegenheit, um der sozialdemokratischen Bundesbildungsministerin Edelgard Bulmahn Reformverweigerung vorzuwerfen. Ende Juni bedankte sich der Kanzler brieflich für den Artikel, den er als Rückenstärkung empfand. Als ich am 2. September bei der Einweihung des neuen Sitzes der Deutschen Gesellschaft für Auswärtige Politik in der Rauchstraße kurz mit Schröder sprach, sagte er, er müsse das, was er im Schröder-Blair-Papier postuliert habe, verwirklichen, weil es gar nicht anders gehe.

Einige Wochen später, am 19. Oktober 1999, kritisierte ich in einem Artikel in der *FAZ* («Von Marx zur Marktlücke») die Art und Weise, wie Schröder auf die Herausforderung durch die PDS reagierte. Bei der Einweihung des Berliner Redaktionsgebäudes der *Frankfurter Allgemeinen* hatte der Kanzler am 20. September die Partei des Demokratischen Sozialismus ein «Scheinproblem» genannt. Angesichts der Tatsache, dass diese Partei drei Wochen später bei den Wahlen zur Bezirksverordnetenversammlung im Bezirk Mitte 44,2 % der Stimmen erhielt, während die SPD nur auf 15,3 % kam, sei die PDS doch wohl eher ein «Stimmscheinproblem», war meine Antwort. Die SPD und die PDS seien, frei nach dem Diktum von George Bernard Shaw über Briten und Amerikaner («zwei Völker, getrennt durch eine gemeinsame Sprache»), zwei Parteien, getrennt durch gemeinsame ideologische Wurzeln. Die SPD müsse sich endlich entscheiden, ob sie eine sozialkonservative Partei bleiben oder eine sozialliberale Partei werden wolle. Die Entscheidung für die zweite Option verlange eine offensive Auseinandersetzung mit der PDS.

Am Tag nach der Veröffentlichung des Artikels erhielt ich einen Anruf aus dem Willy-Brandt-Haus. Der Redenschreiber des Parteivorsitzenden Schröder bat mich um einen kurzen Beitrag zu der Parteitagsrede, die Schröder im Dezember 1999 halten wollte. In meinem Textentwurf solle es um Grundsätzliches, Normatives und Historisches gehen, das Verhältnis zur PDS inbegriffen. Ich kam der Bitte nach, konnte aber im Dezember nicht viel von meinen Anregungen in der Rede Schröders wiederfinden.

Im Jahr 2000 erschienen im Verlag C.H.Beck die beiden Bände meiner deutschen Geschichte «Der lange Weg nach Westen»: der erste Band «Vom Ende des Alten Reiches bis zum Untergang der Weimarer Republik» im Frühjahr, der zweite «Vom ‹Dritten Reich› bis zur Wiedervereinigung» im Herbst. Der buchhändlerische Erfolg übertraf meine Erwartungen und die des Verlages bei weitem. Die beiden Bände wurden in sieben Sprachen übersetzt. Die gebundenen, broschierten und Paperback-Ausgaben zusammengenommen, liegen sie heute auf deutsch in 14. Auflage vor. 2001 wurde «Der lange Weg nach Westen» mit dem Preis «Das politische Buch» der Friedrich-Ebert-Stiftung, im Jahr darauf mit dem Friedrich-Schiedel-Literaturpreis der Stadt Wurzach ausgezeichnet.

Das publizistische und politische Echo war für mich überaus erfreulich. Der *Spiegel*- Redakteur Jürgen Leinemann, der einen Artikel darüber vorbereitete (er erschien am 21. Dezember 2002 unter der Überschrift «Der Zeitgenosse»), meinte bei einem Vorgespräch sogar, kein anderes Buch habe der politischen Klasse so viel Anstoß zum Nachdenken gegeben wie «Der lange Weg nach Westen». Zustimmende Kommentare gab es in der Tat von Politikern fast aller Couleur: aus dem Lager der Unionsparteien von Angela Merkel, Wolfgang Schäuble, Heiner Geißler, Jörg Schönbohm und Erwin

Teufel, aus der Sozialdemokratie von Gerhard Schröder, Wolfgang Thierse, Otto Schily, Peter Struck und Peer Steinbrück, von den Grünen vor allem von Joschka Fischer. Der erwähnte CDU-Politiker Jörg Schönbohm, damals Innenminister und stellvertretender Ministerpräsident von Brandenburg, sprach übrigens, als er mir ein Kompliment zu den beiden Bänden machen wollte, vom «Langen Marsch nach Westen». Da er zuvor Generalinspekteur der Bundeswehr gewesen war, lag diese Umwandlung des Titels nahe.

An der von Robert Leicht, dem ehemaligen Chefredakteur der *Zeit* moderierten Podiumsdiskussion anlässlich der Vorstellung des zweiten Bandes durch den Verlag am 10. November 2000 im Magnus-Haus in Berlin-Mitte nahmen Joschka Fischer und Joachim Gauck teil. Zwischen dem grünen Außenminister und mir entwickelte sich dabei ein kleiner Disput über die Frage, ob das wiedervereinigte Deutschland eine «postnationale Demokratie» oder ein «postklassischer Nationalstaat» sei. Ich trug meine Argumente zugunsten der zweiten Variante vor, worauf Fischer erwiderte, er kapituliere. Mein Begriff sei der richtige, «sofern Sie dasselbe darunter verstehen wie ich».

Altbundespräsident Richard von Weizsäcker, der unter den Zuhörern war, hatte die beiden Bände intensiv gelesen. Sein langjähriger Redenschreiber Friedbert Pflüger berichtet in seinem Buch «Richard von Weizsäcker. Die Macht der Moral», er habe Weizsäcker im Jahr 2000 zum ersten Mal seit langem von einem Buch wirklich elektrisiert erlebt. Im Herbst 2001 legte Weizsäcker sein Buch «1949–1969–1989: dreimal Stunde Null?» vor. Bei der Buchvorstellung im Französischen Dom sagte der Moderator Robert Leicht, auf weiten Strecken sei das Buch eine Auseinandersetzung mit meinem «Langen Weg nach Westen».

Tatsächlich interpretierte der Altbundespräsident den «Westen» anders als ich, nämlich nicht normativ-transatlantisch, sondern geographisch im Sinne von Westeuropa. Die «Vollendung Europas» sei aber mehr als eine Ausdehnung Westeuropas, erläuterte er im Anschluss an die Veranstaltung im Gespräch mit mir. Ich antwortete, im «Langen Weg nach Westen» hätte ich mich an einem Kernsatz seiner Rede beim Staatsakt zur Wiedervereinigung am 3. Oktober 1990 orientiert: «Der Tag ist gekommen, an dem zum ersten Mal in der Geschichte das ganze Deutschland seinen dauerhaften Platz im Kreis der westlichen Demokratien findet.» Im November 2000, zehn Jahre später, schien es mir freilich, als denke der ehemalige Bundespräsident inzwischen eher in «mitteleuropäischen» als in «westlichen» Kategorien, wobei er Deutschland als Teil von «Mitteleuropa» verstand und von «Westeuropa» abhob.

Ein aufmerksamer Leser des «Langen Weges nach Westen» war auch ein sozialdemokratischer Nachfolger Weizsäckers im Amt des Bundespräsidenten, der frühere nordrhein-westfälische Ministerpräsident Johannes Rau. Anfang Januar 2001 rief er mich an, um mir zu sagen, dass er zur Zeit den zweiten Band «mit Begeisterung» lese. Im Februar 2002 lud er mich zu einem ausführlichen Gespräch in seinen Amtssitz, das Schloss Bellevue, ein. Es sollte um die Vorbereitung einer Grundsatzrede des Bundespräsidenten gehen. Das Thema: der Umgang der Deutschen mit ihrer Geschichte. «Der lange Weg nach Westen» habe dabei in gewisser Weise Pate gestanden, sagte mir der Leiter der Grundsatzabteilung im Bundespräsidialamt, Rüdiger von Fritsch, einige Tage vor dem Gespräch, das am 15. Februar stattfand und eineinhalb Stunden dauerte.

Ich schlug Rau einen «dialektischen Ansatz» vor: Nur bei kritischer Aneignung der gesamten deutschen Geschichte könnten wir den historischen Ort der Katastrophe der Jahre 1933 bis 1945 bestimmen. Die deutsche Geschichte sei nicht nur die Vorgeschichte des

«Dritten Reiches», sondern auch eine Geschichte von Kämpfen um Freiheit, Einheit und Gerechtigkeit sowie eine Geschichte großer kultureller Leistungen. Eine plakative Gegenüberstellung «guter» und «böser» Traditionen greife aber zu kurz. Vielmehr gelte es im Sinne von Thomas Manns Rede vom Mai 1945 über «Deutschland und die Deutschen» die Belastungen herauszuarbeiten, die Deutschland aus seiner unpolitischen Kultur erwachsen seien. Die Rede des Bundespräsidenten sollte darauf abzielen, ein selbstkritisches Selbstbewusstsein der Deutschen zu fördern und damit einen Beitrag zu einer westlich und europäisch bestimmten Vorstellung von deutscher Identität zu leisten.

Raus Fragen zeigten, wie sehr ihn das Thema bewegte. Sie betrafen auch konkrete Ereignisse wie die Revolutionen von 1848/49 und 1918/19 oder mein Urteil über die Bücher von Sebastian Haffner (es fiel sehr kritisch aus). Einige Zeit nach dem Gespräch schickte ich Rau unaufgefordert den Entwurf einer Rede des Bundespräsidenten zum Umgang mit der deutschen Geschichte, wie ich sie mir vorstellte, wofür er sich herzlich bedankte.

Gehalten hat Johannes Rau die von ihm angedachte Grundsatzrede nicht. Den Grund für den Verzicht erfuhr ich Jahre später von einem seiner engsten Mitarbeiter im Bundespräsidialamt: Jürgen Habermas, dem offenbar ein Rede-Entwurf mit der Bitte um Kommentierung vorgelegt worden war, habe von einer Ansprache, wie Rau sie halten wollte, nachdrücklich abgeraten. Deutschlands berühmtester Philosoph beharrte auf jener «postnationalen» Sichtweise, die ich im zweiten Band meines «Langen Weges» und auch in einigen Aufsätzen als unhistorisch, ja als Ausdruck eines falschen Bewusstseins der altbundesdeutschen intellektuellen Linken kritisiert hatte. Dass er meine Position für zu «national», wenn nicht gar für nationalistisch hielt, hatte Habermas auch bei persönlichen Begegnungen mit mir in den neunziger Jahren zu erkennen gegeben. Sein Plädoyer in Sachen Geschichtsrede des Bundespräsidenten gab wohl den Ausschlag: Widerspruch von rechts hatte Rau wahrscheinlich antizipiert, das Risiko eines womöglich lang anhaltenden Streits mit der intellektuellen Linken unter der Ägide von Habermas aber wollte er nicht eingehen.

Am 20. Februar 2002, fünf Tage nach der Unterredung in Schloss Bellevue, fand im Bundeskanzleramt ein politisches «Abendbrot» statt, zu dem Gerhard Schröder den britischen Historiker und Publizisten Timothy Garton Ash und mich eingeladen hatte. Mit dabei war der Leiter der Grundsatzabteilung des Kanzleramtes, Wolfgang Nowak, der wohl den Anstoß zu dem Treffen gegeben hatte. Zu den vielen Themen, die der Bundeskanzler mit uns erörterte, gehörten die anhaltende Spaltung der politischen Kultur im wiedervereinigten Deutschland, das Hineinwachsen der Grünen in das politische System der Bundesrepublik, die von Garton Ash und mir bejahte Legitimität eines aufgeklärten Begriffs von «deutschem Interesse», die Außengrenzen der EU und die Finalität des europäischen Einigungsprozesses.

Immer wieder ging es aber auch an diesem Abend um den Umgang mit der deutschen Geschichte, wobei Schröder mehrfach auf den «Langen Weg nach Westen» zu sprechen kam, den er ein paar Tage zuvor der sozialdemokratischen Bundestagsfraktion zur Lektüre empfohlen hatte. Seine beiden punktuellen Einwände kannte ich schon aus früheren Begegnungen: Ich hätte zum einen Gustav Stresemann zu freundlich und Friedrich Ebert zu kritisch behandelt und zum anderen das Wirken Hans-Jochen Vogels als Parteivorsitzender der SPD wohlwollender bewerten sollen. Ob «Der lange Weg nach Westen» wirklich das einzige Geschichtsbuch war, das Schröder von der ersten bis zur letzten Seite gelesen hat, wie Nowak mir bei einer anderen Gelegenheit sagte, weiß ich nicht. Dass die beiden Bände ihn zumindest zeitweilig beeinflusst haben, geht aus einigen Reden hervor, in denen er ausdrücklich auf den «Langen Weg nach Westen» Bezug nahm.

Nach dem Gespräch im Bundeskanzleramt bemerkte Timothy Garton Ash, den ich seit vielen Jahren kannte, Schröder habe sich im Amt des Regierungschefs mehr entwickelt als Tony Blair. Schröders Interesse an Geschichte und an einer historischen Begründung seiner durch und durch pragmatischen Politik war in den Jahren seit 1998 in der Tat gestiegen; das hörte ich auch immer wieder von seinen Mitarbeitern. Ob es ein nachhaltiges Interesse war, blieb abzuwarten.

Auch außerhalb Deutschlands wurde «Der lange Weg nach Westen» von Politikern wahrgenommen und zitiert, und das nicht zufällig in Ländern, in deren Sprachen das Werk übersetzt wurde: so in Italien, dank der Vermittlung meines Freundes, des Philosophen und Publizisten Angelo Bolaffi, von dem späteren Staatspräsidenten Giorgio Napolitano, der im November 2004 mit mir zusammen die beiden Bände auf einer Veranstaltung des Goethe-Instituts in Rom vorstellte, in Polen von Staatspräsident Aleksander Kwaśniewski und von Ministerpräsident Donald Tusk, die sich beide in Reden, die sie in Berlin hielten, auf mich beriefen, in Frankreich von Premierminister Jean-Marc Ayrault, einem studierten Germanisten, der mich bei einem politischen Abendessen in der französischen Botschaft in Berlin auf deutsch mit den Worten «Der lange Weg nach Westen» begrüßte. In Frankreich waren es neben Politikern und Diplomaten vor allem Zeitschriften und Zeitungen, von *Esprit* über *Le Monde* bis zu *Libération*, die meiner deutschen Geschichte und in deren Gefolge auch meinen Beiträgen zur aktuellen Politik zu politischer und intellektueller Resonanz verhalfen: auch dies eine Erfahrung, die jenseits dessen lag, was ich zu hoffen gewagt hatte.

Meine politisch-publizistischen Interventionen zu Beginn des neuen Jahrtausends betrafen höchst unterschiedliche Themen. Sie reichten von der deutschen Wissenschafts- bis zur Weltpolitik. Über Jahre hinweg versuchte ich der «Versäulung» und Intransparenz der Beiräte von wissenschaftlichen Instituten zu Leibe zu rücken. Einige wenige Fachvertreter hatten gleichzeitig eine Vielzahl von Funktionen inne, was ihnen zu einer außerordentlichen Machtfülle verhalf; die Zahl der Amtszeiten der Beiratsmitglieder war nicht begrenzt; es gab für die Letzteren keine Altersgrenze, so dass häufig Emeriti den Ton angaben; Frauen waren in den Beiräten unterrepräsentiert oder gar nicht vertreten. Der Wissenschaftsrat hatte Empfehlungen für eine Reform des Beiratswesens vorgelegt, die aber von den Instituten und ihren Beiräten beharrlich ignoriert wurden.

In zwei wissenschaftlichen Beiräten, denen ich angehörte, dem des Hauses der Geschichte der Bundesrepublik Deutschland in Bonn und dem des Instituts für Zeitgeschichte in München, brachte ich meine Reformforderungen, die sich weithin mit denen des Wissenschaftsrates deckten, immer wieder zur Sprache, was mir von vielen meiner konservativen Kollegen nachhaltig verübelt wurde. In der rot-grünen Ära arbeitete ich in Sachen «Beiratsreform» eng mit den zuständigen Regierungsstellen, dem Bundesministerium für Bildung und Forschung, dem Bundesministerium des Inneren und dem Staatsminister für Kultur im Kanzleramt, zusammen. Vor allem das Bildungsministerium setzte sich mit Nachdruck für die Umsetzung der Empfehlungen des Wissenschaftsrates ein, stieß dabei aber auf den hartnäckigen Widerstand des bayerischen Kultusministeriums, das für das Institut für Zeitgeschichte zuständig war, sich als Anwalt der konservativen Professoren verstand und innerhalb der Kultusministerkonferenz großen Einfluss ausübte.

Die Folge war, dass nur einige der überfälligen Reformen, und die nur mit erheblicher Verspätung, verwirklicht wurden. Immerhin wurde die Zahl der vier Jahre währenden Amtszeiten von Beiratsmitgliedern auf maximal zwei beschränkt und der Grundsatz durchgesetzt, dass die Mitglieder von Beiräten im aktiven Berufsleben stehen mussten. Der Anteil von Frauen ist inzwischen parallel zur wachsenden Zahl von Professorinnen deutlich gestiegen, was jedoch wohl eher eine Folge des gesellschaftlichen Wandels als von gesetzlichen oder behördlichen Anordnungen war.

Zu den innenpolitischen Streitfragen des neuen Jahrtausends gehörte wie schon in den neunziger Jahren das Verhältnis der SPD zur PDS. Seit 1998 gab es neben der von der Partei des Demokratischen Sozialismus tolerierten Minderheitsregierung des Sozialdemokraten Reinhard Höppner in Sachsen-Anhalt eine erste SPD-PDS-Koalition in Mecklenburg-Vorpommern unter Harald Ringstorff. Große Koalitionen bildeten in den meisten ostdeutschen Ländern die einzige Alternative zu rot-roten Bündnissen: eine für das Ansehen der parlamentarischen Demokratie gefährliche Perspektive. Ich begann infolgedessen, mein bisheriges kategorisches Nein zu jeder Zusammenarbeit von SPD und PDS zu hinterfragen.

Für eine Überprüfung meiner Position sprach auch, dass die PDS zehn Jahre nach der Wiedervereinigung nicht mehr dieselbe war wie in ihrer Gründungszeit. Sie hatte sich entradikalisiert und war in das politische System der Bundesrepublik hineingewachsen. Von Attacken auf die historische Rolle der Sozialdemokratie in der Weimarer Republik hatte sie inzwischen Abstand genommen. Die Kritik an ihren Geschichtslegenden, zu der ich einiges beigetragen hatte, war nicht folgenlos geblieben. Doch es gab weiterhin vieles, was die PDS von der SPD und den anderen «altbundesdeutschen» Parteien fundamental trennte, in der Außen- und Sicherheitspolitik ebenso wie in weiten Bereichen der Wirtschafts-, Finanz- und Sozialpolitik. Auch in Sachen Geschichtsverständnis beharrte die PDS auf Deutungen, die wissenschaftlich längst unhaltbar geworden waren. Eine Koalition mit einer pragmatisch gewordenen PDS kam deshalb nach meiner Meinung für die SPD nur da in Frage, wo rot-rot die einzige Alternative zu einer Großen Koalition in Permanenz war, und auch da nur unter präzisen Bedingungen.

Als es in Berlin im Oktober 2001, vier Monate nach dem Zerbrechen der Großen Koalition unter dem Sozialdemokraten Klaus Wowereit, zu Neuwahlen kam, ging daraus ein Abgeordnetenhaus hervor, das theoretisch drei Formen von Mehrheitsregierung zuließ: eine abermalige große Koalition, ein rot-rotes Bündnis oder, wenn auch nur ganz knapp, eine «Ampel», also eine Regierung aus SPD, Grünen und FDP. Ich plädierte in Interviews, Fernsehdiskussionen und Zeitungsartikeln für die letzte Variante. Die SPD unter Wowereit entschied sich aber für eine Koalition mit der PDS.

In der Koalitionsvereinbarung musste sich die PDS unzweideutig von der SED-Diktatur und ihren Verbrechen distanzieren. Es gelang ihr aber auch, der SPD ein wichtiges symbolisches Zugeständnis abzuringen: Beide Parteien legten sich darauf fest, ein Denkmal für die im Januar 1919 von Freikorpssoldaten ermordete Rosa Luxemburg, die Mitgründerin der Kommunistischen Partei Deutschlands, zu errichten. Es gab Proteste von eher konservativen Sozialdemokraten, die in dieser Vereinbarung einen Akt des geschichtspolitischen Opportunismus sahen.

Ich selbst verfasste einen scharfen Artikel, in dem ich auf die strikte Ablehnung der parlamentarischen Demokratie und die Bejahung des revolutionären Bürgerkriegs durch Rosa Luxemburg verwies. Der *Tagesspiegel* veröffentlichte meinen Beitrag am 15. Januar 2002 «Nachdenken über Rosa L.» leicht gekürzt und kündigte ihn auf dem Titelblatt unter der plakativen roten Balkenüberschrift «Rot-Rot verfälscht Geschichte» an. Den vollständigen Text publizierte kurz darauf die Friedrich-Ebert-Stiftung. Das Denkmal für Rosa Luxemburg nahm 2006 in Gestalt von 60 Betonbalken mit Zitaten der Revolutionärin Gestalt an. Die Balken wurden in Fahrbahnen und Fußgängerwege des Rosa-Luxemburg-Platzes eingefügt. Der für Kultur zuständige Senator Thomas Flierl von der PDS sagte mir bei einem Hearing des Kulturpolitischen Ausschusses des Berliner Abgeordnetenhauses (über die von den Grünen beantragte, von mir befürwortete Umbenennung des Hindenburgdamms in Steglitz) im Januar 2003, dass er mit mir im kritischen Urteil über Rosa Luxemburg durchaus übereinstimme, nur in der Denkmalfrage nicht.

Von Bundeskanzler Schröder wusste man, dass ihm die Bildung des rot-roten Senats in Berlin höchst ungelegen kam. In seiner rot-grünen Koalition kriselte es, und im September 2002 standen Bundestagswahlen an. Im Kampf um die Gewinnung der politischen Mitte war es nicht förderlich, wenn sich auf der Länderebene die Linksbündnisse häuften. Um die bürgerliche Mitte ging es dem Kanzler und Parteivorsitzenden Schröder auch, als er am 8. Mai 2002 im Willy-Brandt-Haus mit dem Schriftsteller Martin Walser zu einem öffentlichen Gespräch über den Umgang der Deutschen mit ihrer Geschichte zusammentraf. Einen Entwurf seiner Rede hatte er mir einige Tage zuvor mit der Bitte um Durchsicht zugeleitet. Ich schrieb einige Passagen um und schlug Schröder vor, den Akzent auf eine kritische Aneignung der deutschen Geschichte im Ganzen zu legen. Er übernahm diese Anregung und hob sich damit positiv von dem vagen, nostalgisch, ja deutschnational gefärbten «Geschichtsgefühl» ab, für das Walser warb.

In einem anderen Fall war zuvor die Initiative zu einem Passus in einer Rede des Kanzlers von mir ausgegangen. Es handelte sich dabei um eine Sache, die mir besonders am Herzen lag. Für eine Rede, die er am 6. Dezember 2000 vor beiden Häusern des polnischen Parlaments halten wollte, hatte ich Schröder den Entwurf einiger selbstkritischer Sätze zur zweiten, stark etatistisch und national geprägten Phase der sozialdemokratischen Ostpolitik in den achtziger Jahren geschickt.

Aus vielen Gesprächen mit polnischen Freunden, darunter Bronisław Geremek, wusste ich, wie sehr die damalige Missachtung der SPD für die polnische Bürgerrechtsbewegung in Gestalt der unabhängigen Gewerkschaft Solidarność in Polen noch nachwirkte. Schröder übernahm meinen Vorschlag, wenn auch in abgeschwächter Form, und erzielte damit die erhoffte Wirkung. Vier Jahre später wirkte ich auf Schröders Bitten an Reden mit, die er aus Anlass der 60. Wiederkehr von zwei Ereignissen aus der letzten Phase des Zweiten Weltkriegs hielt: dem «D-Day», dem Tag der Landung der Alliierten in der Normandie am 6. Juni 1944, und dem gescheiterten Attentat auf Hitler am 20. Juli desselben Jahres.

Im November 1999 hatte mir Geremek, der damals polnischer Außenminister war, bei einem langen Gespräch in seiner Wohnung in der Warschauer Altstadt, auf meine Frage, wie er zum sozialdemokratischen Bundeskanzler stehe, gesagt, er empfinde Schröder als «intelligenten Mann ohne Eigenschaften». In den folgenden Jahren äußerte sich Geremek immer wieder besorgt über die Anbahnung einer neuen Sonderbeziehung zwischen Deutschland und Russland unter Schröder und Putin. Es war vor allem eine Bemerkung, die der Kanzler nach der Bundestagsrede des russischen Präsidenten am 25. September 2001 gemacht hatte, die nicht nur in Polen Anlass zu Zweifeln an der außenpolitischen Zuverlässigkeit der Bundesrepublik gab: Schröder äußerte darin Verständnis mit dem «Problem», das Russland in Tschetschenien habe und befürwortete eine differenzierte Bewertung des Konflikts im Kaukasus. Putin führte dort seit 1999 einen spätkolonialen Vernichtungskrieg gegen aufständische muslimische Rebellen – den zweiten seit dem der Jahre 1993 bis 1995 unter Boris Jelzin.

Ein kritisches Urteil über Schröder bekam ich auch von einem hochrangigen Parteifreund des Kanzlers zu hören. Im April 2002 begleitete ich Bundespräsident Johannes Rau auf dessen Einladung hin bei seinem Staatsbesuch in Italien. Anlass der Bitte war eine geplante Diskussion zwischen deutschen und italienischen Intellektuellen über die Zukunft Europas in der Villa Vigoni am Comer See, an der zeitweilig auch die Präsidenten Ciampi und Rau teilnahmen. Auf dem Heimflug äußerte sich der Bundespräsident im Gespräch mit zweien seiner «Sondergäste», dem politischen Grafiker Klaus Staeck und mir, tief besorgt über den Zustand der SPD unter dem Parteivorsitzenden Gerhard Schröder. Wörtlich sagte er, wie ich in meinem Tagebuch notierte: «Die Partei erfriert.»

Kein Ereignis des frühen 21. Jahrhunderts war so folgenreich wie die Terrorangriffe der islamistischen Al-Qaida auf New York und Washington vom 11. September 2001. Dass Bundeskanzler Schröder den USA die uneingeschränkte Solidarität Deutschlands versicherte, erschien mir das Gebot der Stunde. Dasselbe galt für die (beim pazifistischen Flügel der Grünen hoch umstrittene) Beteiligung der Bundeswehr an dem von den Vereinten Nationen mandatierten «Peacekeeping»-Einsatz der International Security Assistance Force (ISAF) in Afghanistan, von wo aus Al-Qaida agierte.

Am 2. November 2001 veranstaltete der *Spiegel* im Audimax der Humboldt-Universität eine von Martin Doerry moderierte Podiumsdiskussion zum Thema «Darf Deutschland wieder Krieg führen?», an der Bundestagspräsident Wolfgang Thierse, der Staatsrechtsprofessor und Schriftsteller Bernhard Schlink, die Studentin Ines Langelüddecke und ich teilnahmen. Obwohl wir alle das Recht der USA auf Selbstverteidigung und die Solidaritätspflicht der Bundesrepublik bejahten, wurden unsere Beiträge nicht gestört. Erst in der anschließenden allgemeinen Diskussion zeigte sich, wie verbreitet ein pauschaler Antiamerikanismus in Deutschland immer noch war.

Im Verlauf des Jahres 2002 tat der amerikanische Präsident George W. Bush dann allerdings alles, was in seinen Kräften stand, um den politischen Zusammenhalt des Westens aufs Spiel zu setzen. Der 43. Präsident der USA wollte im Zuge seines «war on terror» den islamistischen Terrorismus radikal vernichten. Neben Afghanistan, der bisherigen Schutzmacht von Al-Qaida, sollte der Irak des Präsidenten Saddam Hussein zum Kriegsschauplatz werden: ein Land, dem Bush vorwarf, Massenvernichtungswaffen zu horten.

Am 1. Juni 2002 legte der Präsident vor der Militärakademie in West Point die Umrisse einer neuen Sicherheitsstrategie vor; ihre endgültige Fassung erhielt die Nationale Sicherheitsstrategie der Vereinigten Staaten am 20. September. Durch die «Bush-Doktrin» legten sich die USA darauf fest, durch sogenannte «pre-emptive strikes» gegen «Schurkenstaaten» und alle Regime vorzugehen, die sich anschickten, die militärische Vorherrschaft der Vereinigten Staaten in Frage zu stellen.

In Berlin war man aufs Äußerste alarmiert. Deutschland befand sich in der Schlussphase des Bundestagswahlkampfes. Schröder hielt es für angebracht, in einem Interview mit der *New York Times* zu erklären, die Bundesrepublik werde sich an einem Krieg gegen den Irak auch dann nicht beteiligen, wenn dieser sich auf ein Mandat der Vereinten Nationen stützen könne. Am 30. September, acht Tage nach der Bundestagswahl, aus der Rot-Grün als Sieger hervorging, erschien im *Spiegel* mein Artikel «Die NATO am Scheideweg», in dem ich die wilhelminisch anmutende Risikopolitik der amerikanischen «Neokonservativen» um den jüngeren Bush scharf kritisierte und es zur Pflicht der deutschen Amerikafreunde erklärte, ihre einstigen Lehrmeister im Fach Demokratie an das normative Erbe ihrer Gründungszeit zu erinnern.

Aus dem Kanzleramt hörte ich wenig später, Schröder habe meinen Artikel mit großer Zustimmung gelesen. Auch sonst war das Echo sehr freundlich. Zu dem zwei Tage später von der *Süddeutschen Zeitung* veröffentlichten Folgeartikel «Die Welt vom Bösen zu erlösen», einem Versuch, den amerikanischen Messianismus historisch einzuordnen, erhielt ich viele Glückwünsche, unter anderem von Außenminister Joschka Fischer und von meinem amerikanischen Historikerkollegen und Freund Fritz Stern.

Bekanntlich waren alle Bemühungen, Washington von einem Krieg gegen den Irak abzuhalten, vergeblich. Am 20. März 2003 begann der Einmarsch der von den USA geführten «Koalition der Willigen», und zwar ohne ein Mandat des Sicherheitsrates der Vereinten Nationen. Die amerikanische Behauptung von der Lagerung von Massenvernichtungswaffen im Lande Saddam Husseins erwies sich im Nachhinein als falsch; die angeblichen Belege waren eine plumpe Fälschung. Die Methoden, mit denen die USA nach dem rasch errungenen Sieg über die Truppen Saddam Husseins den Irak «befriedeten», waren derart brutal und menschenverachtend, dass sie das Ansehen Amerikas nicht nur in den islamischen Ländern, sondern weltweit nachhaltig erschütterten.

Durch die «Koalition der Willigen» spaltete Bush Europa und das Atlantische Bündnis: Großbritannien, Dänemark, Spanien, Portugal und Italien, außerdem die meisten postkommunistischen Staaten Ostmittel- und Südosteuropas, die Letzteren allesamt Anwärter auf die Mitgliedschaft in der NATO und der EU, stellten sich auf die Seite der USA; Deutschland, Frankreich, Belgien und Luxemburg verweigerten sich dem Kriegsbündnis. So uneinig wie 2003 hatte die Welt den transatlantischen Westen seit Jahrzehnten nicht mehr erlebt.

Unter den Versuchen von George W. Bush, den Irakkrieg zu rechtfertigen, war einer, der mich als Historiker besonders provozierte: Am 26. Februar 2003 erklärte der Präsident vor dem konservativen American Heritage Institute in Washington, so wie 1945 die amerikanischen Truppen in Deutschland und Japan als Aufbauhelfer einer Demokratie gewirkt hätten, so würden sie es jetzt im Irak tun. Bush und seine Ratgeber verkannten die fundamentalen Unterschiede zwischen den drei Ländern: In Deutschland und Japan konnten die politischen Systeme der zweiten Nachweltkriegszeit an ältere Traditionen und Institutionen anknüpfen – Traditionen und Institutionen, die es im Irak nicht gab. In einem von der *Zeit* abgedruckten Vortrag, den ich im Juli 2005 im Einstein-Forum in Potsdam hielt, bin ich auf dieses verunglückte Beispiel neokonservativer Geschichtspolitik ausführlicher eingegangen. Der Versuch, westliche Werte in einem islamisch geprägten Land mit militärischer Gewalt zu implementieren, konnte nur scheitern. Zu den Folgen des fatalen Krieges von 2003 gehört die außenpolitische Stärkung des iranischen Mullah-Regimes: des großen Destabilisators im Nahen und Mittleren Osten der Gegenwart.

Beitritt oder Partnerschaft?
Die Türkeifrage

Ein anderes großes Thema, zu dem ich mich seit dem Herbst 2002 wiederholt öffentlich äußerte, war die Frage, ob die Türkei Vollmitglied der Europäischen Union werden sollte. Ich war gegen dieses in der EU hoch umstrittene, aber von den USA aus geostrategischen Gründen nachdrücklich geförderte Vorhaben. Nach meiner Überzeugung machte das Fehlen einer gemeinsamen politischen Kultur eine Aufnahme der Türkei in die EU auf absehbare Zeit unmöglich. Als Wertegemeinschaft durfte die Europäische Union keinen Staat als Mitglied akzeptieren, der derart nationalistisch und illiberal war wie das Land am Bosporus. Als besonders krassen Verstoß gegen westliche Werte empfand ich, dass es in der Türkei nach wie vor streng verboten war, den vom Osmanischen Reich im Ersten Weltkrieg begangenen Völkermord an den Armeniern öffentlich zur Sprache zu bringen. An eine «Vertiefung» der EU, ihre Weiterentwicklung zur Politischen Union, wie sie besonders Deutschland anstrebte, war nach meinem Dafürhalten nicht mehr zu denken, wenn der Staatenverbund erst einmal an Iran, Irak und Syrien grenzte.

Auf ihrem Gipfel vom Dezember 1999 in Helsinki hatte die EU unter dem massiven Druck Washingtons der Türkei den Status eines Beitrittskandidaten verliehen. Eine Entscheidung, ob der Zeitpunkt für die Aufnahme von Beitrittsverhandlungen mit der Türkei gekommen sei, sollte im Dezember 2002 auf dem Kopenhagener Gipfel der EU fallen. Im Vorfeld dieses Ereignisses veröffentlichte ich am 7. November 2002 in der *Zeit* eine Warnung vor einem EU-Beitritt der Türkei unter der (redaktionellen) Überschrift «Wir erweitern uns zu Tode». Als Alternative zur Vollmitgliedschaft schlug ich eine «privilegierte Partnerschaft» vor – die Summe dessen, worauf sich die EU und die Türkei in sicherlich langwierigen Verhandlungen verständigen würden.

Vermutlich hat kein anderer Artikel von mir solche politischen Wirkungen gehabt wie dieser. Der Begriff «privilegierte Partnerschaft» avancierte binnen kurzem zum politischen Schlagwort. Er wurde zuerst auf Drängen von Wolfgang Schäuble von den Unionsparteien, dann von der Österreichischen Volkspartei und der französischen Präsidialpartei Jacques Chiracs, der Union pour une majorité présidentielle, also durchweg konservativen Parteien, übernommen. Die Türkei unter der Führung von Ministerpräsident Recep Tayyip Erdoğan reagierte schroff abwehrend: Eine «privilegierte Partnerschaft» habe man doch bereits. In Berlin war das Echo auf meinen *Zeit*-Artikel, dem kurz darauf weitere in der *Süddeutschen Zeitung* und der *Frankfurter Allgemeinen* folgten, geteilt. Anlässlich der Einweihung des Neubaus der Landesvertretung von Nordrhein-Westfalen in der Hiroshimastraße in Tiergarten sagte mir Bundespräsident Johannes Rau am 28. November, er stimme völlig mit mir überein. Ähnlich äußerte sich bei dieser Gelegenheit ein anderer Sozialdemokrat, der frühere hessische Ministerpräsident und damalige Vorsitzende der Friedrich-Ebert-Stiftung, Holger Börner. Schröder hingegen sagte, dies sei das erste Mal, dass er nicht meiner Meinung sei; wir müssten nochmals darüber sprechen.

Dem Gespräch mit dem Bundeskanzler ging am 5. Dezember 2002 ein Vorgespräch mit seinen engsten Mitarbeitern, an ihrer Spitze Frank-Walter Steinmeier, der Chef des Bundeskanzleramtes, im Deutsche Bahn-Tower am Potsdamer Platz voraus. Meine Bedenken gegen einen Beitritt der Türkei wurden als berechtigt anerkannt; ein Beschluss über die Eröffnung von Beitrittsverhandlungen sei aber nicht mehr aufzuhalten. Da das eigentliche Thema der Runde die Vorbereitung eines gesellschaftspolitischen Reformprogramms, der (später so genannten) Agenda 2010, war, nutzte ich die Gelegenheit, um eine Modernisierung des sozialdemokratischen Gerechtigkeitsdiskurses anzuregen und nochmals ein Plädoyer für nachträgliche Studiengebühren vorzutragen.

Das Gespräch mit dem Bundeskanzler fand am Vormittag des 10. Dezember 2002, zwei Tage vor Beginn des Kopenhagener EU-Gipfels, statt und drehte sich vorrangig, aber keineswegs ausschließlich, um die Türkeifrage. Den stärksten Eindruck schien auf Schröder mein Argument zu machen, eine Erweiterung der EU um die Türkei schiebe einer Politischen Union einen Riegel vor. Meiner These vom Zwangscharakter der Säkularisierung unter und seit Atatürk stimmte der Kanzler ausdrücklich zu. Gegen seine Behauptung von der Verwestlichung der türkischen Mittelschichten wandte ich ein, es handle sich um eine Minderheit, die nur in einigen Städten im Westen der Türkei stark sei. Schröder widersprach dem nicht. Er machte auch deutlich, dass er es keineswegs für sicher halte, dass Beitrittsverhandlungen zu einer Vollmitgliedschaft der Türkei führen müssten; es seien auch andere Lösungen möglich.

Auf dem Gipfel der EU in Kopenhagen fiel am 13. Dezember 2002 eine «konditionierte» Entscheidung für die Aufnahme von Beitrittsverhandlungen: Der endgültige Beschluss über den Beginn solcher Verhandlungen im Verlauf des Jahres 2005 sollte im Dezember 2004 gefasst werden, sofern die Europäische Kommission bis dahin festgestellt habe, dass die Türkei alle dafür relevanten politischen Kriterien erfülle. Eine Woche später, am 13. Dezember, debattierte der Bundestag über die Ergebnisse des Gipfels von Kopenhagen. Die Oppositionsführerin Angela Merkel nutzte die Gelegenheit, für ihr

Nein zu einer türkischen Vollmitgliedschaft in der EU zwei sozialdemokratische Kritiker dieses Projekts als Kronzeugen ins Feld zu führen: den Altkanzler Helmut Schmidt und mich.

Wie besorgt Helmut Schmidt in Sachen Erweiterung der Europäischen Union in Richtung Kleinasien war, wurde auch während des Symposiums deutlich, das die *Zeit*-Stiftung im April 2004 aus Anlass seines 85. Geburtstags in der Bucerius Law School in Hamburg veranstaltete. Ich war gebeten worden, den Eröffnungsvortrag zum Thema «Aus der Geschichte lernen?» zu halten. Danach hatte der Jubilar das Wort, der sich in seinem Statement erneut vehement gegen eine Vollmitgliedschaft der Türkei in der EU aussprach.

In der anschließenden Podiumsdiskussion, an der Henry Kissinger, der Soziologe Ralf Dahrendorf und außer mir drei weitere Historiker, Fritz Stern, Hans-Peter Schwarz und Johannes Paulmann, teilnahmen, waren Schwarz und ich die einzigen, die vor einer Aufnahme der Türkei in die EU warnten. Dahrendorf und Paulmann befürworteten die für Ende 2004 vorgesehene Aufnahme von Beitrittsverhandlungen; Kissinger und Stern wollten sich als Amerikaner an diesem europäischen Disput nicht beteiligen. Nach der Debatte sagte mir der ehemalige amerikanische Außenminister, den ich in Hamburg erstmals seit unserem (im ersten Kapitel erwähnten) politischen Lunch im Harvard Faculty Club im Sommer 1968 wiedersah, meine Argumente gäben ihm sehr zu denken. Dass Helmut Schmidt mir voll und ganz beipflichtete, war keine Überraschung.

Mit Befürwortern einer türkischen Mitgliedschaft in der Europäischen Union setzte ich mich auch in der Folgezeit immer wieder auseinander. Am 15. Juni 2004 traf ich auf Einladung von Außenminister Joschka Fischer im «alten» Café Einstein in der Kurfürstenstraße mit türkischen und deutschen Experten zusammen, die allesamt zum «Pro-Lager» gehörten. Unter ihnen waren der renommierte Wirtschaftswissenschaftler und frühere türkische Wirtschaftsminister Kemal Derwis, der Leiter des Zentrums für Türkeistudien in Essen, Faruk Şen, und die Türkei-Korrespondenten der *FAZ* und der *Süddeutschen Zeitung*, Rainer Hermann und Christiane Schlötzer-Scotland. Der Minister moderierte die durchgängig sachliche Debatte, wobei vor allem der türkische Umgang mit dem Völkermord an den Armeniern kontrovers blieb – ein Thema, das türkischen Diplomaten Anlass zu Protesten gab, wann immer in deutschen Schulbüchern oder Ausstellungen von einem Genozid des Osmanischen Reiches gesprochen wurde.

Mit Faruk Şen traf ich ein Vierteljahr nach der Diskussion im Café Einstein, im September 2004, nochmals zu einem von Redakteuren des Magazins *Focus* moderierten Streitgespräch über das türkische Beitrittsbegehren zusammen. Am 6. Oktober folgte eine Fernsehdebatte im Rahmen der von Maybrit Illner moderierten ZDF-Sendung *Berlin Mitte,* an der Deutschlands führende Feministin Alice Schwarzer, die liberale türkische Rechtsanwältin Seyran Ateş, Wolfgang Schäuble, der EU-Erweiterungskommissar Günter Verheugen und ich teilnahmen.

Wenig kontrovers verliefen die drei «Streitgespräche», die ich mit dem Grünen-Politiker Cem Özdemir über die Türkeifrage führte, zuerst im März 2003 in der Katholischen Akademie Berlin, dann im Mai 2007 bei einer vom Westdeutschen Rundfunk veranstalteten Europakonferenz im «Weltsaal» des Auswärtigen Amtes und schließlich im Januar 2010 in meiner Europa-Übung an der Humboldt-Universität. Wir waren bei jeder dieser Diskussionen weithin einig im Hinblick auf das, was die Türkei noch tun musste, bevor sie ein Mitglied der Europäischen Union werden konnte.

Den Höhepunkt der öffentlichen Kontroversen um die Türkeifrage, an denen ich beteiligt war, bildete ein vom *Spiegel* veranstaltetes Streitgespräch zwischen Außenminister Fischer und mir im Deutschen Historischen Museum am 29. April 2005, in dem es erneut, und diesmal besonders pointiert, um das türkische Tabu schlechthin, den Völkermord an den Armeniern im Ersten Weltkrieg ging: Fischer sprach den Deutschen, die damals als Verbündete des Osmanischen Reiches in eine Komplizenrolle geraten waren, das Recht ab, der Türkei gegenüber als Mahner aufzutreten. In beiden Punkten widersprach ich ihm scharf.

Außer in Streitgesprächen trat ich den Befürwortern einer türkischen EU-Mitgliedschaft in einer Reihe von Interviews und in Artikeln in Periodika wie der *Internationalen Politik*, dem *Merkur* und der sozialdemokratischen *Neuen Gesellschaft/Frankfurter Hefte* sowie in Wochen- und Tageszeitungen entgegen. Die These von Fischer und Verheugen, die EU habe noch nicht die richtige geostrategische Größe, um mit Staaten wie den USA, China, Russland und Indien gleichziehen zu können, sie müsse, um «Weltmacht» zu werden (so Verheugen Anfang 2005 in der *Internationalen Politik*), ihre Grenzen bis zum Euphrat ausdehnen, konterte ich mit dem Einwand, Größe bedeute noch nicht Stärke. Es habe zwar viele Reiche gegeben, die durch Überdehnung (durch «imperial overstretch» im Sinne des britischen Historikers Paul Kennedy) zugrunde gegangen seien, aber keine, die durch Überdehnung entstanden seien. Wenn die Europäische Union ein weltpolitischer Machtfaktor werden wolle, müsse sie lernen, mit einer Stimme zu sprechen. Das könne sie nur, wenn die politischen Kulturen ihrer Mitgliedstaaten miteinander harmonieren. Nur so könnten die Europäer allmählich ein «Wir-Gefühl» entwickeln. Das sei schon innerhalb der EU der 25, zu der seit dem «big bang» vom 1. Mai 2004 auch acht ex-kommunistische Staaten Ostmitteleuropas sowie Malta und Zypern gehörten, schwer zu verwirklichen; in einem Staatenverbund, der von Lappland bis Kurdistan reiche, sei es unmöglich.

Für solche Argumente fand ich weder bei Schröder noch bei Fischer oder Verheugen Gehör. Schröder dachte, anders als Fischer, aber in Einklang mit den meisten Staats- und Regierungschefs der EU, weniger in europäischen als in traditionellen nationalstaatlichen Kategorien, was sich auch bei seiner engen persönlichen Verbindung mit Wladimir Putin zeigte, auf die ich noch zurückkommen werde.

Fischer hingegen war ein überzeugter Europäer und leidenschaftlicher Antinationalist. In seiner legendären Europarede vom Mai 2000 an der Humboldt-Universität hatte er sich für die Weiterentwicklung des Staatenverbundes zu einer Föderation, ja einem Bundesstaat nach deutschem Vorbild ausgesprochen. Er schien gar nicht zu merken, dass sein geostrategisch motiviertes Eintreten für eine Aufnahme der radikalen nationalistischen Türkei in die supranationale EU mit seiner Vision von einem politisch geeinten Europa völlig unvereinbar war.

Die integrationsskeptischen Briten wussten das und waren nicht zuletzt deshalb für einen raschen EU-Beitritt der Türkei: Es sollte dem Projekt einer «ever closer union» ein für alle Mal den Boden entziehen. Für ähnlich illusionär wie seine geostrategischen Visionen hielt ich Fischers wiederholt geäußerte Erwartung, wenn die Türkei der EU angehöre, werde sie sich zu einer Brücke zwischen Europa und der arabischen Welt entwickeln. Sie würde, so lautete meine Gegenthese, in diesem Fall von den arabischen Nachbarn wohl eher als Brückenkopf des Westens denn als Brücke wahrgenommen werden.

Verheugen wiederum hatte nach meinem Eindruck in Sachen Europa keine unverrückbaren Überzeugungen. Die Argumente, die er vortrug, wechselten je nach Situation und Gesprächspartner. In dem erwähnten Interview mit der *Internationalen Politik* rückte er den demographischen Faktor in den Vordergrund: Deutschland müsse schon deswegen für eine EU-Mitgliedschaft der Türkei eintreten, weil es dringend der Zuwanderung bedürfe. Gegen mich gewandt, sagte er: «Ich möchte von Heinrich August Winkler mal wissen: Wie sieht er Deutschland in fünfzig Jahren? Ich verlange von Leuten mit diesem Anspruch, dass sie an die nächsten fünfzig Jahre denken.»

Das sagte derselbe EU-Kommissar, der einige Monate zuvor unter öffentlichem Druck dafür gesorgt hatte, dass die Kommissionsempfehlungen für die Beitrittsverhandlungen mit der Türkei eine Klausel enthielten, die dem Zuzug aus der Türkei einen Riegel vorschob – bis hin zur langfristigen, letztlich dauerhaften Vorenthaltung der Freizügigkeit für die Bürger dieses großen Landes. Die Sorge, dass autoritäre Prägungen des Herkunftslandes die Integration von Migranten in die Gesellschaft einer westlichen Demokratie erschweren, ja zu einem ernsten Problem für die politische Kultur des Einwanderungslandes werden können, trieb Verheugen, als er mit den Redakteuren der *Internationalen Politik* sprach, offenbar nicht um. Sein Politikverständnis war durch und durch taktisch. Dass er als Erweiterungskommissar in seinem Fortschrittsbericht zur Beitrittsreife der Türkei vom Oktober 2004 die massiven Beschränkungen der Religionsfreiheit geschönt dargestellt hatte, gab er kurz darauf selbst öffentlich zu: Die höchsten Vertreter der christlichen Minderheit hätten ihn gebeten, sich in seinem Urteil zurückzuhalten, um die Regierung Erdoğan nicht unnötig zu provozieren.

Das Denken der Spitzenpolitiker, die sich für die Vollmitgliedschaft der Türkei einsetzten, war von einem ausgeprägten Voluntarismus geprägt. Historische und normative Langzeitperspektiven waren ihnen eher fremd. Von den meisten ihrer beamteten Mitarbeiter und Berater galt Ähnliches. In den beiden «politischen» Lehrveranstaltungen, die ich regelmäßig an der Humboldt-Universität anbot – abwechselnd zum Thema «Europa denken: Stand und Perspektiven eines supranationalen Projekts» oder «Politik und Medien in der Berufspraxis von Historikerinnen und Historikern» – setzten einige von ihnen meinem Plädoyer für ein historisch fundiertes Politikverständnis ein «dynamisches», der Zukunft zugewandtes Denken entgegen. Dem Wunschdenken der Politiker konnte aus dem technokratisch verkürzten Verständnis von «Realpolitik», wie es die meisten ihrer Berater vertraten, kein Gegengewicht erwachsen. Durch die Art, wie sie dachten und agierten, bestärkten die Beamten vielmehr ihre Chefs in dem, was ich als ihr analytisches Defizit empfand.

Ich war nicht der einzige deutsche Historiker, der öffentliche Kritik an der Türkeipolitik der rot-grünen Bundesregierung übte. Mein Bielefelder Kollege Hans-Ulrich Wehler tat das auch. Allerdings stand für ihn der religiöse Faktor, der Gegensatz von Christentum und Islam, im Vordergrund. Für mich war nicht der Islam als solcher ein Hindernis für eine Mitgliedschaft der Türkei in der EU. Sollte sich das Land am Bosporus wirklich voll und ganz der politischen Kultur des Westens öffnen, also auch die Religions- und Meinungsfreiheit und die Gleichberechtigung von Mann und Frau akzeptieren und sich damit von den autoritären Elementen des Islam emanzipieren, war sie für mich ein ernstzunehmender Beitrittskandidat. Die Türkei Erdoğans war von diesem Ziel aber noch weit entfernt.

Mit dieser Sichtweise stand ich nicht allein. Nicht nur die Unionsparteien und ihre Schwesterparteien in Österreich und Frankreich argumentierten ähnlich. Auf einer von dem Göttinger Historiker Rudolf von Thadden organisierten deutsch-französisch-polnischen Europatagung in Genshagen bei Berlin im Oktober 2004 bezog Frankreichs früherer sozialistischer Justizminister Robert Badinter dieselbe Position. Der erste nichtkommunistische Ministerpräsident Polens, Tadeusz Mazowiecki, warnte auf derselben Konferenz vor einer uferlosen Erweiterung der EU mit dem markanten Satz, Europa dürfe nicht zu einem «Kontinent ohne Eigenschaften» werden.

Mit einem der entschiedensten Kritiker einer türkischen Vollmitgliedschaft in der EU, dem österreichischen Bundeskanzler Wolfgang Schüssel, konnte ich im November 2004 am Rande eines vom Westdeutschen Rundfunk veranstalteten Europaforums in der Wiener Hofburg dank der Vermittlung des deutschen Botschafters ein ausführliches Gespräch führen. Schüssel war von der Europäischen Volkspartei beauftragt worden, sich auf dem nächsten Gipfel der EU für einen Verhandlungsauftrag einzusetzen, der die Option «privilegierte Partnerschaft» offenhielt.

Kurz vor dem letzten Treffen des Europäischen Rates im Jahr 2004 setzten sich Politiker der Europäischen Volkspartei Mitte Dezember erneut für ergebnis- und optionsoffene Beitrittsverhandlungen mit der Türkei ein. Im Europäischen Parlament tat das der deutsche Abgeordnete Elmar Brok, im Bundestag Angela Merkel und der CSU-Abgeordnete Gerd Müller, wobei sich alle drei auf mich beriefen. Die Berliner Oppositionsführerin verwies zusätzlich auch auf ein weiteres Mitglied der SPD, das sich gegen eine türkische Vollmitgliedschaft in der EU ausgesprochen hatte: den ehemaligen Bundesverfassungsrichter Ernst-Wolfgang Böckenförde.

Am 17. Dezember 2004 beschloss der Europäische Rat in Brüssel, die politischen Beitrittskriterien seitens der Türkei für erfüllt zu erklären und am 3. Oktober 2005 mit den Beitrittsverhandlungen zu beginnen, sofern der Reformprozess weitergehe, die Menschenrechtssituation sich bessere und Ankara ein Zypern betreffendes Zusatzprotokoll zum Assoziierungsabkommen zwischen der Türkei und der Europäischen Wirtschaftsgemeinschaft von 1963 unterzeichne. Sollte sich eine Vollmitgliedschaft der Türkei (oder der Bewerberländer Bulgarien und Rumänien) als nicht erreichbar erweisen, sei eine anderweitige Einbindung des Bewerberlandes in die europäischen Strukturen anzustreben. Das war eine Umschreibung ergebnisoffener Verhandlungen: ein «Caveat», wie es das bei Beitrittsverhandlungen bisher nicht gegeben hatte.

Die fatalen Folgen der forcierten Erweiterungspolitik ließen nicht lange auf sich warten. Im Zuge der «orangenen Revolution» vom Oktober 2004 zeichnete sich erstmals eine bewusste Westorientierung der Ukraine ab: eine Perspektive, die in Berlin durchaus nicht nur freudig begrüßt wurde. Ein Spitzenbeamter des Auswärtigen Amtes bemerkte mir gegenüber bei einem Weihnachtskonzert der italienischen Botschaft im Dezember 2004, eine EU-Beitrittsperspektive für die Ukraine wäre eine Katastrophe; wir hätten genug Probleme mit der Türkei und dem Balkan zu bewältigen; wir dürften dem gedemütigten Russland nicht noch neue Prestigeverluste zumuten. Ich war anderer Meinung und legte diese unter anderem in einem Interview mit dem *Spiegel* dar: Wir sollten nicht in vorauseilendem Gehorsam eine neue Breschnew-Doktrin akzeptieren, wonach die Ukraine oder Weißrussland nur in beschränktem Umfang ihr Selbstbestimmungsrecht wahrnehmen dürften. Wenn sich die Ukraine wirklich in eine westliche Demokratie verwandle, dürfte ihr die EU eine Beitrittsperspektive nicht verwehren. Von einer NATO-Mitgliedschaft der Ukraine war 2004 aus guten Gründen noch keine Rede.

Eine große Hoffnung setzten die deutschen «Großeuropäer» wie

Fischer und Verheugen in das Inkrafttreten des Europäischen Verfassungsvertrags, des vom Europäischen Rat überarbeiteten Werks des Konvents für die Zukunft Europas, der im Februar 2003 seine Arbeit aufgenommen hatte. Der Begriff «Verfassung» war durchaus anfechtbar. Er spiegelte ein höheres Maß an supranationaler Staatlichkeit vor, als es dem Inhalt des Vertrags entsprach. In Wirklichkeit gab es, worauf der frühere Bundesverfassungsrichter Dieter Grimm immer wieder nachdrücklich hinwies, bereits eine Verfassung der EU in Gestalt der Europäischen Verträge, und auch nach dem Inkrafttreten des Verfassungsvertrags wären die Mitgliedstaaten die «Herren der Verträge» geblieben.

Der Entwurf des Konvents stärkte die Position der Europäischen Kommission und die Rechte des Europäischen Parlaments und erleichterte Mehrheitsabstimmungen im Europäischen Rat. Die Symbole der EU wie das Sternenbanner und die inoffizielle Europahymne, die Melodie der Ode an die Freude aus Beethovens Neunter Symphonie, wurden aufgewertet; der Hohe Beauftragte für die Außen- und Sicherheitspolitik zum Doppelmitglied im Europäischen Rat und in der Kommission gemacht und mit dem Titel «Europäischer Außenminister» ausgestattet. Im Juni 2004 wurde der Europäische Verfassungsvertrag in Rom, dem Gründungsort der Europäischen Wirtschaftsgemeinschaft, feierlich unterzeichnet. Um in Kraft zu treten, bedurfte er der Ratifizierung durch die nationalen Parlamente und in einigen Mitgliedstaaten zusätzlich der plebiszitären Bestätigung.

Zum Entsetzen vor allem der deutschen Europafreunde scheiterten im Frühjahr 2005 zwei dieser Referenden: Ende Mai in Frankreich und Anfang Juni in den Niederlanden. Offenkundig ging in beiden Fällen einer Mehrheit des Wahlvolks das vorgesehene Maß an Supranationalität zu weit. Dazu kam die Angst vor einer Überfremdung durch massenhafte Einwanderung von Menschen aus anderen Kulturen und, vor allem, vor dem vielzitierten «polnischen Klempner», der dem einheimischen Handwerker die Arbeit wegschnappen würde. Wer gehofft hatte, der Verfassungsvertrag werde jene Vertiefung der Europäischen Union regeln, die zur Bewältigung des Erweiterungsprozesses nötig war, sah sich bitter enttäuscht. Als ich im November 2004 einen der beiden Staatssekretäre des Auswärtigen Amtes in meiner Europa-Übung fragte, ob Berlin auf ein mögliches Scheitern des Europäischen Verfassungsvertrags vorbereitet sei, erhielt ich die Antwort: «Wir haben keinen Plan B.»

Am 18. Juni 2005 veröffentlichte die *FAZ* meinen Artikel «Grundlagenvertrag statt Verfassung». Es war ein Versuch, die Frage nach den tieferen Gründen des Scheiterns des Europäischen Verfassungsvertrags zu beantworten. Den gemeinsamen Grund für das französische «Non» und das niederländische «Nee» sah ich darin, dass die von den Regierungen der Mitgliedstaaten und der Europäischen Kommission «im Namen Europas» betriebene Politik von einer wachsenden Zahl von Menschen als «entfremdet, unkontrollierbar, keiner gewählten Instanz zurechenbar» wahrgenommen werde – kurz als das, was Karl Marx 1853 in seinem «Achtzehnten Brumaire des Louis Bonaparte» als «verselbstständigte Exekutivgewalt» beschrieben hatte. Eine Politik im Stil des Bonapartismus oder des Aufgeklärten Absolutismus sei aber mit demokratischen Grundsätzen unvereinbar. Um außen- und sicherheitspolitisch handlungsfähig zu werden, müsse die EU der 25 so schnell wie möglich einen weniger ambitiösen Ersatz für die Verfassung in Form eines Grundlagenvertrags schaffen, der die unumstrittenen «Essentials» des Verfassungsvertrags enthielt. Im Übrigen müsse die Aufnahme von Beitrittsverhandlungen mit einem Bewerberland künftig an die Zustimmung der nationalen Parlamente geknüpft sein. (Ein sozialdemokratisches Mitglied der rot-grünen Bundesregierung, dem ich diese Folgerung am Tag vor dem Erscheinen des Artikels bei einem der Berliner Sommerfeste vortrug, fragte ungläubig zurück: «Sie wollen die Parlamente Außenpolitik machen lassen?»)

Am 3. Oktober 2005 stimmten die Außenminister der Europäischen Union, wie erwartet, der Aufnahme von («ergebnisoffenen») Beitrittsverhandlungen mit der Türkei und, was sehr viel weniger umstritten war, mit Kroatien zu. Die politischen Beitrittskriterien, die der Europäische Rat 1993 in Kopenhagen formuliert hatte, waren, entgegen den Brüsseler Versicherungen, keineswegs erfüllt; die Strafrechtsreform blieb weit hinter den europäischen Erwartungen zurück. Weiterhin musste mit Verfolgung rechnen, wer etwa den Rückzug der türkischen Truppen aus Nordzypern forderte oder den Völkermord an den Armeniern anprangerte und damit gegen das ominöse «nationale Interesse» der Türkei verstieß. Der Reformeifer Ankaras ließ seit 2005 fast schlagartig nach, was sich auch in den Fortschrittsberichten der EU-Kommission widerspiegelte. Nur wenige, und zwar eher technische Kapitel konnten in den Verhandlungen erfolgreich abgeschlossen werden. Die Türkei blieb infolgedessen ein «Beitrittskandidat», und sie ist es formell auch heute noch – faktisch ohne Aussicht, jemals Vollmitglied der Europäischen Union zu werden.

Am Anfang war ein Glaube: Die Entstehung meiner «Geschichte des Westens»

Meine politischen Interventionen im ersten Jahrfünft des neuen Jahrhunderts lassen sich kaum von den wissenschaftlichen Themen trennen, die mich damals beschäftigten. Umgekehrt hatte die politische Entwicklung einen starken Einfluss auf die Themen, denen ich mich als Historiker zuwandte. Seit den Terroranschlägen vom 11. September 2001 sahen sich nicht nur die Vereinigten Staaten, sondern der gesamte nordatlantische Westen vom islamistischen Extremismus herausgefordert. «Wir sind alle Amerikaner», titelte *Le Monde* am Tag nach «Nine-Eleven». Doch die Verstöße gegen das Rechtsstaatsprinzip, mit denen Washington auf die Anschläge reagierte, ich nenne nur das noch heute bestehende extraterritoriale Straflager Guantánamo auf Kuba und den völkerrechtswidrigen Irakkrieg von 2003, riefen dann aber in Europa Zweifel hervor, ob man wirklich noch von der viel beschworenen westlichen Wertegemeinschaft sprechen könnte.

Doch der Westen mochte sich noch so sehr fragen, ob es ihn wirklich gibt, seine Gegner nahmen ihn als Einheit wahr und ganz besonders diejenigen, die ihm mit Hassgefühlen begegneten. So schrieb ich in der Vorbemerkung zum ersten, im Jahr 2009 erschienenen Band meiner «Geschichte des Westens». Der Streit um die Außengrenzen der Europäischen Union, wie er in den Debatten um das Verhältnis zwischen dem supranationalen Staatenverbund und der Türkei geführt wurde, war für mich ein weiterer Grund, über das nachzudenken, was den zunächst europäischen, dann atlantischen und schließlich globalen Westen im Kern ausmachte. Dass meine im Jahr 2000 unter dem Titel «Der lange Weg nach Westen» veröffentlichte deutsche Geschichte des 19. und 20. Jahrhunderts noch einer ergänzenden Einordnung in größere historische Zusammenhänge bedurfte, war mir seit langem bewusst. Zunächst hatte ich an eine vergleichende Studie über die Entwicklung von Demokratie und Nationalstaat in Europa gedacht. Im Lauf des Jahres 2003 reifte in mir die Absicht, einen längeren Essay unter dem Arbeitstitel «Der Sonderweg des Westens» zu verfassen. Dass daraus ein vierbändiges Werk werden würde, ahnte ich damals noch nicht.

Meine Studien konzentrierten sich zunächst auf die religionssoziologischen Grundlagen dessen, was wir den «Westen» nennen, auf die Zusammenhänge zwischen dem jüdischen und christlichen Monotheismus und der Vorstellung, dass alle Menschen nicht nur vor Gott, sondern auch vor dem irdischen Gesetz gleich sind. Das Wort Jesu' «Gebt dem Kaiser, was des Kaisers ist, und Gott, was Gottes ist» schloss aus meiner Sicht die kategorische Trennung von göttlichen und irdischen Gesetzen ein und war damit die Keimzelle der Gewaltenteilung, ja die Bedingung der Möglichkeit der Emanzipation des Menschen und der Säkularisierung der Welt.

Institutionelle Konsequenzen aus der Maxime Jesu zog über ein Jahrtausend später das «lateinische Europa», der westkirchliche Teil des alten Kontinents, im Investiturstreit des späten 11. und des frühen 12. Jahrhunderts mit der ansatzweisen Trennung von «imperium» (beziehungsweise «regnum») und «sacerdotium», von Kaiser (beziehungsweise König) und Papst, mithin von weltlicher und geistlicher Gewalt. Eine solche Ausdifferenzierung der Gewalten, eine Reduktion von Komplexität im Sinne der Systemtheorie von Niklas Luhmann, vollzog sich nur im Okzident, nicht im byzantinisch-orthodox geprägten Osten und Südosten Europas. So war es denn kein Zufall, dass Individualismus und Pluralismus sich nur in einem Teil Europas, im westlichen, entwickelten. Von der Entstehung der modernen Gewaltenteilung, der Trennung von gesetzgebender, ausführender und rechtsprechender Gewalt, gilt dasselbe.

Auch die durch und durch säkulare europäische Aufklärung hat theologische Voraussetzungen, die von den Aufklärern aber meist geleugnet oder verdrängt wurden: Ihr ging eine, schon im Mittelalter einsetzende «geistige Selbst-Aufklärung des Christentums» (Oswald Schwemmer) voraus. Die Produktivkraft des Zweifels entdeckte nicht erst Descartes in der ersten Hälfte des 17. Jahrhunderts, sondern bereits fünf Jahrhunderte vorher der rebellische Scholastiker Petrus Abaelard.

Zu den Pionieren der unveräußerlichen allgemeinen Menschenrechte, der politischen Quintessenz der Aufklärung, gehörte der spanische Spätscholastiker Francisco de Vitoria in der ersten Hälfte des 16. Jahrhunderts. Er legte als einer der Ersten Protest ein gegen die Unterdrückung, Misshandlung und massenhafte Tötung der lateinamerikanischen Indios durch die Konquistadoren. Die indigenen Ureinwohner der neuen Welt waren für ihn vor allem eines: Mitmenschen. Unter denen, die in den britischen Kolonien Nordamerikas den ersten Menschenrechtserklärungen den Boden bereiteten, waren, worauf der amerikanische Theologe Reinhold Niebuhr, ein Lutheraner, in seinem Buch «The Irony of American History» eindringlich hingewiesen hat, nicht nur aufgeklärte Deisten in Virginia, sondern auch fromme Nonkonformisten in Neuengland, die «Stiefkinder der Reformation» (Ernst Troeltsch), die sich gegen jede Art von staatskirchlicher Bevormundung auflehnten. Von Nordamerika aus wanderte die Idee der unveräußerlichen Menschenrechte über den Nordatlantik nach Frankreich: ein Transfer, den die Revolutionäre von 1789 und ihre Erben allerdings bald ebenso wenig wahrhaben wollten, wie die christlichen Ursprünge der Ideen von Freiheit, Gleichheit und Brüderlichkeit.

Es verstand sich von selbst, dass bei der Behandlung des welthistorischen «Sonderwegs des Westens» auch von den brutalen Verstößen dieses Westens gegen seine eigenen Werte, beginnend mit Sklavenhandel und Sklaverei, ausführlich die Rede sein musste. Zur Geschichte des Westens gehörte aus meiner Sicht ebenso seine Fähigkeit zur Selbstkritik und zur Selbstkorrektur. Die beginnenden Untersuchungen des britischen Unterhauses und des amerikanischen Senats zur Rolle der Regierungen in London und Washington bei der Rechtfertigung des Irakkriegs und die öffentliche Diskussion über dieses Thema zeigten, dass die westlichen Nationen auch in der Gegenwart bereit waren, aus ihren Fehlern zu lernen. Mag der Westen seine politische Vormachtstellung verloren haben und seine wirtschaftliche Dominanz fortschreitend einbüßen, das normative Projekt des Westens, wie es aus den beiden atlantischen Revolutionen, der Amerikanischen von 1776 und der Französischen von 1789, erwachsen war, hat seine Gültigkeit und seine weltweite Anziehungskraft nicht verloren.

Im Frühjahr 2004 war ich so weit, den ersten Satz des ersten Bandes meiner «Geschichte des Westens» zu Papier zu bringen: «Am Anfang war ein Glaube: Der Glaube an *einen* Gott.» Es folgte ein von dem Ägyptologen Jan Assmann inspirierter Passus über die ägyptischen Ursprünge des jüdischen (und christlichen) Monotheismus und damit der «östlichen» Vorgeschichte der Errungenschaften des Okzidents. Ein Anfang war mit diesem Einstieg in die Geschichte des Westens gemacht und ein Projekt, das mich über ein Jahrzehnt beschäftigen sollte, auf den Weg gebracht.

Im Wintersemester 2006/07 vollendete ich mein 68. Lebensjahr. Es war damit auch mein letztes reguläres Semester als Professor an der Humboldt-Universität (und, wie ein aufmerksamer älterer Hörer meiner Vorlesungen ausgerechnet hatte, mein 100. Semester seit dem Beginn meines Studiums im Sommer 1957). Bei den Arbeiten an dem, was einmal meine «Geschichte des Westens» werden sollte, war ich inzwischen im Zeitalter der Französischen Revolution angelangt. Mitte November 2006 entwarf ich meine Abschiedsvorlesung «Was heißt westliche Wertegemeinschaft?» und formulierte dabei drei Thesen, die ich näher erläutern wollte: «Erstens: Es gibt keine europäischen, sondern nur westliche Werte. Zweitens: Die Verwestlichung des Westens war ein langwieriger Prozess, dessen Hauptmerkmal die Ungleichzeitigkeit der nationalen Entwicklungen war. Drittens: Die politische Kultur des Westens ist pluralistisch und muss deshalb eine Streitkultur sein.»

Die Abschiedsvorlesung fand am 14. Februar 2007 im Auditorium Maximum der Humboldt-Universität statt. Meinem Vortrag folgte eine Podiumsdiskussion, an der Altbundespräsident Richard von Weizsäcker, der Bischof von Berlin-Brandenburg und Ratsvorsitzende der Evangelischen Kirche in Deutschland, Wolfgang Huber, der finnische Botschafter René Nyberg, der Koordinator der deutsch-nordamerikanischen Beziehungen und frühere sozialdemokratische Bundestagsabgeordnete Karsten Voigt, der Staatsrechtsprofessor und Schriftsteller Bernhard Schlink und ich teilnahmen. Für einen Hauch von Kontroverse sorgte dankenswerterweise Schlink, der gegen meine These von der gemeinsamen politischen Kultur des nordatlantischen Westens einwandte, in den Vereinigten Staaten und Europa hätten sich zwei unterschiedliche politische Kulturen entwickelt, wobei er vor allem auf den Sozialstaat verwies, den es nur in Europa, nicht aber in den USA gebe. Ich konterte, es handle sich hierbei um unterschiedliche Ausprägungen ein und derselben Wertegemeinschaft, deren normatives Fundament in den atlantischen Revolutionen des späten 18. Jahrhunderts gelegt worden sei. Weitere Themen waren das Verhältnis von westlichen Werten und praktischer

Außenpolitik oder, allgemeiner gewendet, von Werten und Interessen. Eine kurze allgemeine Publikumsdiskussion schloss sich an.

«Radikal» war der Abschied vom aktiven Berufsleben nicht. Ich hielt weiterhin Vertiefende Übungen zu den Themen «Europa denken: Stand und Perspektiven eines supranationalen Projekts» und «Politik und Medien in der Berufspraxis von Historikerinnen und Historikern» ab, zu denen ich Gäste aus Politik, Politikberatung, Diplomatie und Medien einlud, darunter die Botschafter Frankreichs, Großbritanniens, Italiens, der skandinavischen Staaten, Polens und Israels, und sogar einen ehemaligen amerikanischen Finanzminister, den 1926 in Deutschland geborenen Michael Blumenthal, der sich als Gründungsdirektor des Jüdischen Museums in Berlin in den Jahren 1997 bis 2014 bleibende Verdienste um die politische Kultur der deutschen Hauptstadt erworben hat.

Für die Arbeit an meinem Forschungsvorhaben «Sonderweg des Westens» hatte ich inzwischen Drittmittel der *Zeit*-Stiftung Evelyn und Gerd Bucerius, der Robert Bosch Stiftung und der Hans Ringier Stiftung in Zürich einwerben können. Dass die Hilfe der zuletzt genannten Stiftung besonders lange währte, habe ich dem unermüdlichen Engagement des Mannes an ihrer Spitze, meines publizistischen Wegbegleiters und Gesprächspartners seit über zwei Jahrzehnten, Frank A. Meyer, zu verdanken. In den folgenden Jahren kamen als weitere Mäzenaten die Gerda Henkel Stiftung und die Alfried Krupp von Bohlen und Halbach-Stiftung hinzu.

In der Summe erlaubten mir diese Mittel, die Hilfe meiner langjährigen Mitarbeiterin Monika Roßteuscher sowie von zwei studentischen Hilfskräften jeweils für zehn Stunden in der Woche in Anspruch zu nehmen. Die Humboldt-Universität stellte mir für meine Forschung einen Raum samt technischem Gerät zur Verfügung. Es waren vor allem meine beiden Laudatoren vom 14. Februar, der Universitätspräsident Christoph Markschies und der Geschäftsführende Direktor des Instituts für Geschichtswissenschaften und Dekan der Philosophischen Fakultät I, Michael Borgolte, denen ich dieses Privileg zu verdanken hatte. Ich würde künftig sehr viel mehr Zeit als bisher für die Arbeit an der «Geschichte des Westens» haben. Dieser Gedanke machte mir den Abschied vom geliebten Lehramt weniger schwer, als ich erwartet hatte.

Seit dem 22. November 2005 regierte in Berlin als Folge der veränderten Mehrheitsverhältnisse, wie sie die Bundestagswahl vom 18. September desselben Jahres geschaffen hatte, eine Regierung der Großen Koalition mit der CDU-Vorsitzenden Angela Merkel als Bundeskanzlerin und dem sozialdemokratischen Parteivorsitzenden Franz Müntefering als Vizekanzler und Arbeitsminister. Das Kabinettsmitglied, mit dem ich in den folgenden Jahren am häufigsten sprechen konnte, war der sozialdemokratische Außenminister Frank-Walter Steinmeier. Er stand für ein hohes Maß an außenpolitischer Kontinuität.

Noch in den letzten Wochen seiner Kanzlerschaft hatte Merkels Vorgänger Gerhard Schröder mit seinem «Männerfreund», dem russischen Präsidenten Wladimir Putin, den Bau einer Gaspipeline durch die Ostsee («Nord Stream») vereinbart. Das Vorhaben lag in der Tradition einer Energiepolitik, deren Anfänge in die Ära Adenauer zurückreichten und unter der sozialliberalen Koalition im Februar 1970 mit den Verträgen über das Erdgas-Röhren-Geschäft – deutsche Stahlröhren gegen sowjetisches Erdgas – in ein neues Stadium getreten war. Schröder selbst wurde schon kurz nach dem Ausscheiden aus dem Kanzleramt zu einem Nutznießer dieses Projekts: Ende des Jahres 2005 verschaffte Putin ihm den gut dotierten

Posten des Vorsitzenden des Aufsichtsrates der Nord Stream AG, deren Mehrheitsaktionär der russische Konzern Gazprom war. Merkel und Steinmeier beurteilten Putin sehr viel reservierter als Schröder, sahen es aber als Gebot der deutschen Staatsräson an, gute Beziehungen zur Russischen Föderation zu unterhalten. Der Bau von Nord Stream war innerhalb der Großen Koalition kein Streitthema.

Ich hielt die deutsche Russlandpolitik jener Jahre für prinzipiell richtig, und zwar auch im Hinblick auf das später umstrittene Nein, das die Kanzlerin und der französische Präsident Nicolas Sarkozy auf dem NATO-Gipfel in Bukarest vom April 2008 dem Drängen des amerikanischen Präsidenten George W. Bush entgegensetzten, die Ukraine und Georgien sobald wie möglich in die NATO aufzunehmen. Bush handelte damals auf eigene Faust, gegen den Rat der amerikanischen Geheimdienste und einiger seiner engsten Berater, aber in Übereinstimmung mit Vizepräsident Dick Cheney und anderen Neokonservativen sowie den Regierungen ostmitteleuropäischer Staaten, obenan Polen.

Tatsächlich waren weder die Ukraine noch Georgien 2008 beitrittsreif; die Mitgliedschaft im Atlantischen Bündnis war in beiden Ländern innenpolitisch hoch umstritten. Von Russland war anzunehmen, dass es versuchen würde, einem NATO-Beitritt der Ukraine und Georgien notfalls auch mit militärischen Mitteln zuvorzukommen. Das Resultat von Bukarest war ein fauler Kompromiss: Der Ukraine und Georgien wurde die Mitgliedschaft in der NATO versprochen, ein auf dieses Ziel hin angelegter «Membership Action Plan» (MAP), wie ihn Bush gefordert hatte, aber abgelehnt. Damit war der Beitritt beider Länder in weite Ferne gerückt. Im vierten Band meiner «Geschichte des Westens», der im Januar 2015 erschien, und im Sommerheft 2022 der *Internationalen Politik,* bin ich auf den transatlantischen Konflikt des Jahres 2008 ausführlich eingegangen.

Als wirklichkeitsfremd und gefährlich empfand ich hingegen Aufrufe zu einer wertfreien «Realpolitik» gegenüber autoritären Mächten wie Russland und China, wie sie immer wieder von prominenten Sozialdemokraten zu hören waren. Ende November 2007 trat etwa der ehemalige Entwicklungshilfeminister Erhard Eppler in der *Süddeutschen Zeitung* deutscher Kritik an der repressiven Menschenrechtspolitik Putins mit dem Satz entgegen: «Verglichen mit Stalins Säuberungen und Hitlers Rassenwahn ist Putins gelenkte Demokratie höchst human.» Ich antwortete Eppler in derselben Zeitung Ende Dezember 2007 mit einem Aufruf zu einer verantwortungsethischen Menschenrechtspolitik der westlichen Demokratien. Sie müssten, um glaubwürdig zu sein, mit eigenen Verstößen gegen die westlichen Werte selbstkritisch ins Gericht gehen, dürften sich aber nicht von autoritären Regimen zu einem Verzicht auf Kritik an deren Menschenrechtsverletzungen nötigen lassen: «Werte sind immaterielle Interessen, und höhere Interessen gibt es nicht. Wenn der Westen das vergisst, hat er den Wettkampf der Systeme bereits verloren.»

Angela Merkel hatte als Oppositionsführerin zweimal schlechte Erfahrungen mit politischen Festlegungen gemacht: zunächst beim Irakkrieg von 2003, als sie sich, gedrängt von ihrem außenpolitischen Berater Friedbert Pflüger, vorbehaltlos auf die Seite von Präsident George W. Bush stellte, und dann beim Bundestagswahlkampf von 2005, den sie mit einem konsequent neoliberalen Wirtschaftsprogrammen bestritt, was dazu führte, dass die Unionsparteien nur mit einem hauchdünnen Vorsprung vor den Sozialdemokraten als Sieger aus dem Rennen hervorgingen. Merkel zog daraus offenbar den Schluss, dass es besser war, auf verbindliche Festlegungen so weit als irgend möglich zu verzichten. Gegenüber allen Arten von militärischem Engagement der Bundesrepublik war sie skeptisch; ehrgeizige gesellschaftspolitische Reformen verfolgte sie nach 2005 nicht mehr. Die im Jahr 2007 beschlossene schrittweise Anhebung des Renteneintrittsalters von 65 auf 67 Jahre bis zum Jahr 2029, eine notwendige, aber weithin unpopuläre Neuerung, wurde nicht von ihr, sondern, gegen heftige Widerstände in der eigenen Partei, von dem sozialdemokratischen Arbeitsminister Franz Müntefering «durchgepaukt». Es war die bedeutendste gesellschaftspolitische Reform der Großen Koalition der Jahre 2005 bis 2009.

Nach der Bundestagswahl von 2009 wurde die Große Koalition von einer schwarz-gelben Koalition mit Angela Merkel als Kanzlerin und dem FDP-Vorsitzenden Guido Westerwelle als Vizekanzler und Außenminister abgelöst. Wirtschaftspolitisch ein entschiedener Neoliberaler, pflegte Westerwelle als Chef des Auswärtigen Amtes eine mitunter fast schon pazifistisch anmutende Außenpolitik. Das wurde vor allem während der Libyenkrise von 2011 deutlich. Westerwelle hatte einen erheblichen Anteil daran, dass sich die Regierung Merkel dafür entschied, bei der Abstimmung im Sicherheitsrat der Vereinten Nationen, dem Deutschland damals als nichtständiges Mitglied angehörte, am 17. März bei der Abstimmung über die von den USA, Großbritannien und Frankreich beantragte Errichtung einer Flugverbotszone zum Schutz der Zivilbevölkerung von Bengasi sich der Stimme zu enthalten. Da sich auch Russland und China der Stimme enthielten, wurde der Antrag angenommen.

Die Frontstellung gegenüber den engsten Verbündeten war ein Novum in der Geschichte der deutschen Außenpolitik. Die Bundesrepublik isolierte sich damit selbst und begab sich zudem der Chance, dem vor allem von Frankreich und Großbritannien alsbald betriebenen Missbrauch des UN-Mandats für eine Politik des «regime change», also des Sturzes des Gaddafi-Regimes, wirksam entgegentreten zu können. Bei der Entscheidung der schwarz-gelben Koalition, die Luftwaffe auf keinen Fall an einer humanitären Intervention in Bengasi zu beteiligen, spielten offenkundig auch kurzfristige innenpolitische Erwägungen eine maßgebliche Rolle. Meinungsumfragen zufolge lehnte eine Mehrheit der Deutschen einen Bundeswehreinsatz in Nordafrika ab. Kurz vor den Landtagswahlen in Baden-Württemberg und Rheinland-Pfalz hielten es Unionsparteien und FDP für geboten, auf diese verbreitete Stimmung Rücksicht zu nehmen. Längerfristige außenpolitische Überlegungen traten demgegenüber zurück.

In einem Interview mit Richard Herzinger und Claus Christian Malzahn, das am 12. Juni 2011 in der *Welt am Sonntag* erschien, nannte ich die deutsche Stimmenthaltung im Sicherheitsrat den «größten strategischen Fehler, der in den letzten Jahren auf außenpolitischem Gebiet gemacht worden ist». Wenig später erschien im Septemberheft der *Internationalen Politik* mein Artikel «Politik ohne Projekt». Darin warf ich der schwarz-gelben Bundesregierung vor, perspektivlos zu handeln. Meinungsumfragen seien kein naturwüchsiges Phänomen, sie reflektierten vielmehr oft nur den Mangel an klaren Richtungsanzeigen der Politik. «Zwei Jahrzehnte nach der Wiedervereinigung sollte es nach wie vor ein außen- und innenpolitischer Imperativ sein, Zweifel an der Zugehörigkeit Deutschlands zum Westen gar nicht erst aufkommen zu lassen. Die seit Außenminister Klaus Kinkel so genannte ‹Kultur der Zurückhaltung› braucht nicht aufgegeben zu werden. Sie darf aber nicht zu einer Politik des moralisch überhöhten Absentismus werden.»

Im Herbst 2009 war der erste Band meiner «Geschichte des Westens» mit dem Untertitel «Von den Anfängen in der Antike bis zum 20. Jahrhundert» erschienen. Der Fluchtpunkt der Darstellung war die Vorgeschichte des Ersten Weltkriegs. Am 24. November stellte ich das Buch im Französischen Dom am Gendarmenmarkt im Gespräch mit dem australischen, in Cambridge lehrenden Historiker Christopher Clark vor, der in Deutschland durch eine viel gelesene Geschichte Preußens bekannt geworden war und in dieser Zeit seine Geschichte der Beziehungen zwischen den europäischen Mächten am Vorabend des Ersten Weltkriegs vorbereitete, die einige Jahre später unter dem Titel «Die Schlafwandler» Furore machte.

Der zweite Band meiner «Geschichte des Westens» – «Die Zeit der Weltkriege 1914–1945» – erschien im Herbst 2011. Diesmal war es der sozialdemokratische Bundesfinanzminister der Jahre 2005 bis 2009 und spätere Kanzlerkandidat der SPD für die Bundestagswahl von 2013, Peer Steinbrück, mit dem zusammen ich das Buch im November erst in Berlin, dann in München vorstellte. Der dritte Band «Vom Kalten Krieg zum Mauerfall» kam im Herbst 2014 heraus. Mein Gesprächspartner war Steinbrücks christdemokratischer Nachfolger im Amt des Bundesfinanzministers, Wolfgang Schäuble. Der vierte Band «Die Zeit der Gegenwart» folgte wenig später im Januar 2015. Frank-Walter Steinmeier, seit 2013 wieder Außenminister im zweiten des von Angela Merkel geführten Kabinetts einer Großen Koalition, stellte den Band am 26. Februar 2015 im Gespräch mit mir in der Nikolaikirche in Berlin-Mitte vor.

Das Presseecho war bei allen Bänden überwiegend freundlich, zum Teil fast überschwänglich und das Interesse der «politischen Klasse» parteiübergreifend groß. Tatsächlich füllen die vier Bände eine Lücke. Eine zusammenfassende Darstellung des weltgeschichtlichen Sonderwegs des erst europäischen, dann atlantischen und schließlich globalen Westens gab es, von knappen Abhandlungen über die «Western Civilization» abgesehen, bisher nicht. Dass es mir nicht um eine «histoire totale», sondern um eine von normativ-institutionellen Fragen geleitete Problemgeschichte ging, machte ich schon in der Einleitung zum ersten Band deutlich.

Der Verlag C.H.Beck musste es nicht bedauern, dass er sich auf das Wagnis der Tetralogie eingelassen hatte. Alle Bände verkauften sich gut und erlebten in der Folgezeit mehrere Neuauflagen; der vierte Band, der bis zur völkerrechtswidrigen Annexion der Krim durch Russland und zum Beginn des hybriden Krieges im Donbass reichte, schaffte es sogar unter die ersten zehn Bände der *Spiegel*-Bestsellerliste.

Am 16. März 2016 wurde mir für die «Geschichte des Westens» auf der Leipziger Buchmesse der Leipziger Buchpreis für Europäische Verständigung verliehen. Zwei Jahre zuvor, im August 2014, war ich in Ascona für mein wissenschaftliches und publizistisches Gesamtwerk mit dem Europapreis für politische Kultur der Hans Ringier Stiftung ausgezeichnet worden. Dem Gesamtwerk galt auch das Große Bundesverdienstkreuz, das mir Bundespräsident Frank-Walter Steinmeier im März 2018 verlieh.

Die internationale Resonanz der «Geschichte des Westens» blieb freilich hinter der des «Langen Weges nach Westen» zurück. Vieles hing davon ab, ob das für die Förderung der Übersetzung deutscher Bücher in andere Sprachen zuständige Gremium einen Kostenzuschuss für die geplante englische Ausgabe des grundlegenden ersten Bandes bewilligen würde. Das war leider nicht der Fall. Dem zweiten Band erging es besser. Unter dem Titel «The Age of Catastrophe» erschien 2015 bei *Yale University Press* eine von dem gleichen Gremium geförderte englische Übersetzung des Bandes über die Zeit der Weltkriege.

Eine Übersetzung von bisher drei der vier Bände wurde in der Volksrepublik China veröffentlicht. Ein Exemplar der chinesischen Ausgabe war sogar, wie die *Zeit* berichtete, in der Bücherwand zu sehen, vor der Xi Jinping seine Neujahrsansprache 2023 hielt. Daraus zu schließen, dass der Staats- und Parteichef das Werk gelesen habe oder lese, erscheint mir allerdings ziemlich gewagt. Vollständig ist der chinesische Text im Übrigen nicht: Politisch sensible Passagen sind, wie sich nach der Veröffentlichung zeigte, von der Zensur eliminiert worden.

So positiv das deutsche Echo auf die einzelnen Bände war, eine wissenschaftliche Gesamtwürdigung der «Geschichte des Westens» gibt es, wenn ich von einem knappen Beitrag im digitalen Rezensionsforum *Sehepunkte* absehe, bisher nicht. Es ist wohl eine Folge der unvermeidbaren Spezialisierung der Geschichtswissenschaft, dass sich kaum noch ein Historiker für die Beurteilung epochenübergreifender Darstellungen zuständig fühlt. Die vormodernen Voraussetzungen der Moderne geraten zunehmend aus dem Blickfeld. Sie spielen in Publikationen zum 19. und 20. Jahrhundert kaum noch eine Rolle. Die Einsicht von Dietrich Gerhard, dass die Geschichte sowohl Vorgeschichte des Heute als auch Nachgeschichte des Vorgestern ist, scheint weithin vergessen. Die Folge ist eine historische Horizontverkürzung, die die Ortsbestimmung der Gegenwart erschwert. Zu *ihr* beizutragen sollte die Geschichtswissenschaft aber, wie ich finde, nach wie vor als eine ihrer vornehmsten Aufgaben betrachten.

In gewisser Weise «byproducts» meiner «Geschichte des Westens» waren zwei aus aktuellem Anlass geschriebene Interventionen zu der immer wieder aufflammenden Debatte um die angeblichen Vorzüge der direkten Demokratie. Seit meinen Begegnungen mit dem großen Juristen und Politikwissenschaftler Ernst Fraenkel im West-Berlin der späten 1960er und frühen 1970er Jahre war ich ein überzeugter Verfechter der repräsentativen Demokratie. Im ersten Band der «Geschichte des Westens» gehe ich auf deren Entstehungsgeschichte ein.

Im November 2011 verwies ich in einem *Spiegel*-Essay auf die Gefahr, dass bei einem niedrigen Quorum, wie es die Vorkämpfer von bundesweiten Plebisziten vorsahen, hochmotivierte, gesellschaftlich privilegierte Minderheiten viel bessere Chancen hatten als die Mehrheit, die an dem jeweiligen Gegenstand weniger interessiert war und deshalb der Abstimmung fern blieb. Im Magazin *Cicero* hielt ich im Februar 2012 Protagonisten der direkten Demokratie wie Peter Sloterdijk und Herbert von Arnim vor, sie erwiesen sich bei ihren Angriffen auf die parlamentarische Demokratie der Bundesrepublik als gelehrige Schüler des rechten Staatsrechtlers Carl Schmitt, der 1926 dem zeitgenössischen Parlamentarismus attestiert hatte, er sei zum «ziemlich verachteten Geschäft einer ziemlich verachteten Klasse von Menschen» geworden. Wenn nicht alle Zeichen trügen, sind die Grünen und die Sozialdemokraten, die noch vor wenigen Jahren nach mehr direkter Demokratie riefen, inzwischen anderen Sinnes geworden. Heute sind es vor allem Nationalpopulisten vom rechten Rand, die sich als Anwälte von bundesweiten Plebisziten hervortun.

2012 erschien in London «The Sleepwalkers», Christopher Clarks großes Buch über die Vorgeschichte des Ersten Weltkriegs; im Jahr darauf die deutsche Ausgabe der «Schlafwandler». Es war eine auf breiter Quellengrundlage beruhende, glänzend geschriebene, vorwiegend diplomatiegeschichtlich angelegte Darstellung der politischen Entscheidungen, die schließlich zu jener Urkatastrophe des 20. Jahrhunderts führten, als die der amerikanische Diplomat und Historiker George F. Kennan 1974 den Ersten Weltkrieg bezeichnet hat. Wenn Clark die wichtigsten europäischen Akteure der Jahre vor 1914 mit Schlafwandlern verglich, suggerierte er, dass sie gar nicht wussten, worauf sie sich einließen, als sie so handelten, wie sie es taten. Zu einem ähnlichen Urteil war 1933 schon der ehemalige britische Premierminister David Lloyd George gelangt, als er davon sprach, die beteiligten Staatsmänner und Militärs seien 1914 in den Weltkrieg «hineingeschlittert».

In Deutschland wurde dieses Verdikt eines «elder statesman» bis in die frühen 1960er Jahre immer wieder zustimmend zitiert, weil es als Rücknahme der alliierten Kriegsschuldthese wirkte, wonach Deutschland und seine Verbündeten die Verantwortung für den Ausbruch des «Großen Krieges» trugen. Auch die bundesdeutsche Geschichtswissenschaft vertrat ganz überwiegend dieses Deutungsmuster. 1961 wurde es jedoch, wie im ersten Kapitel erwähnt, durch den Hamburger Historiker Fritz Fischer nachhaltig erschüttert. In seinem Buch «Griff nach der Weltmacht» legte er dar, dass die Machteliten des kaiserlichen Deutschlands aus außen- wie aus innenpolitischen Gründen auf einen großen Krieg hingearbeitet hätten. Der Erste Weltkrieg sei von deutscher Seite kein Verteidigungskrieg, sondern ein Krieg um die Vormachtstellung in Europa gewesen.

Fischer übertrieb in der Folgezeit die Zielstrebigkeit der wilhelminischen Politik in den Jahren vor 1914; er vernachlässigte zudem die expansive Ausrichtung anderer Großmächte und hier vor allem Russlands, so dass der Eindruck entstand, er verbreite die These von einer Alleinschuld Deutschlands (was er so explizit nicht tat). Doch es war unbestreitbar richtig, dass es in Deutschland eine mächtige, weit über die Militärführung hinausreichende Kriegspartei gab, die in der Julikrise von 1914 nach der Devise «Besser jetzt als später» handelte. Sie ging von der Annahme aus, dass Deutschland im internationalen Rüstungswettlauf nicht mehr lange mithalten könne, wenn die jetzt schon starke Linke, geführt von den Sozialdemokraten, im nächsten Reichstag die Mehrheit erobern sollte. Die Rechtsparteien, die ihnen nahestehenden Agitationsverbände und Publikationsorgane machten in den Jahren vor 1914 keinen Hehl daraus, dass sie einen Krieg auch aus innenpolitischen Gründen herbeisehnten. Von alledem ist bei Clark keine Rede, wie er überhaupt auf die unterschiedlichen politischen Kulturen der beteiligten Großmächte kaum eingeht. Dem Erfolg seines Buches in Deutschland tat das keinen Abbruch: Es wurde zum Best- und Longseller.

In der vom Ersten Programm des Deutschen Fernsehens ausgestrahlten Sendung «Anne Will», an der außer Christopher Clark und mir auch Oskar Lafontaine und Gesine Schwan teilnahmen, ging es am 28. Mai 2014 um das Thema «Hundert Jahre nach dem Ersten Weltkrieg: Wie stabil ist Europa heute?» Ich nutzte die Gelegenheit, meinen britisch-australischen Kollegen mit der Tatsache zu konfrontieren, dass sein neues Buch in Deutschland weithin als Bestätigung des älteren nationalapologetischen Narrativs verstanden wurde, das das Deutsche Reich von jeder spezifischen Verantwortung für die Auslösung des Ersten Weltkriegs freisprach. Clark reagierte defensiv. Er distanzierte sich von der deutschnationalen Lesart der Geschichte und betonte sehr viel stärker, als er es in seinem Buch tat, den maßgeblichen Anteil, den die Reichsleitung am fatalen Ausgang der Julikrise hatte. Der von mir kritisierte Titel «Die Schlafwandler» sei nur eine Metapher und keine Beschreibung. In meinem Artikel «Und erlöse uns von der Kriegsschuld», der in der *Zeit* vom 31. Juli 2014 erschien, legte ich meine Einwände gegen Clarks Darstellung ausführlicher dar. Viel bewirkt haben meine Interventionen nicht: Die Meinung, der Erste Weltkrieg sei von «Schlafwandlern» in den europäischen Metropolen ausgelöst worden, hat sich zwar nicht in der Geschichtswissenschaft, aber in der breiteren Öffentlichkeit und unter deutschen Politikern durchgesetzt.

Am 5. März 2015 erhielt ich einen Anruf von Bundestagspräsident Norbert Lammert. Er fragte mich, ob ich einspringen würde, wenn Ban Ki-moon, der Generalsekretär der Vereinten Nationen,

Meine Eltern, Dr. Theodor Winkler und Brigitte Winkler, geb. Seraphim, 1937

Doris Seraphim (stehend) und Sophie Seraphim um 1953 in Ulm

Ansicht von Urspring, um 1945/46

Klassenfoto des Humboldt-Gymnasiums von 1952/53: Der Autor steht in der zweiten Reihe ganz rechts

Oberstudienrat Dr. Walter Reichle
im Februar 1954

Besuch des Politischen Seminars der Ulmer Jugend im Bundeshaus
in Bonn am 4. Februar 1954: Bundestagspräsident Hermann Ehlers (links)
und der Autor

Der Autor mit Robert Schuman im Oktober 1955 in Paris

Empfang des Politischen Seminars der Ulmer Jugend im Schöneberger Rathaus: der Regierende Bürgermeister von Berlin Otto Suhr (links) und der Autor März 1956

Bundeskanzler Konrad Adenauer in Bad Boll am 22. Juni 1954,
aufgenommen vom Autor bei einer Tagung der Evangelischen Akademie

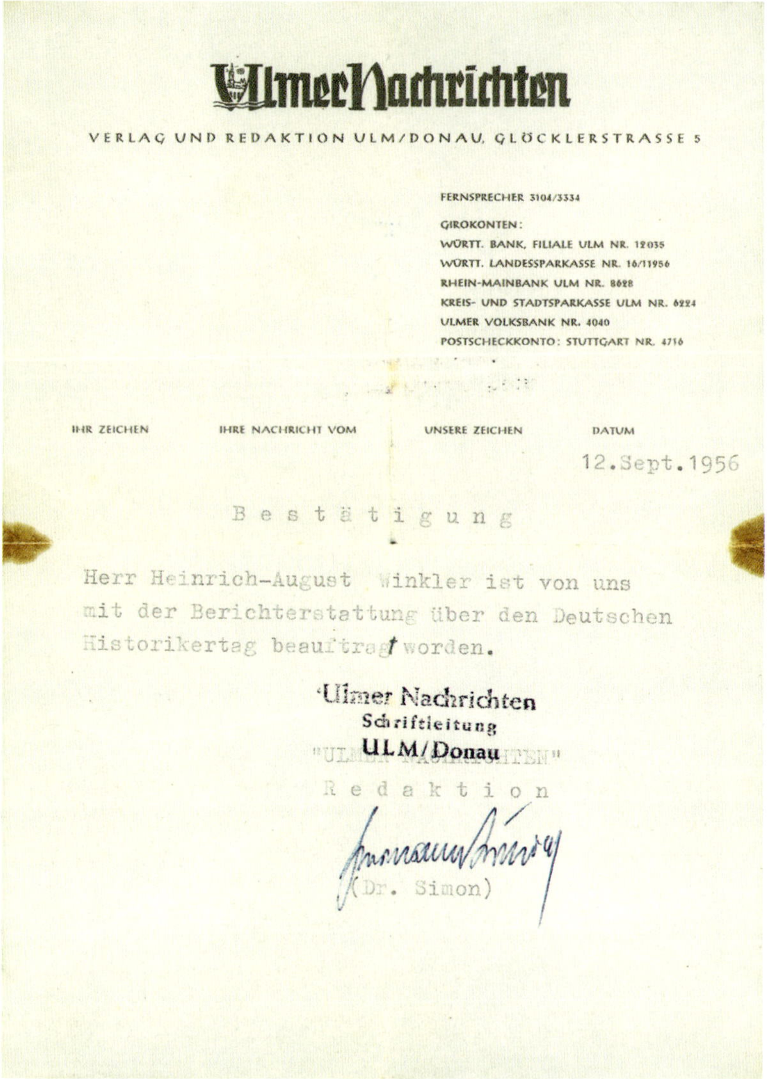

Ulmer Nachrichten

VERLAG UND REDAKTION ULM/DONAU, GLÖCKLERSTRASSE 5

FERNSPRECHER 3104/3334

GIROKONTEN:
WÜRTT. BANK, FILIALE ULM NR. 12035
WÜRTT. LANDESSPARKASSE NR. 16/11956
RHEIN-MAINBANK ULM NR. 8628
KREIS- UND STADTSPARKASSE ULM NR. 6224
ULMER VOLKSBANK NR. 4040
POSTSCHECKKONTO: STUTTGART NR. 4716

IHR ZEICHEN	IHRE NACHRICHT VOM	UNSERE ZEICHEN	DATUM
			12.Sept.1956

B e s t ä t i g u n g

Herr Heinrich-August Winkler ist von uns mit der Berichterstattung über den Deutschen Historikertag beauftragt worden.

Ulmer Nachrichten
Schriftleitung
ULM/Donau

"ULMER NACHRICHTEN"
R e d a k t i o n

(Dr. Simon)

Beauftragung des Autors zur Berichterstattung
über den Deutschen Historikertag 1956 für die Ulmer Nachrichten

Der Autor um 1963 in Ulm

Hans Rothfels

Hans Rosenberg

Ernst Fraenkel

Richard Löwenthal

Dörte Winkler, Bronisław Geremek und der Autor im September 1983 am Narew

Gesprächsrunde in Masuren 1985 (von links nach rechts: der Autor, Hanna Geremek, Maria Walicka, Bronisław Geremek, Jerzy Holzer)

Der Autor im Gespräch mit Markus Meckel (Mitte) und Jürgen Habermas anlässlich einer Tagung in Werder bei Potsdam 1994

Der Autor im Juli 1994 an der Grabstätte Immanuel Kants
bei einer Reise nach Kaliningrad (ehem. Königsberg)

Symposium anlässlich des 85. Geburtstags von Helmut Schmidt am 26. März 2004 in Hamburg (von links nach rechts: Johannes Paulmann, Fritz Stern, Henry A. Kissinger, Theo Sommer, Ralf Dahrendorf, Hans-Peter Schwarz, Heinrich August Winkler)

Der Autor im Gespräch mit Altbundespräsident Richard von Weizsäcker am 30. Januar 2009

Der Autor im Gespräch mit Bundespräsident Joachim Gauck
anlässlich der Gedenkstunde von Bundestag und Bundesrat am 8. Mai 2015

Der Autor im Gespräch mit Außenminister Frank-Walter Steinmeier und Christoph von Marschall anlässlich der Präsentation des vierten Bandes seiner «Geschichte des Westens» in der Nikolaikirche in Berlin im Januar 2015

Der Autor bei seiner Rede im Bundestag anlässlich der Gedenkstunde zum 70. Jahrestag des Kriegsendes am 8. Mai 2015

Der Autor mit den Staatsspitzen am 8. Mai 2015
(in der ersten Reihe von links nach rechts: Bundesratspräsident Volker Bouffier, der Autor, Bundespräsident Joachim Gauck, Bundeskanzlerin Angela Merkel und der Präsident des Bundesverfassungsgerichts Andreas Voßkuhle)

Der Autor im Gespräch mit Friedrich Merz anlässlich der Präsentation seines Buches «Zerbricht der Westen?» im Januar 2018 bei der Atlantik-Brücke

am 8. Mai im Bundestag nicht die Rede zum 70. Jahrestag des Endes des Zweiten Weltkriegs in Europa halten könne. Ich sagte gerne zu. Dass von Ban Ki-moon eine Absage kam, war für Lammert offenbar keine große Überraschung; im Ältestenrat des Bundestags hatte man damit wohl von Anfang an gerechnet.

Die Rede, die ich am 8. Mai 2015 im Deutschen Bundestag in Gegenwart der höchsten Verfassungsorgane hielt, war ein Versuch, den Ort des 8. Mai 1945 und seine Bedeutung für die Gegenwart aus der Sicht eines Historikers zu bestimmen. Ich knüpfte dabei gleich zu Beginn an ein großes Vorbild an: die Rede, die Richard von Weizsäcker zum 40. Jahrestag desselben Ereignisses 1985 im Deutschen Bundestag gehalten hatte. Es gab zwischendurch und am Ende Beifall für meine Ausführungen. An den Stellen, an denen ich die russische Politik gegenüber der Ukraine einer scharfen Kritik unterzog und mich gegen eine aus der nationalsozialistischen Vergangenheit abgeleitete pazifistische deutsche «Sondermoral» wandte, beteiligte sich die Fraktion Die Linke allerdings nicht am Applaus der Mehrheit. Die Rede ist in meinem 2015 erschienenen Aufsatzband «Zerreißproben» abgedruckt.

Beginn einer Zeitenwende: Putin beendet die Nach-Kalte-Kriegszeit

Ende Februar 2014 endete nach zweieinhalb Jahrzehnten die Nach-Kalte-Kriegszeit, die mit dem Zusammenbruch des Sowjetkommunismus in den Jahren von 1989 bis 1991 begonnen hatte. Auf den Sieg der prowestlichen Kräfte der Ukraine im Gefolge der Euromaidan-Bewegung vom Herbst 2013 reagierte der russische Präsident Wladimir Putin damit, dass er die zur Ukraine gehörende Krim mithilfe von getarntem russischem Militär besetzen ließ, bevor er sie Mitte März 2014 formell annektierte. Er verstieß damit nicht nur gegen das Verbot von Angriffskriegen in der Charta der Vereinten Nationen. Er zerriss auch das Budapester Memorandum von 1994, in dem Russland, die USA und Großbritannien den Verzicht der Ukraine auf die dort gelagerten Atomwaffen mit einer Garantie ihrer nationalen Souveränität und territorialen Integrität quittierten, den bilateralen Grundlagenvertrag zwischen Russland und der Ukraine vom Mai 1997, der erneut die territoriale Integrität beider Länder garantierte, und die Charta von Paris vom November 1990, in der sich alle Mitgliedstaaten der Konferenz über Sicherheit und Zusammenarbeit in Europa, darunter die Sowjetunion, verpflichtet hatten, ihre nationale Souveränität und territoriale Integrität sowie ihr Recht auf freie Bündniswahl wechselseitig zu respektieren.

Der Westen antwortete auf die völkerrechtswidrige Annexion der Krim und den beginnenden hybriden Krieg im Donbass mit wirtschaftlichen Sanktionen gegen Russland. Der Spielraum für solche Gegenmaßnahmen wurde jedoch dadurch beschränkt, dass Europa und vor allem Deutschland in hohem Maße von russischen Brennstoffen abhingen. Nicht zuletzt deswegen war die Zahl der «Putin-Versteher» in Deutschland besonders groß.

In einem Essay, der unter dem Titel «Die Spuren schrecken» am 14. Juli 2014 im *Spiegel* erschien, holte ich zu einem Rundumschlag gegen die Apologeten der großrussischen und imperialistischen Politik Putins aus. Was immer Alexander Gauland, den stellvertretenden Sprecher der im Vorjahr gegründeten rechten «Alternative für Deutschland», den CSU-Politiker Peter Gauweiler, den Ostausschuss der Deutschen Wirtschaft, die sozialdemokratischen Altkanzler Helmut Schmidt und Gerhard Schröder und die Linken-Politiker Gregor Gysi und Sahra Wagenknecht voneinander trenne, in einem seien sie sich einig: Sie hielten die Annexion der Krim durch Russland für irgendwie nachvollziehbar. Mit ihrer dezidiert prorussischen Haltung träten sie, so meine These, in die Spuren jener radikalen deutschen Rechten, die schon in der Weimarer Republik ein außenpolitisches Zusammengehen von Deutschland und Russland und damit eine Distanzierung vom Westen gefordert hätten. «‹Vestigia terrent› möchte man mit Horaz den deutschen Putin-Verstehern zurufen – zu deutsch: Die Spuren schrecken. Doch die meisten von ihnen wissen wohl gar nicht, in wessen Fußstapfen sie treten.» Zwei Wochen später veröffentlichte das Nachrichtenmagazin eine Replik Erhard Epplers, die in dem Satz gipfelte, verstehen sei besser als hassen.

Die Bundesregierung der Großen Koalition verurteilte die Völkerrechtsbrüche Putins ebenso scharf wie ihre westlichen Verbündeten. Sie trug auch die westliche Sanktionspolitik in vollem Umfang mit. Gleichzeitig hatte sie aber keine Bedenken, auf dem Gebiet der Energieversorgung den von Schröder eingeschlagenen Kurs fortzusetzen: Auf Nord Stream 1 folgte Nord Stream 2, eine zweite Gaspipeline durch die Ostsee auf der Grundlage einer deutsch-russischen Vereinbarung vom September 2015. Die Proteste der Ukraine, des wichtigsten Transitlandes für den russischen Gasexport, Polens und der baltischen Staaten wurden beiseitegeschoben; das Nord Stream-Projekt galt offiziell weiterhin als ein rein privatwirtschaftliches Vorhaben. Es sollten noch Jahre vergehen, ehe die «politische Klasse» erkannte, dass sich Deutschland mit der einseitigen Ausrichtung seiner Energiepolitik in hohem Maß von Russland abhängig und damit erpressbar gemacht hatte.

Der deutsche Politiker, der der aggressiven Politik Putins am schärfsten entgegentrat, war Bundespräsident Joachim Gauck, mit dem mich seit langem eine persönliche Freundschaft verband. Er sprach sich überdies dafür aus, dass Deutschland bei schweren Menschenrechtsverletzungen mehr internationale Verantwortung übernehmen solle, wozu als ultima ratio auch Bundeswehreinsätze gehören könnten. In der stark beachteten Rede, die er am 30. Januar 2014 zu diesem Thema auf der Münchner Sicherheitskonferenz hielt, zitierte er zustimmend einen Passus aus meinem in der *Internationalen Politik* veröffentlichten Vortrag «Macht, Moral und Menschenrechte», den ich im Juli 2013 vor der Deutschen Gesellschaft für Auswärtige Politik gehalten hatte. Darin warnte ich davor, aus dem nationalsozialistischen Jahrhundertverbrechen ein deutsches «Recht auf Wegsehen» abzuleiten, wenn es um Menschenrechtsverletzungen anderer Nationen gehe – ein Recht, das andere westliche Demokratien nicht für sich in Anspruch nehmen könnten.

Als im Sommer 2014 67 evangelische Pfarrer aus Ostdeutschland ihrem ehemaligen Amtsbruder Gauck vorwarfen, er verletze mit der von ihm befürworteten Politik christliche Friedensideale, antwortete ich ihnen am 14. Juli 2014 in der *Süddeutschen Zeitung*, sie stellten mit ihrer Polemik wissentlich oder unwissentlich die Westbindung Deutschlands und die daraus resultierenden Verpflichtungen in Frage. Von politischer Freiheit und Menschenrechten sei bei ihnen keine Rede. «Aus der Tatsache, dass 1989 in einigen Ländern Ostmitteleuropas, darunter der DDR, unter besonderen historischen Bedingungen Diktaturen mit friedlichen Mitteln zum Einsturz gebracht wurden, ziehen sie den Schluss, dass die Welt sich fortan an diesem Vorbild orientieren müsse – eine ebenso deutsche wie wirklichkeitsfremde, um nicht zu sagen anmaßende Sichtweise, ja die Rechtfertigung eines neuen deutschen Sonderwegs.»

Anfang Dezember 2014 erschien unter dem Titel «Wieder Krieg in Europa? Nicht in unserem Namen» ein «Aufruf der 60», arrangiert von Kohls ehemaligem außenpolitischen Berater Horst Teltschik, dem sozialdemokratischen Sicherheitsexperten Walther Stützle und der früheren Bundestagsabgeordneten der Grünen, Antje Vollmer. Unterzeichnet hatten den Text unter anderem der ehemalige Bundespräsident Roman Herzog, Altkanzler Gerhard Schröder, der frühere SPD-Vorsitzende Hans-Jochen Vogel und der Unternehmer Klaus Mangold vom Ostausschuss der Deutschen Wirtschaft. Sie warnten vor der Gefahr des Hineinschlitterns in einen Krieg und ermahnten die NATO, die EU und Russland gleichermaßen zu Friedfertigkeit.

Ein *Spiegel*-Gespräch mit Christiane Hoffmann und Klaus Wiegrefe, das am 29. Dezember erschien, gab mir eine willkommene Gelegenheit, den «Aufruf der 60» zu kontern. Ich hielt den Unterzeichnern vor, sie hätten nicht verstanden, dass wir in einem neuen Europa lebten, zu dem unsere Partnerschaft mit den ostmitteleuropäischen Demokratien gehöre. «Die Vorstellung, wir könnten uns über die Köpfe der Ukrainer hinweg mit Russland verständigen, bedeutet den Rückfall in deutsches Großmachtdenken. Diese Zeiten sind unwiderruflich vorbei.»

Zwei Jahre später, im Dezember 2016, gab mir das sozialdemokratische Mitgliedermagazin *Vorwärts* Gelegenheit, meine Kritik an der sozialdemokratischen Russlandpolitik vorzutragen. Ich legte, nicht zum ersten Mal, die Unterschiede zwischen der ersten und der zweiten Phase der Ostpolitik dar, also der mit der militärisch flankierten westlichen Entspannungspolitik abgestimmten Ostverträge der sozialliberalen Regierung Willy Brandts nach 1969 auf der einen Seite und der Politik der «Sicherheitspartnerschaften» mit den Regierungen der «sozialistischen» Staaten auf der anderen Seite, wie sie die seit 1982 wieder oppositionelle SPD unter dem maßgeblichen Einfluss Egon Bahrs in den achtziger Jahren betrieb. Diese zweite

Phase stand unter der betont nationalen Devise «Im deutschen Interesse», der Wahlkampfparole vom März 1983. Auf die negativen Wirkungen dieser Blickverengung auf die Oppositionsgruppen im Ostblock bin ich bereits mehrfach zu sprechen gekommen.

In meinem *Vorwärts*-Artikel warnte ich die SPD vor einer Verklärung der eigenen Vergangenheit und vor Illusionen gegenüber der radikal revisionistischen, aggressiven Politik Putins. «Wenn sich aus der Geschichte der beiden Phasen sozialdemokratischer Ostpolitik nach 1969 etwas für die Gegenwart lernen lässt, dann ist es die Pflicht zum Realismus und zur Verteidigung der eigenen Grundprinzipien. So stolz die SPD auf die Leistung der ersten Phase der Ostpolitik sein kann, so unabdingbar ist ein selbstkritischer Umgang mit den Irrtümern der zweiten Phase. Er dürfte den Sozialdemokraten auch dabei helfen, überzeugende Antworten auf die Herausforderungen zu finden, vor die Europa durch das Russland Putins gestellt ist.»

Widerspruch blieb nicht aus. Der sozialdemokratische Bundestagsabgeordnete Rolf Mützenich gab mir zwar in der nächsten Ausgabe des *Vorwärts* in vielem recht, betonte aber, es wäre «leichtsinnig und verantwortungslos», der russischen Seite «keine Angebote zugunsten von Rüstungskontrolle, Truppenentflechtung, Modernisierungspartnerschaften und gemeinsamen Institutionen zu machen, zumal sich Deutschland parallel dazu im Rahmen der NATO an militärischen Rückversicherungen beteiligt. Das ist keine Anbiederung an Putin, sondern im Gegenteil eine souveräne und wohlüberlegte Politik zugunsten von soliden Beziehungen.»

Gegen ein deutsches Moralmonopol: Die Flüchtlingskrise 2015/16

Zum größten Streitthema der deutschen Innenpolitik wurde im Spätsommer 2015 für einige Jahre der Massenzustrom von Migranten, vorwiegend aus dem Nahen und Mittleren Osten sowie aus Nordafrika. Hauptursache für das Anschwellen des Flüchtlingsstroms war der Bürgerkrieg in Syrien: als das Bundesamt für Migration und Flüchtlinge, das BAMF, am 25. August im Internet bekanntgab, dass es bei Bürgerkriegsflüchtlingen aus Syrien keine Einzelfallprüfung mehr vornehme, sondern sie auch dann als Asylbewerber einstufe, wenn sie zuvor in sicheren EU-Staaten wie Österreich oder Ungarn «erstregistriert» worden waren.

Die Kursänderung des überforderten BAMF hatte die fatale Wirkung, dass sich fortan auch viele Migranten als Syrer ausgaben, die es nicht waren. Es folgte die überstürzte und bis heute umstrittene Entscheidung der Bundeskanzlerin Angela Merkel bei einem Telefonat mit ihrem Wiener Amtskollegen Werner Faymann am Abend des 4. September 2015, die Grenzen beider Länder offenzuhalten, um in Ungarn festsitzende Migranten nach Österreich und von da nach Deutschland ausreisen zu lassen. Ein Hinweis auf den temporären Charakter dieser Notmaßnahme unterblieb. Die Europäische Union und die Nachbarstaaten wurden erst nachträglich von dem deutsch-österreichischen Alleingang informiert.

Am 9. September notierte ich in meinem Tagebuch: «Eine schlimmere Krise als die um die Flüchtlinge aus dem Nahen Osten und Afrika hat die EU noch nicht erlebt. Nationale Egoismen (bei den meisten Mitgliedstaaten) einerseits, illusionäre Verkennung unserer Integrationsfähigkeit (auf deutscher Seite) andererseits.» Weder im

Kanzleramt noch im Bundeskabinett hatte es offensichtlich eine strategisch durchdachte Krisenplanung gegeben. Vermutlich hatte Angela Merkel, als sie ihre einsame Entscheidung traf, destabilisierende Auswirkungen einer deutsch-österreichischen Grenzschließung auf die Staaten an der «Balkanroute» vor Augen, über die die meisten Migranten nach Österreich, Deutschland und Schweden, den bevorzugten Zielländern, kamen. Die Gefahr einer deutschen Selbstisolierung innerhalb der Europäischen Union sah man im Berliner Entscheidungszentrum nicht und ebenso wenig die Gefahr einer innenpolitischen Radikalisierung auf der Rechten, sobald sich zeigte, dass der deutschen Aufnahme- und Integrationsfähigkeit engere Grenzen gesetzt waren als der spontanen Hilfsbereitschaft vieler Deutscher.

Mit der viel gerühmten deutschen «Willkommenskultur» ging freilich oft ein Gefühl der moralischen Überlegenheit, ja von Selbstgerechtigkeit einher. Im Bundestag feierte eine Abgeordnete der Grünen im September 2015 die Deutschen als «Weltmeister der Hilfsbereitschaft und Menschenliebe». Deutschland als moralische Leitnation Europas: Diese Selbststilisierung musste die Nachbarn in hohem Maße irritieren. Die Zeit, in der die Deutschen das größte Menschheitsverbrechen der Geschichte, den Holocaust, begangen hatten, war erst sieben Jahrzehnte zuvor zu Ende gegangen. Viele Deutsche hatten sich in der Folgezeit mit diesem Teil ihrer Geschichte ehrlich auseinandergesetzt, ja konsequent mit ihm gebrochen. Aber ähnlich wie beim Umschlag von Militarismus in Pazifismus und von exzessivem Nationalismus in postnationales Europäertum, wie er auf Teilen der Linken zu beobachten war, war auch bei der «Willkommenskultur» der kompensatorische Charakter unübersehbar: Das Bewusstsein, die richtigen Lehren aus der Vergangenheit gezogen zu haben, war nicht frei von einem neuen deutschen Sendungsbewusstsein, ja von nationaler Hybris.

In drei größeren Zeitungsartikeln schrieb ich gegen solche Tendenzen an. Der erste war ein Aufsatz, der unter dem bei Willy Brandt entlehnten Titel «Das Undenkbare denken» am 28. September 2015 in der *Frankfurter Allgemeinen* erschien. Darin plädierte ich für Realismus in der Flüchtlingspolitik. Das friedliche Zusammenleben von Menschen aus unterschiedlichen Kulturen setze eine gemeinsame politische Kultur voraus, und die sei in Deutschland die politische Kultur des Grundgesetzes, einer Verfassung, die den Idealen der westlichen Demokratie verpflichtet sei. Zu diesen Imperativen gehörten die unveräußerlichen Menschenrechte, die Meinungs- und Religionsfreiheit und die Gleichberechtigung von Mann und Frau.

Große Teile der politischen Klasse seien sich der Größe dieser Herausforderung nicht bewusst. «In der Migrationsfrage haben wir unbequeme Entscheidungen zeitlich hinaus- und die Folgen räumlich abgeschoben – auf die EU-Länder, in denen die Flüchtlinge zuerst eintreffen, und auf die, die sie passieren, ehe sie hier ankommen. Zur deutschen Verantwortung gehört, dass wir uns von der moralischen Selbstüberschätzung verabschieden, die vor allem sich fortschrittlich dünkende Deutsche aller Welt vor Augen geführt haben. Den Gegensatz zwischen edlem Wollen und beschränktem Können zu überwinden würde auch uns nicht gelingen. Er ist auf tragische Weise unaufhebbar. Der Glaube, wir seien berufen, gegebenenfalls auch im Alleingang weltweit das Gute, zumindest in Form des Asylrechts, zu verwirklichen, ist ein Irrglaube, der nicht zu unserer Lebenslüge werden darf.»

Am 22. Dezember 2015 folgte in der *Süddeutschen Zeitung* als zweiter Text zum Asylproblem mein Beitrag «Wer hat die Deutschen zu Richtern der Nationen bestellt?» Diese Frage hatte als erster ein mittelalterlicher Theologe, Johann von Salisbury, der Bischof von Chartre, im Jahre 1160 im Zusammenhang mit der aus seiner Sicht anmaßenden Rolle des Stauferreichs unter Kaiser Friedrich Barbarossa bei einer kirchenpolitischen Auseinandersetzung gestellt. Meine erneute Warnung vor deutscher Selbstgerechtigkeit in der Migrations- und Asylpolitik mündete in den Aufruf, die spezifischen Schwierigkeiten nicht zu unterschätzen, die mit der massenhaften Integration von Menschen aus islamisch geprägten Kulturen verbunden waren. «Viele der Herkunftsländer sind autoritäre, hierarchische und patriarchalische, durch Clanstrukturen, Korruption und Gewalt geprägte Gesellschaften, in denen antifeministische, homophobe und judenfeindliche Überzeugungen weit verbreitet sind … Es wäre leichtfertig, sich über die Schwierigkeiten dieser Aufgabe (der Integration von Menschen aus solchen Gesellschaften, H. A. W.) Illusionen zu machen oder sie schönzureden. Es wäre nicht minder gefährlich, sie für unlösbar zu halten und sie darum gar nicht erst anzupacken.»

Mein dritter Beitrag zur Asyldebatte stand unter der Überschrift «Es gibt kein deutsches Moralmonopol» und erschien am 21. April 2016 in der Wochenzeitung *Die Zeit.* Darin bemühte ich mich um den Nachweis, dass der Parlamentarische Rat in Bonn 1948/49 gar nicht daran gedacht hatte, in der Bundesrepublik Deutschland als erstem (und bis heute einzigem) Land ein individuelles subjektives Recht auf Asyl einzuführen. Die ursprüngliche Fassung des zweiten Satzes des zweiten Absatzes des späteren Artikels 16 des Grundgesetzes, wie ihn das Redaktionskomitee des Ausschusses für Grundsatzfragen vorgeschlagen hatte, lautete: «Politisch Verfolgte genießen Asylrecht im Rahmen des allgemeinen Völkerrechts.» Das hieß: Die Bundesrepublik sollte an das Prinzip des «non-refoulement» gebunden sein, das es Staaten verbietet, politisch Verfolgte an Länder auszuliefern, in denen ihnen rechtsstaatswidrige Repressalien drohten.

Daran wollte der Ausschuss am 23. September 1948 auch gar nicht rütteln, als er auf Antrag des sozialdemokratischen Delegierten Carlo Schmid, eines Professors für Völkerrecht aus Tübingen, die Worte «im Rahmen des allgemeinen Völkerrechts» strich; Schmid verwies darauf, dass die Bindung der Bundesrepublik an die Grundsätze des allgemeinen Völkerrechts ja an anderer Stelle des Grundgesetzes, dem späteren Artikel 25, geregelt werde, also im Kontext des Asylrechts nicht notwendig sei.

Die Streichung der Worte «im Rahmen des allgemeinen Völkerrechts» hatte aber nicht, wie ich 2016 und auch noch später meinte, rein formale, rechtstechnische Gründe. Wie sich aus neueren Untersuchungen des Historikers Michael Mayer ergibt, ging es dem Ausschuss für Grundsatzfragen wie dem gesamten Parlamentarischen Rat vielmehr darum, der Bundesrepublik die Möglichkeit zu eröffnen, politisch Verfolgten aus der Sowjetzone mindestens denselben Schutz zu gewähren wie politisch verfolgten Ausländern: Die betroffenen Landsleute sollten nicht, wenn ostdeutsche Landesregierungen oder eine künftige ostdeutsche Zentralregierung es forderten, an diese überstellt werden dürfen. In dieser Hinsicht wurde der sowjetisch kontrollierte Teil Deutschlands ungeachtet der fortbestehenden gemeinsamen gesamtdeutschen Staatsangehörigkeit dem Ausland gleichgestellt, an das Deutsche, gemäß Artikel 16, Absatz 2, Satz 1 nicht ausgeliefert werden durften. Die Streichung der Worte «im Rahmen des allgemeinen Völkerrechts» hatte also den Zweck, den Begriff «politisches Asyl» aus seinem bisherigen, auf Ausländer bezogenen Verständnis zu lösen, so dass er auch auf politisch verfolgte Deutsche angewandt werden konnte. Die Interpretation des Artikels 16 im Sinne eines individuellen Grundrechts auf politisches Asyl hat sich erst im Gefolge der späteren Rechtsprechung des Bundesverwaltungsgerichts entwickelt und durchgesetzt.

Als ich am 24. August 2023 diese These auf der Seite «Staat und Recht» der *FAZ* erstmals vortrug, widersprach ihr der Bonner Völkerrechtler Klaus Ferdinand Gärditz mit dem Argument, der Parlamentarische Rat habe sich 1948/49 noch gar nicht auf das Prinzip des «non-refoulement» berufen können, weil dieses erstmals in der Genfer Flüchtlingskonvention von 1951 aufgetaucht sei. Gärditz irrte: In einem Leserbrief an die *FAZ* verwies ich darauf, dass dieser Grundsatz bereits in zwei (leider weithin folgenlos gebliebenen) Völkerbundskonventionen aus den Jahren 1933 und 1938 verankert ist.

Sehr viel größer war das politische und mediale Echo, als ich die These, dem Parlamentarischen Rat sei es 1948/49 um das institutionelle und nicht um das individuelle Asylrecht gegangen, während des vorgezogenen Bundestagswahlkampfes am 8. Februar 2025 in pointierter Form und gestützt auf den neuesten historischen Forschungsstand in einem *Spiegel*-Essay wiederholte. Einen Tag später berief sich der Kanzlerkandidat der Unionsparteien, Friedrich Merz, in seinem Fernseh-«Duell» mit Bundeskanzler Olaf Scholz auf meinen Artikel, wobei er korrekterweise bemerkte, dass ich auch ihn in diesem Text kritisiert hätte. Aus dem Motiv meiner neuerlichen Intervention in Sachen Asyl machte ich keinen Hehl: Es war die Sorge, dass ohne eine energische Korrektur der deutschen Asylpraxis der Zulauf zur AfD immer gefährlichere Ausmaße annehmen werde.

Was ich 2015/16 zur praktischen Lösung der Asyl- und Migrationsprobleme vorschlug, lehnte sich weithin an entsprechende Pläne der britischen Labour-Regierung unter Tony Blair an, die kurz darauf auch von dem sozialdemokratischen Innenminister der rot-grünen Regierung, Otto Schily, übernommen worden waren: Asylbeantragung soweit wie möglich bei den diplomatischen Vertretungen der EU-Staaten, Erstaufnahmelager für Flüchtlinge an den Hotspots in Griechenland, Italien und anderenorts, Hilfe möglichst nahe vor

Ort, engste Zusammenarbeit zwischen der EU und dem Flüchtlingshilfswerk der Vereinten Nationen, Kampf gegen die organisierte Kriminalität in Form der Schleppernetzwerke, notfalls mit militärischen Mitteln, an den Außengrenzen der EU, durch Frontex, die Grenzschutzagentur der Europäischen Union.

Sowohl die Labour-Regierung als auch Schily hatten im Übrigen bereits an Erstaufnahmelager außerhalb des Territoriums der EU gedacht. Auf vieles von dem, was schon 2015 diskutiert wurde, hat sich die EU Anfang 2024 nach langwierigen, kontroversen Debatten verständigt. Es war nicht zuletzt Deutschland, das sich einer solchen Einigung lange widersetzt hatte.

Innerhalb der Europäischen Union geriet Deutschland seit dem September 2015 mit seiner Flüchtlingspolitik zunehmend in die Isolierung. Schweden und Österreich, zwei Staaten, die die Bundesrepublik auf dem Gebiet der Asyl- und Flüchtlingspolitik bisher nahegestanden hatten, schwenkten auf eine härtere Linie und damit auf den europäischen Mainstream ein. Die Innenminister der EU beschlossen zwar am 22. September 2015 mit qualifizierter Mehrheit die von der Kommission auf deutsches Drängen hin vorgeschlagene Umverteilung von 160 000 in Europa eingetroffenen Migranten nach Länderquoten. Ungarn, Tschechien und die Slowakei aber widersetzten sich diesem Beschluss.

Die liberale polnische Regierung unter Donald Tusk, die der europäischen Mehrheit schweren Bedenken zum Trotz nachgab, wurde bei den Parlamentswahlen vom Oktober 2015 abgewählt. Dass die deutsche Asylpolitik zum Wahlsieg der nationalkonservativen Partei Recht und Gerechtigkeit, der PiS, unter Jarosław Kaczyński erheblich beigetragen hatte, stand für die meisten politischen Beobachter fest. Unter Führung der PiS entwickelte sich Polen in den folgenden Jahren zu einer illiberalen Demokratie im Sinne des ungarischen Ministerpräsidenten Viktor Orbán: einem Staat, in dem die Unabhängigkeit der Justiz bald nur noch auf dem Papier stand und ein bornierter ethnischer Nationalismus die politische Kultur beherrschte.

Auch in Großbritannien zeitigte die deutsche Migrationspolitik nachhaltige Folgen. Bei der Abstimmung über den Austritt des Vereinigten Königreichs aus der Europäischen Union, den «Brexit», am 23. Juni 2016, siegten die «Leavers» mit einer Mehrheit von 51,9 % zu 49,1 % über die «Remainers». In der Schlussphase des Abstimmungskampfs hatten die «Brexiteers» vor allem das Schreckgespenst einer muslimischen Massenimmigration nach deutschem Vorbild an die Wand gemalt. Nach Meinung vieler europafreundlicher Beobachter, unter ihnen der Historiker und Publizist Timothy Garton Ash, war es das abschreckende Beispiel der Asylpolitik der Regierung Merkel, das den EU-Gegnern zu ihrem knappen Vorsprung verholfen hat. Dass Deutschland längst Kurskorrekturen an dem im September 2015 eingeschlagenen Kurs vorgenommen hatte und eine im März 2016 zwischen der EU und der Türkei getroffene Vereinbarung die irreguläre Zuwanderung nach Europa eindämmte, blieb in Großbritannien weithin unbeachtet.

In der deutschen Innenpolitik gab die Asylpolitik der Regierung Merkel der 2013 gegründeten Alternative für Deutschland (AfD) Auftrieb. Die AfD war eine westdeutsche Gründung und profilierte sich zunächst als Anti-Euro-Partei. Ihre ersten großen Wahlerfolge aber errang sie als Anti-Migrations-Partei, und zwar am stärksten dort, wo die Vorbehalte gegenüber allem Fremden besonders groß waren: in den ostdeutschen Bundesländern.

In Interviews und Artikeln verwies ich immer wieder darauf, dass das Ost-West-Gefälle in Sachen Xenophobie, Nationalismus und Fremdheit gegenüber der politischen Kultur des Westens nicht bloß eine Folge von Ungerechtigkeiten und Härten des deutsch-deutschen Einigungsprozesses war, sondern sehr viel ältere Wurzeln hatte: Wie oben, im Zusammenhang mit der Erörterung der inneren Entwicklung Deutschlands im ersten Jahrzehnt nach der Wiedervereinigung, dargelegt, hatten deutschnationale und obrigkeitliche Prägungen des Denkens unter der weithin diskursfreien Herrschaft der SED die Nachkriegszeit in sehr viel höherem Maße überdauert als in der zunehmend debattenfreundlichen westdeutschen Demokratie. Die Deutschen, die nach 1945 im Westen des geteilten Landes lebten, profitierten davon, dass sie es, anders als ihre Landsleute in der sowjetischen Besatzungszone, der späteren DDR, mit demokratischen Besatzungsmächten zu tun hatten. Dass dem so war, war nicht ihr Verdienst, sondern ihr Glück.

Nationalpopulistische Bewegungen sind freilich ein internationales und kein spezifisch deutsches Phänomen. Abwehr von Menschen aus fremden Kulturen ist eines ihrer gemeinsamen Merkmale. Zu dem, was sie verbindet, gehört zuallererst die Mobilisierung von Ressentiments gegen «die da oben», die global vernetzten Eliten, die urbanen, kosmopolitisch gesinnten intellektuellen Milieus, die alles, was sie als provinziell und zurückgeblieben empfinden, ihre Verachtung spüren lassen. Dass die Kandidatin der amerikanischen Demokraten im Präsidentschaftswahlkampf von 2016, die Außenministerin Hillary Clinton, ihrer Geringschätzung der Anhänger des republikanischen Bewerbers Donald Trump freien Lauf ließ («a basket of deplorables»), hat wesentlich dazu beigetragen, dass der Erzpopulist Trump die Nachfolge des ersten schwarzen Präsidenten der USA, Barack Obama, antreten konnte.

In Deutschland waren es die Parteien links der Mitte, obenan die Grünen, aber auch die Sozialdemokraten und die Partei Die Linke, die nicht grundlos den Vorwurf auf sich zogen, sie interessierten sich mehr für die Bedürfnisse kleiner abgehobener Minderheiten als für die Alltagssorgen des «kleinen Mannes». In einem von der Redaktion angeregten Beitrag für die Titelseite der *Zeit* vom 5. Februar 2015 rief ich die demokratischen Parteien dazu auf, ihre Parteiversammlungen auch für interessierte Nichtmitglieder zu öffnen, registrierte Sympathisanten an Urabstimmungen über die Kandidatenaufstellung für die Wahlen zum Bundestag und zum Europäischen Parlament teilnehmen zu lassen und so der Entfremdung zwischen der «politischen Klasse» und der Bevölkerung entgegenzuwirken. Gegen die Vereinfachung von Problemen sei nicht nur nichts zu sagen, sie sei vielmehr notwendig. «Die Vereinfachungen der Populisten aber weisen ihre Urheber meist als schreckliche Vereinfacher und damit als Demagogen aus. Fazit: Dem Volk aufs Maul zu schauen ist richtig, dem Volk nach dem Mund zu reden ist falsch.»

Es bleibt beim Staatenverbund: Meine Selbstrevision in Sachen Europa

«Wenn zwei Krisen sich kreuzen, so frisst momentan die stärkere die schwächere auf»: So lautet ein viel zitierter Satz aus den «Weltgeschichtlichen Betrachtungen» von Jacob Burckhardt. In den Jahren nach 2008 kreuzte sich die latente Sinnkrise der Europäischen Union, die unentschiedene Frage der Finalität des Einigungsprozesses, mit der europäischen Schuldenkrise, verkürzt auch «Eurokrise» genannt, die ihrerseits ein Teil der Weltfinanzkrise war. Was die öffentliche Aufmerksamkeit anging, war die Eurokrise spätestens seit dem Beinahe-Zusammenbruch Griechenlands im Frühjahr 2010 die stärkere Krise, die die Sinnkrise der EU, sofern man diese überhaupt wahrnahm, auffraß.

Einem Ondit zufolge wohnt jeder Krise eine Chance inne. Das gilt dann wohl erst recht für eine multiple Krise. Von dieser Annahme ausgehend, hielt ich im Jahr 2010 die Zeit für gekommen, den «Geburtsfehler» des Euro, die Schaffung einer Währungsunion ohne gleichzeitige Verwirklichung einer Politischen Union, zu kurieren. Dass Themen wie das Renteneintrittsalter, die täglichen und wöchentlichen Arbeitszeiten, die Beamtenbezüge und die Haushaltsdefizite als Probleme nicht nur der nationalen, sondern auch der europäischen Innenpolitik begriffen und diskutiert wurden, war ein deutliches Zeichen dafür, dass sich eine europäische Öffentlichkeit herauszubilden begann.

Ich plädierte deshalb bei mehreren Gelegenheiten, unter anderem in einem von der *FAZ* abgedruckten Vortrag, den ich am 30. Juni 2010 auf Einladung des belgischen Botschafters Marc Geleyn anlässlich der Übernahme der rotierenden Ratspräsidentschaft der EU durch Belgien hielt, für einen Integrationsschub: die Weiterentwicklung des Staatenverbundes zu einer Politischen Union, die in gewissem Umfang auch Wirtschafts-, Fiskal- und Sozialunion sein müsse. «Wenn dazu nicht alle 27 Mitglieder der EU bereit sind, wird sich ein engerer Bund herausbilden, der offen ist für die Mitgliedstaaten, die erst später beitreten wollen und können.»

Knapp zwei Jahre später ging ich, zumindest begrifflich, noch einen Schritt weiter. Am 12. April 2012 hielt ich auf Einladung des ehemaligen Bundeskanzlers Wolfgang Schüssel vor der Österreichischen Gesellschaft für Außenpolitik und die Vereinten Nationen in Wien einen, ebenfalls von der *FAZ* abgedruckten Vortrag zum Thema «Vom Staatenverbund zur Föderation». Darin sprach ich mich für eine Parlamentarisierung der Europäischen Union und konkret für die Wahl des Kommissionspräsidenten durch das Europäische Parlament aus. Ich begründete diese Forderung mit der fortschreitenden Verselbständigung der europäischen Exekutivgewalt. Diese bedürfe einer wirksamen parlamentarischen Kontrolle. Die erforderliche Übertragung nationaler Kompetenzen auf die europäische Ebene müsse durch die Souveräne, die Völker der Mitgliedstaaten, demokratisch legitimiert werden. In Deutschland bedeute eine derart einschneidende Änderung des Grundgesetzes faktisch eine neue Verfassung und verlange deshalb eine Volksabstimmung nach Artikel 146 des Grundgesetzes. Meine Vorstellung von der Finalität des Europäischen Einigungsprozesses war bei alledem die einer Europäischen Union, die bei den großen Fragen mit *einer* Stimme sprechen und eine eigenständige Rolle in der Welt spielen könnte.

Es dauerte nicht lange, bis mir Zweifel am Realitätsgehalt meiner europapolitischen Zukunftsvisionen kamen. Am 6. Mai 2012 ging der Sozialist François Hollande als Sieger aus der zweiten Runde der Präsidentschaftswahlen in Frankreich hervor. Wenig später wurde klar, dass es unter seiner Führung nicht zu den Strukturreformen kommen würde, die erforderlich waren, um die Europäische Union in eine Fiskal- und schließlich in eine Politische Union zu verwandeln. Auf absehbare Zeit würde die EU vorwiegend intergouvernemental regiert werden, durch mühsames Aushandeln von Kompromissen von Fall zu Fall.

Die Bundeskanzlerin Angela Merkel, die sich noch im Januar 2012 in einem Zeitungsinterview für eine föderalistische Weiterentwicklung der EU mit der Kommission als Regierung und dem Europäischen Parlament und dem Europäischen Rat als den beiden Gesetzgebungskammern ausgesprochen hatte, schwenkte im August 2013 auf dem Höhepunkt des Bundestagswahlkampfs in einem Interview mit dem Fernsehsender *Phoenix* und dem *Deutschlandfunk* auf den intergouvernementalen Mainstream ein: «Mehr Europa» lasse sich nicht nur durch die Verlagerung von Kompetenzen von der nationalen auf die europäische Ebene, sondern auch durch verstärkte Koordination des Regierungshandelns erreichen. «Ever closer cooperation» statt «ever closer union»: Auf diese knappe Formel lässt sich die Kurskorrektur der Kanzlerin von 2013 bringen.

Es gab gute demokratietheoretische Gründe für diese Hinwendung zu europapolitischem Realismus. Meine Annahme, eine Parlamentarisierung der EU würde zur Behebung ihres demokratischen Defizits führen, beruhte auf einem Fehlschluss. Das Europäische Parlament geht zwar aus allgemeinen, freien, geheimen und direkten, nicht aber aus *gleichen* Wahlen hervor. Das Wahlrecht privilegiert die kleinen auf Kosten der großen Mitgliedstaaten (eine Stimme aus Malta wiegt etwa zehnmal so viel wie eine aus Deutschland). Diese Ungleichheit ist gewollt, und sie ist notwendig: Ein aus gleichen Wahlen hervorgegangenes europäisches Parlament, in dem alle, auch die kleinsten Mitgliedstaaten mehr als nur symbolisch vertreten sind, müsste etwa 6000 Abgeordnete haben. Es wäre also nicht arbeitsfähig. Doch zur demokratischen Legitimation eines Parlaments gehört nun einmal die Gleichwertigkeit aller Stimmen. Darauf hat das Bundesverfassungsgericht immer wieder und besonders eindringlich in seinem Urteil zum Lissabon-Vertrag vom 30. Juli 2009 hingewiesen.

Demokratisch legitimiert waren und sind hingegen die aus gleichen Wahlen hervorgegangenen nationalen Parlamente. Ihnen obliegt jene besondere «Integrationsverantwortung», von der das Karlsruher Urteil spricht. Vor ihnen müssen sich die Regierungen der Mitgliedstaaten verantworten, die im Europäischen Rat die Geschicke des Staatenverbundes gestalten. Die Mitgliedstaaten sind weiterhin die «Herren der Verträge». Die EU-Kommission übt die Befugnisse aus, die ihr durch die europäischen Verträge übertragen worden sind.

Nicht überall fand diese Argumentation des Bundesverfassungsgerichts ungeteilte Zustimmung. Überzeugte europäische Föderalisten wollten die Nationalstaaten am liebsten in einem vereinten Europa aufgehen lassen. Die meisten Anhänger hatten sie in Deutschland, im föderalistisch regierten Belgien und in Luxemburg, das als Sitz des Europäischen Gerichtshofs und der Europäischen Investitionsbank eine Art Sonderbeziehung zur EU unterhält.

In besonders krasser Form verfochten der österreichische Schriftsteller Robert Menasse und die deutsche Politologin Ulrike Guérot die Forderung nach dem Aufgehen der Nationen in einer Europäischen Republik. Menasse berief sich dabei auf den ersten Präsidenten der Kommission der Europäischen Wirtschaftsgemeinschaft, Walter Hallstein, der sich zu den folgenden drei Aussagen bekannt habe: Erstens: «Die Abschaffung der Nation ist die europäische Idee.» Zweitens: «Das Ziel des Einigungsprozesses ist die Überwindung des Nationalstaats.» Drittens: «Ziel ist die Überwindung der Nation und die Organisation eines nachnationalen Europa.»

Tatsächlich hatte Hallstein, wie eine Prüfung seiner Reden und Schriften ergab, nichts dergleichen gesagt oder geschrieben. Menasse hatte die Zitate erfunden, was Ulrike Guérot nicht daran hinderte, sie für echt zu halten und in ihr 2016 erschienenes Buch «Warum Europa eine Republik werden muss» zu übernehmen. Dasselbe tat der Publizist Jakob Augstein in seinem *Spiegel*-Essay «Vive la Sezession» vom 14. Oktober 2017.

Ebenfalls im *Spiegel* erschien eine Woche später meine Replik unter dem Titel «Europas falsche Freunde. Wer die Nationen abschaffen will, fördert die Nationalisten.» Ich wies darin nicht nur den apokryphen Charakter der angeblichen Hallstein-Zitate nach, ich hielt Menasse auch vor, dass er 2012 in seinem Buch «Der europäische Landbote» dazu aufgerufen hatte, «die Demokratie erst einmal zu vergessen, ihre Institutionen abzuschaffen, soweit sie nationale Institutionen sind, und dieses Modell einer Demokratie, das uns so heilig und wertvoll erscheint, weil es uns vertraut ist, dem Untergang zu weihen. Wir müssen stoßen, was ohnehin fallen wird, wenn das europäische Projekt gelingt.»

Den Rezensenten des «Europäischen Landboten» war dieser Passus offenbar entgangen. Im Mai 2013 wurde das Werk mit dem Preis «Das politische Buch» der Friedrich-Ebert-Stiftung ausgezeichnet. Für seinen Brüssel-Roman «Die Hauptstadt», in dem der Autor Hallsteins Antrittsrede als Kommissionspräsident von 1958 nach Auschwitz verlegt, erhielt Menasse 2017 den «Deutschen Buchpreis» der Frankfurter Buchmesse. Meine Kritik an den Zitierkünsten Menasses blieb 2017 zunächst ohne größeres Echo. Als ich im Dezember 2018 in einem Artikel von Ansgar Graw in der *Welt* auf ein angebliches Zitat von Walter Hallstein stieß, das in Wirklichkeit von Menasse stammte, rief ich Graw an. Dieser setzte sich sogleich mit Menasse in Verbindung und bekam von ihm zu hören, es sei sein Recht als Schriftsteller, die Gedanken von politischen Akteuren auf seine Weise zusammenzufassen.

Graw machte die Fälschung publik, wobei er auf meinen *Spiegel*-Essay vom Oktober 2017 hinwies. Von da ab zog die Causa Menasse weitere Kreise. Die *FAZ* und die *taz* gingen ausführlich und an prominenter Stelle auf die Affäre ein. Die Landesregierung von Rheinland-Pfalz, die beschlossen hatte, Robert Menasse den Carl Zuckmayer-Preis 2019 zu verleihen, bestellte den Autor zu einer Art Verhör ein, in dessen Verlauf er offenbar geloben musste, künftig sauber zwischen Tatsachenbehauptungen und Fiktion zu unterscheiden. Die Preisverleihung fand trotz der öffentlichen Kritik an dieser

Ehrung statt. Offenbar hielt die Mainzer Regierung einen Widerruf ihrer Fehlentscheidung für noch peinlicher als den Vollzug.

Dem Traum von der Parlamentarisierung der Europäischen Union konnten die Urteile des Bundesverfassungsgerichts und die scharfsinnige Kritik, die der ehemalige Bundesverfassungsrichter Dieter Grimm in mehreren Aufsätzen an dieser Forderung übte, nur wenig anhaben. Der entscheidende Hebel zur Erreichung dieses Ziels war die ursprünglich von den deutschen Christdemokraten entwickelte, dann von den Sozialdemokraten, den Grünen und den Liberalen übernommene Idee der «Spitzenkandidaturen» bei den Wahlen zum Europäischen Parlament: Die Parteifamilien stellten jede für sich ihre «Spitzenkandidaten» auf; und der oder die erfolgreichste unter ihnen sollte dann an die Spitze der EU-Kommission treten. 2014 schien dieses Kalkül aufzugehen: Der ehemalige luxemburgische Ministerpräsident Jean-Claude Juncker, der Spitzenkandidat der Europäischen Volkspartei, wurde vom Europäischen Rat für dieses Amt nominiert und vom Europäischen Parlament gewählt. Allerdings galt Juncker den Staats- und Regierungschefs als einer der Ihren. Dass *sie* das entscheidende Wort bei der Bestellung des Kommissionspräsidenten zu sprechen hatten: Dieses im Vertrag von Lissabon verbürgte Recht wollten sie sich unter keinen Umständen vom Europäischen Parlament wegnehmen lassen.

In einer Reihe von Artikeln und Interviews, unter anderem in der *Neuen Zürcher Zeitung*, der *FAZ*, dem *Tagesspiegel*, der *Zeit* und der *Internationalen Politik*, wandte ich mich anlässlich der Europawahl von 2019 gegen die von den Verfechtern der «Spitzenkandidaturen» vertretene These, die Parlamentarisierung der EU bedeute deren Demokratisierung. Das ungleiche Wahlrecht verleihe dem Europäischen Parlament kein demokratisches Mandat in dem Sinne, wie es die nationalen Parlamente für sich beanspruchen könnten. Die Folge der De-facto-Parlamentarisierung der Kommission seit 2017 sei, dass diese ihre Aufgabe, «Hüterin der Verträge» zu sein, zugunsten ihrer politischen Mission vernachlässige; die Mehrheit des Straßburger Parlaments wiederum stütze «ihre» Kommission gegen die Opposition, kontrolliere sie aber nicht, wie es ihre Aufgabe wäre.

Einen Beitrag zur Demokratisierung der EU vermochte ich auch nicht in dem von «Europafreunden» ins Gespräch gebrachten Vorschlag zu erkennen, die Abgeordneten des Europäischen Parlaments mindestens zum Teil nicht mehr nach nationalen, sondern nach transnationalen Kandidatenlisten der Parteifamilien wählen zu lassen: Der Abstand zwischen Wahlvolk und Gewählten wäre dadurch nicht verringert, sondern vergrößert worden.

Nach den Europawahlen von 2019 setzte sich der Europäische Rat über die Forderung der stärksten Fraktion, der Europäischen Volkspartei, ihren Spitzenkandidaten, den CSU-Politiker Manfred Weber, als Präsidenten der Kommission zu nominieren, hinweg. Sie schlug stattdessen die deutsche Verteidigungsministerin Ursula von der Leyen (CDU) vor, die schließlich auch vom Europäischen Parlament gewählt wurde.

Betrieben hatte ihre Ernennung Emmanuel Macron, der im Mai 2017 zum Präsidenten der Französischen Republik gewählt worden war. Macron erwies sich bei dieser Gelegenheit als geschickter Stratege: Dadurch, dass er eine deutsche Politikerin an die Spitze der Europäischen Kommission hievte, konnte er ein für ihn noch wichtigeres europäisches Spitzenamt, das die Deutschen 2019 erstmals für sich beanspruchten, mit seiner Kandidatin besetzen: Präsidentin der Europäischen Zentralbank wurde die frühere französische Wirtschafts- und Finanzministerin und nachmalige Präsidentin des Internationalen Währungsfonds, Christine Lagarde.

Zwei Jahre zuvor, am 26. September 2017, hatte Macron mit

einer Rede an der Sorbonne europaweites Aufsehen erregt. Er trug darin seine Vision von der «Neugründung eines souveränen, einigen und demokratischen Europa» vor – eines Europa, das eine Sicherheit selbst zu garantieren vermöge, das gemeinsame Antworten auf die Herausforderungen der Migration, des Klimawandels und der Digitalisierung geben und sich dadurch besser als bisher in der Welt behaupten könne.

Eine offizielle Antwort von Angela Merkel erhielt Macron nicht, das Schlagwort von der «europäischen Souveränität» aber wurde von den meisten deutschen Parteien freudig aufgegriffen – und gründlich missverstanden. In einer Reihe von Zeitungsaufsätzen und Interviews verwies ich auf den gaullistischen Hintergrund des Begriffs. In Deutschland assoziierte man mit dem Schlagwort «europäische Souveränität» die Vorstellung von einem Transfer weiterer Hoheitsrechte auf die Europäische Union. Macron aber dachte gar nicht daran, die Verfügung über die französischen Atomwaffen oder den Ständigen Sitz Frankreichs im Sicherheitsrat der Vereinten Nationen zu europäisieren. Gemeint war vielmehr ein höheres Maß an Unabhängigkeit von den USA und im Zweifelsfall auch mehr Protektionismus, um die europäische und zumal die französische Industrie vor unliebsamer Konkurrenz zu schützen.

Im Bundestagswahlkampf von 2021 überboten sich die politischen Parteien geradezu mit ihren Bekenntnissen zu einem «souveränen Europa». Die FDP beschwor sogar auf Betreiben ihrer Europapolitiker (und gegen den Willen ihres Vorsitzenden Christian Lindner) das Ziel eines europäischen Bundesstaates – eines Ziels, das kurz darauf auch im Koalitionsvertrag der «Ampelparteien», der SPD, der Grünen und der FDP, auftauchte. In einem Aufsatz, der am 21. Oktober 2021 unter dem Titel «Die Legende von der europäischen Souveränität» in der *FAZ* erschien, warnte ich vor dem illusionären Charakter dieser Forderung. «In der EU der 27 fehlt es, seit einige ostmitteleuropäische Mitgliedstaaten sich als ‹illiberale Demokratien› verstehen und den Abbau des Rechtsstaates vorantreiben, an dem inneren Zusammenhalt, der für eine gemeinsame Willensbildung notwendig ist. Infolgedessen kommt alles auf die engstmögliche Zusammenarbeit der Staaten an, die am Grundkonsens der Gemeinschaft festhalten und notfalls zu einer Um- oder Neugründung der EU bereit sind.»

Im Übrigen dürfe «mehr Europa» nicht weniger Demokratie bedeuten. «Wenn die Mitgliedstaaten der EU Hoheitsrechte auf den Staatenverbund übertragen, müssen sie dafür sorgen, dass die Folgen dieses Transfers durch ihre Parlamente fortlaufend (mit)kontrolliert und damit demokratisch legitimiert werden können. Aber an europapolitischen Entscheidungsprozessen mitwirken müssen sie, weil andernfalls ‹Brüssel› mehr noch als bisher, und zwar zurecht, als verselbständigte Exekutivgewalt wahrgenommen würde. Die Folge wäre eine wachsende Entfremdung zwischen den Hütern des Projekts Europa und den Völkern der Europäischen Union.»

Abschied von deutschen Illusionen: Der Ukraine- und der Nahostkrieg

Der letzte Band meiner «Geschichte des Westens» war Anfang 2015 erschienen. Im Juli 2016 siegten beim Referendum über die Mitgliedschaft des Vereinigten Königreichs in der Europäischen Union die «Brexiteers», im November 2016 gewann Donald Trump die Präsidentenwahlen in den USA. Schon die Erfahrungen mit der Präsidentschaft von George W. Bush hatten ausgereicht, um die amerikanische Historikerin Mary Nolan in ihrem Buch «The Transatlantic Century» aus dem Jahr 2012 vom Ende ebendieses Jahrhunderts sprechen zu lassen – jenes «langen 20. Jahrhunderts», das aus ihrer Sicht mit der markanten Intensivierung der Beziehungen zwischen Europa und den Vereinigten Staaten im letzten Jahrzehnt des 19. Jahrhunderts begonnen hatte. Es waren die Vertiefung des transatlantischen Dissenses und die objektive Auseinanderentwicklung der USA und Westeuropas im ersten Jahrzehnt des 21. Jahrhunderts, mit denen Nolan ihre These begründete, diese Epoche sei nunmehr an ihr Ende gelangt.

In Europa und zumal in Deutschland leiteten viele Beobachter aus der Präsidentschaft Barack Obamas die Hoffnung ab, dass sich das Verhältnis zur Führungsmacht des Westens wieder einrenken, sozusagen «normalisieren» würde. Doch auch unter Obama war es offenkundig, dass der «alte Kontinent» für die USA an Bedeutung verloren und inzwischen «America's Pacific Century» begonnen hatte, von dem Außenministerin Hillary Clinton im November 2009 auf einem Gipfeltreffen der Asia Pacific Economic Cooperation (APEC) in Singapur sprach. Präsident Obama bezeichnete die Vereinigten Staaten im November 2012 vor dem australischen Parlament in Canberra als eine «pazifische Nation» und kündigte an, dass sein Land im 21. Jahrhundert im asiatisch-pazifischen Raum überall mit dabei sein werde.

Die globale Schwerpunktverlagerung, die die amerikanische Politik zunehmend bestimmte, war *ein* Grund, am dauerhaften Zusammenhalt des Westens zu zweifeln. Ein *anderer* war die Erosion der Europäischen Union: Nach Ungarn, wo der nationalkonservative Viktor Orbán seit April 2010 das Amt des Ministerpräsidenten innehatte, entwickelte sich seit 2015 auch Polen unter der faktischen Führung Jarosław Kaczyńskis zu einer illiberalen Demokratie, die von «checks and balances» im Verfassungssystem nichts mehr wissen wollte und die Justiz einem rigorosen Gleichschaltungsprozess unterwarf.

«Zerbricht der Westen?» lautete deshalb der Titel eines Buches, in dem ich die neusten Entwicklungen in den größeren Zusammenhang der Geschichte des Westens einzuordnen versuchte. Die offizielle Buchvorstellung fand in Form eines von Christoph von Marschall moderierten Gesprächs zwischen Bundestagspräsident Norbert Lammert und mir am 26. September 2017 im Magnus-Haus in Berlin-Mitte statt. Zeitlich reichte der Band bis zum Hamburger Gipfel der «G 20» im Juli 2017, auf dem es zu einem ersten Treffen zwischen Donald Trump und Wladimir Putin kam.

Die Titelfrage des Buches blieb letztlich offen: «Der globale Westen, der heute neben einem großen Teil Europas die angelsächsisch geprägten Demokratien in Nordamerika, Australien und Neuseeland umfasst, hat den Höhepunkt seiner wirtschaftlichen, politischen und militärischen Weltgeltung seit langem hinter sich. Ob sein normatives Projekt seine weltweite Ausstrahlung bewahren kann, hängt vor allem vom Westen ab.»

Der Aktualisierung der vier Bände der «Geschichte des Westens» folgte der Versuch einer Zusammenfassung der über 4500 Seiten der Tetralogie und des Bandes «Zerbricht der Westen» mit rund 500 Seiten in *einem* Band. Er hieß «Werte und Mächte. Die Geschichte der westlichen Welt» und erschien im Herbst 2019. In einem vom *Spiegel* veranstalteten, von Dirk Kurbjuweit moderierten Gespräch zwischen Bundesfinanzminister Olaf Scholz und mir stellte ich den Band am 26. November in *Clärchens Ballhaus* in Berlin-Mitte der Öffentlichkeit vor.

Im Jahr 2020 erschien meine kurzgefasste Geschichte der Deutschen «Wie wir wurden, was wir sind». 2023 folgte der Band «Die

Deutschen und die Revolution. Eine Geschichte von 1848 bis 1989». Daneben legte ich zwischen 2015 und 2022 drei Aufsatzbände vor: «Zerreißproben» (2015), «Deutungskämpfe» (2021) und «Nationalstaat wider Willen» (2022). Der zuletzt genannte Band enthält auch einige Beiträge zur deutschen Russlandpolitik im Allgemeinen und zur sozialdemokratischen Ostpolitik im Besonderen, darunter eine Kritik des Baus einer zweiten Ostseepipeline für russisches Erdgas, Nord Stream 2, noch nach der Annexion der Krim durch Russland und dem Beginn des hybriden Krieges im Donbass.

Am 10. März 2022, zweieinhalb Wochen nach dem Beginn des russischen Angriffskriegs gegen die Ukraine, veröffentlichte ich in der *Zeit* einen, in meinem Band «Nationalstaat wider Willen» abgedruckten Artikel, unter der Überschrift «Was Putin mit Hitler verbindet». Ich verglich darin Ultranationalisten wie Benito Mussolini und Slobodan Milošević, den Serbenführer der Jahre 1989 bis 1991, mit Putin und verwies auf Parallelen zwischen Hitlers aggressiver Außenpolitik in den Jahren 1938 und 1939 (mit den Stationen «Anschluss» Österreichs, Angliederung des Sudetenlandes an das «Großdeutsche Reich», Abspaltung der Slowakei von der Tschechoslowakischen Republik und «Zerschlagung der Rest-Tschechei») und der aktuellen Politik des russischen Präsidenten. «Die politische Instrumentalisierung einer (wirklichen oder gefühlten) Niederlage und die Selbststilisierung zum Opfer mächtiger Feinde: Das ist es, was diese so unterschiedlichen politischen Führer miteinander verbindet … Wenn Putin heute für die europäische Großmacht Russland eine Einflusszone reklamiert, in der westliche Mächte, aber letztlich auch die Vereinten Nationen nichts zu suchen und nichts zu sagen haben, macht er dafür sehr ähnliche Gründe geltend wie Hitler vor acht Jahrzehnten.»

Die Versuche Putins, den Ukrainern das Recht auf eine eigene

Nation und einen eigenen Staat abzusprechen, da sie angeblich von jeher ebenso wie die Belarussen einen Zweig des dreieinigen russischen Volkes bildeten, nahm ich zum Anlass, ihm unter Berufung auf den Osteuropahistoriker Andreas Kappeler ein Denken in den Kategorien von Blut und Boden vorzuhalten. «Der Ultranationalismus als letztes Stadium des proletarischen Internationalismus: So könnte man in Abwandlung von Lenins Abhandlung ‹Der Imperialismus als höchstes Stadium des Kapitalismus› den ideologischen Wandlungsprozess beschreiben, der sich bei Putin wie schon bei Milošević vollzogen hat und wohl auch beim chinesischen Präsidenten und Parteiführer Xi Jinping vollzieht. Der Umschlag eines formelhaft erstarrten Internationalismus in einen an faschistische und nationalsozialistische Vorbilder erinnernden extremen Nationalismus zeigt einmal mehr, wie sehr der Marxismus-Leninismus an der Macht zu einem falschen Bewusstsein im Sinne von Marx geworden war.»

In der Spätphase der Ära Merkel, im März 2019, hatte mir ein hochrangiger deutscher Diplomat berichtet, zwei amerikanische Kollegen hätten kürzlich im Kanzleramt leitende Mitarbeiter der Regierungschefin gefragt, welche Strategie sie gegenüber Russland verfolgten, und die Antwort erhalten: «Wir haben keine Strategie. Wir entscheiden von Fall zu Fall.» Diese Maxime galt auch für andere Politikbereiche, aber auf keinem Gebiet wirkte sie sich so fatal aus wie auf dem der Verteidigung. Die Bundeswehr war unter der Verantwortung christdemokratischer Ressortchefs nachgerade «kaputtgespart» worden und nicht einmal mehr bedingt abwehrbereit.

Merkels sozialdemokratischer Nachfolger Olaf Scholz, gewiss kein «Russland-Romantiker», aber bislang ein Verfechter des auch von ihm als «rein privatwirtschaftlich» eingestuften Nord Stream 2-Projekts, vollzog unter dem Eindruck des russischen Überfalls auf die Ukraine eine drastische Kurskorrektur. In seiner Bundestagsrede vom 27. Februar 2022, in der er Putins Angriffskrieg als «Zeitenwende» bezeichnete, kündigte er einen 100-Milliarden-Fonds für die Bundeswehr und die künftige Einhaltung der NATO-Vereinbarung an, wonach die Mitgliedstaaten des Bündnisses jährlich mindestens zwei Prozent ihres Bruttoinlandsprodukts für Zwecke der Verteidigung ausgeben sollten.

Auch Scholzens Partei, die SPD, zog Folgerungen aus Putins jüngster Aggression. Sie ersetzte auf Drängen ihres Ko-Vorsitzenden Lars Klingbeil ihre langjährige Devise, es gelte, Sicherheit *mit* Russland zu schaffen, durch die Parole «Sicherheit *vor* Russland» und begann mit einer kritischen Aufarbeitung ihrer Russlandpolitik in der Regierungszeit von Gerhard Schröder. Die Unionsparteien, die ebenfalls Anlass gehabt hätten, mit ihren Illusionen über Putins Politik selbstkritisch ins Gericht zu gehen, zeigten sich in dieser Hinsicht sehr viel weniger aktiv.

Konsequent aber konnte man die Auseinandersetzung der SPD mit ihrer ostpolitischen Vergangenheit nicht nennen. Die stark von Egon Bahr geprägte, etatistische und betont nationale Ausrichtung der zweiten Phase der Ostpolitik in den achtziger Jahren, in der die Sozialdemokraten die Bürgerrechtsgruppen des Ostblocks vorwiegend als Störfaktoren wahrgenommen hatten, ist bisher nicht aufgearbeitet worden. Auf diesen Punkt machten Ende März 2024 fünf der SPD angehörende Historikerinnen und Historiker – Jan C. Behrends (Frankfurt an der Oder), Gabriele Lingelbach (Kiel), Dirk Schumann (Göttingen), Martina Winkler (Kiel) und ich – in einem Brief an den Parteivorstand aufmerksam. Das Schreiben war nicht als «offener Brief» gedacht, gelangte aber durch wen auch immer sogleich an die Öffentlichkeit.

Mediales Aufsehen erregte der «Brief der Fünf» vor allem wegen der Kritik, die wir an der allzu langsamen und zögerlichen Umsetzung der «Zeitenwende» in praktische Politik, an ausbleibenden, widersprüchlichen oder nicht stichhaltigen Erklärungen des Bundeskanzlers für die Nicht-Lieferung bestimmter Waffensysteme, die die Ukraine dringend benötigte, und besonders an der Forderung des Vorsitzenden der sozialdemokratischen Bundestagsfraktion, Rolf Mützenich, übten, man solle nicht nur über das Führen von Kriegen, sondern auch über das «Einfrieren und Beendigen von Kriegen» nachdenken. Wir sahen darin die Gefahr einer Bevormundung und Demotivierung der Ukraine und fanden damit in den Medien überraschend viel Zustimmung. Wirkungslos blieb der «Brief der Fünf» jedenfalls nicht. Das zeigten Presseberichte über Diskussionen im Koalitionsausschuss am 11. April 2024, aber auch Gespräche zwischen dem Parteivorsitzenden Lars Klingbeil und den Unterzeichnern.

Sehr viel entschiedener und vorbehaltloser als vom linken Flügel der SPD, für den Mützenich sprach, wurde der Ruf nach Verhandlungen über einen Waffenstillstand in der Ukraine von drei Oppositionsparteien erhoben: der Partei Die Linke, dem Bündnis Sahra Wagenknecht, das sich im Januar 2024 von der Linkspartei abgespalten hatte, und besonders der AfD, die sich immer wieder so äußerte, dass man sie für Putins deutsches Sprachrohr halten konnte. Die Frage, wie man mit einer Macht verhandeln soll, die keinen Zweifel daran lässt, dass sie sich an das Völkerrecht nicht gebunden fühlt, stellten sich die deutschen «Appeaser» nicht. Sie hatten die Geduld mit der kämpfenden Ukraine verloren und wollten die Einsicht nicht wahrhaben, die Hegel in der Vorrede zur «Phänomenologie des Geistes» in die Worte gefasst hatte: «Die Ungeduld verlangt das Unmögliche, nämlich die Erreichung des Ziels ohne die Mittel.»

Tatsächlich lief das, was die Befürworter einer raschen Kriegsbeendigung forderten, auf die Kapitulation der Ukraine hinaus. Aus meiner Sicht mussten die Ukrainer selbst entscheiden, ob und wann sie in Verhandlungen über eine Waffenruhe eintreten wollten. Dass sie das nur aus einer Position der Stärke heraus tun konnten, lag für mich auf der Hand. Die Ukraine verteidigte nicht nur ihre Freiheit, sondern die aller Nationen des demokratischen Westens. Alles, was geeignet war, den Abwehrwillen der Ukrainer zu schwächen, war von Übel. Ihre moralische Unterstützung war nicht weniger wichtig als die militärische Hilfe. Der «Brief der Fünf» war ein Versuch, diesen Einsichten bei den politisch Verantwortlichen Geltung zu verschaffen.

Der Krieg in der Ukraine war im Frühjahr 2024 nicht der einzige, der weltweit für Schlagzeilen sorgte. Am 7. Oktober 2023 hatten Einheiten der Hamas, der terroristischen Palästinenserorganisation, die den Gazastreifen kontrollierte, mehrere grenznahe Kibbuzim überfallen, weit über 1000 Israelis, auch Frauen und Kinder, auf bestialische Weise massakriert, ja zum Teil bei lebendigem Leibe verbrannt, Tausende verletzt und über 300 israelische Geiseln in den Gazastreifen verschleppt. Israel reagierte mit massiven militärischen Gegenschlägen und nach einer Vorbereitungsphase mit dem Einmarsch von Bodentruppen. Ziel des Krieges war für die Regierung Netanjahu die totale Zerstörung der Infrastruktur der Hamas und die vollständige Vernichtung der Terrororganisation.

Deutschland versicherte Israel seiner unverbrüchlichen Solidarität, wobei Bundeskanzler Olaf Scholz sich das Versprechen seiner Amtsvorgängerin zu eigen machte, die am 18. März 2008 in einer Rede vor der Knesset erklärt hatte, die historische Verantwortung für die Sicherheit Israels sei ein Teil der deutschen Staatsräson. Der frühere Bundespräsident Joachim Gauck hatte vier Jahre später, im

Mai 2012, anlässlich eines Staatsbesuchs in Israel allerdings Zweifel angemeldet, ob die Kanzlerin damit nicht mehr versprochen hatte, als Deutschland im Ernstfall würde halten können.

Jederzeit für das Existenzrecht Israels einzutreten ist für Deutschland eine zwingende Notwendigkeit, weil die Gründung des jüdischen Staates im Jahr 1948 aufs Engste mit dem deutschen Menschheitsverbrechen, der Ermordung der europäischen Juden, zusammenhängt. Der Begriff «Sicherheit» aber ist schwer definierbar. Er kann auch so ausgelegt werden, als unterstütze Deutschland jede Interpretation, die eine israelische Regierung dem Begriff der nationalen Sicherheit gibt. Das hatte Angela Merkel nicht gemeint, und das kann Deutschland nicht garantieren, weil es sich im Grundgesetz fest auf den Boden des allgemeinen Völkerrechts gestellt hat. Die israelische Siedlungspolitik im Westjordanland aber war von Anfang an völkerrechtswidrig. Dasselbe gilt für die Politik, die die Regierung Netanjahu unter dem maßgeblichen Einfluss ihrer rechtsradikalen, ultranationalistischen Minister gegenüber den dort lebenden Palästinensern betrieb und betreibt.

In einem Interview mit Hans Monath und Christoph von Marschall, das der *Tagesspiegel* am 29. November 2023 veröffentlichte, verteidigte ich Israel gegen den Vorwurf, es betreibe im Gazastreifen eine Politik des Völkermords. Ich übte aber auch scharfe Kritik am extremen, oftmals gewalttätigen Nationalismus der israelischen Siedler im Westjordanland und ihrer vorbehaltlosen Unterstützung durch die Regierung Netanjahu. Das offizielle Israel sei zurzeit weder willens noch fähig, über Wege zur Lösung der Palästinafrage auch nur nachzudenken. «Ohne die Bereitschaft Israels und der Palästinenser, an einer solchen Lösung mitzuarbeiten, wird es aber keinen Frieden im Nahen Osten geben.»

Ermahnungen an die Adresse Israels, im Westjordanland die

Menschenrechte der Palästinenser zu respektieren und sich im Gazastreifen an das «jus in bello» zu halten, kamen inzwischen verstärkt vom bislang verlässlichsten Verbündeten Israels, den USA, mit Präsident Joe Biden an der Spitze, aber auch von der deutschen Außenministerin Annalena Baerbock. Es wäre in der Tat ein Verstoß gegen die eigene Staatsräson, wenn Deutschland seine Solidarität mit Israel nicht verbinden würde mit dem Eintreten für die Menschenrechte der Palästinenser und die Einhaltung des Völkerrechts durch den jüdischen Staat. Beide Verpflichtungen ergeben sich aus der deutschen Geschichte. Deutschland verlöre seine normative Glaubwürdigkeit, wenn es diese Einsicht nicht beherzigen würde.

Seit Juni 2024 mehrten sich die Zeichen, die eine wachsende Bedrohung der liberalen Demokratien von innen befürchten ließen. Ich nenne die Wahlen zum Europäischen Parlament, bei denen die Parteien der mehr oder minder radikalen Rechten fast überall starke Stimmengewinne verbuchten, die dadurch verursachte panikartige Auflösung der französischen Nationalversammlung durch Präsident Macron und die Neuwahlen vom Juli, die Frankreich an den Rand der Unregierbarkeit brachten, in Österreich im September die Wahlen zum Nationalrat, aus denen die dezidiert rechte FPÖ als stärkste Partei hervorging, in Deutschland die Landtagswahlen in Sachsen, Thüringen und Brandenburg im September, bei denen die AfD stark zulegte, in Thüringen sogar stärkste Partei wurde und das neugegründete Bündnis Sahra Wagenknecht auf Anhieb zweistellige Ergebnisse in allen drei Parlamenten erreichte, im November dann das Zerbrechen der Ampelregierung, im Monat darauf gefolgt von der Auflösung des Bundestages und der Anordnung von Neuwahlen am 23. Februar 1925, schließlich, alle diese Ereignisse an Bedeutung weit überragend, der Sieg Donald Trumps bei der Präsidentenwahl in den USA, flankiert vom Doppelsieg der Republikaner bei den Wahlen zum Senat und zum Repräsentantenhaus, am 5. November 2024.

Meine publizistischen Einlassungen hatten in der zweiten Hälfte des Jahres 2024 ihren Schwerpunkt zunächst in den Folgen der drei ostdeutschen Landtagswahlen. In einem Essay für den *Spiegel* vom 28. September und in mehreren Interviews warnte ich CDU und SPD davor, bei Verhandlungen über eine Zusammenarbeit mit dem eindeutig antiwestlich und prorussisch ausgerichteten BSW dieser Partei Zugeständnisse zu machen, die die Glaubwürdigkeit der beiden klassischen demokratischen Parteien erschüttern müssten. In Thüringen gelang es CDU und SPD, diese Gefahr bei den Verhandlungen über eine Koalition mit dem BSW zu vermeiden. In Brandenburg hingegen kam der sozialdemokratische Ministerpräsident Dietmar Woidke der Partei Sahra Wagenknecht weiter entgegen, als es mir vertretbar erschien. In Sachsen scheiterten die Koalitionsverhandlungen mit dem BSW, so dass CDU und SPD eine Minderheitsregierung bilden mussten.

Weiter reichte der Themenbogen, den Christian Staas in seinem Interview mit mir aufspannte, das am 28. November, also nach der amerikanischen Präsidentenwahl, auf der Geschichtsseite der *Zeit* erschien. Die Frage nach der historischen Einordnung dieses Ereignisses nahm ich zum Anlass, vor vorschnellen Parallelisierungen zwischen den Vereinigten Staaten der Gegenwart und dem Deutschland der frühen dreißiger Jahre zu warnen. Die zu erwartende illiberale Politik Trumps werde in der Zivilgesellschaft der USA auf massiven Widerstand stoßen – Widerstand, den es im deutschen Bürgertum vor 90 Jahren nicht gab.

Der Amtsantritt von Trump am 20. Januar 2025 wurde zu der historischen Zäsur (oder, wie es das Modewort will, der «Disruption»), die viele befürchtet hatten. Ob man an die umfassende, gegen Bundesgesetze verstoßende Entlassung liberaler Angehöriger des Öffentlichen Dienstes, die vielfach erfolgreiche Einschüchterung widerspenstiger Medien, die einseitige Rekrutierung der Regierungsmitglieder und -berater aus den Kreisen von Hochfinanz und «High Tech», die Angriffe auf die Freiheit von Lehre und Forschung und die Missachtung von Gerichtsurteilen, also des Rechtsstaates, an die faktische Beendigung der amerikanischen Entwicklungshilfe, die Aufkündigung des Pariser Klimaabkommens von 2015 oder die Sanktionen gegen den Internationalen Strafgerichtshof und seine Richter denkt: Innerhalb weniger Wochen haben sich die USA entliberalisiert, entpluralisiert und oligarchisiert – kurz in autoritärer und nationalistischer Richtung transformiert.

Außenpolitisch schreckt Trump, wie zuvor von ihm angekündigt, nicht vor einer Politik der Drohungen und Erpressungen zurück, die an die Zeit des amerikanischen Hochimperialismus um 1900 erinnert. Ob es um die Kontrolle des Panamakanals, den Besitz Grönlands oder Kanadas oder die arabischen Bewohner des Gazastreifens geht, die er unter dem Beifall der israelischen Rechten aussiedeln möchte: Über das Völkerrecht setzt sich der neue Präsident, wenn auch bisher nur verbal, souverän hinweg. Er zögert auch nicht, mit seiner an der Parole «America first» ausgerichteten Zollpolitik die Weltwirtschaft in schwere Turbulenzen, ja möglicherweise in eine Rezession zu stürzen. Dass er die USA damit zunehmend isoliert und auch die meisten Europäer, soweit sie nicht auf der äußersten Rechten stehen, gegen sich aufbringt, kümmert ihn nicht. Eine transatlantische Wertegemeinschaft gibt es, was die Regierungsebene betrifft, zur Zeit nicht mehr.

Einige Schlussfolgerungen, die sich aus der neuen Lage ergeben, zog ich in dem Artikel «Verrat auf offener Bühne», der am 3. März 2025 im Feuilleton der *FAZ* erschien. Der Titel bezog sich auf die öffentliche Demütigung des ukrainischen Präsidenten Wolodymyr Selenskyi durch Donald Trump und den Vizepräsidenten J. D. Vance im Weißen Haus am 28. Februar 2025. Ich hielt der neuen Administration vor, sie teile die Welt in imperialistischer Manier in Einflusssphären auf und spekuliere offenbar auf ein mögliches Zusammengehen der USA und Russlands gegen China, was praktisch auf ein «renversement des alliances», eine Umkehrung der bestehenden Allianzen zu Lasten Europas, hinauslaufe. Bleibe es bei der amerikanischen Absage an die regelbasierte Ordnung von 1945 (Charta der Vereinten Nationen) und 1990 (Charta von Paris), müssten sich die im weitesten Sinne liberal gebliebenen Mitglieder der NATO diesseits und jenseits des Nordatlantiks so eng wie möglich zusammenschließen, um die normativen Errungenschaften des Westens gegen ihre äußeren Feinde und ihre Verächter im Inneren zu verteidigen.

In einem Interview mit Jacques Schuster, das die *Welt am Sonntag* am 16. März 2025 veröffentlichte, ging ich noch einen Schritt weiter. Ich bejahte die Frage, ob die EU nicht in die Lage versetzt werden müsste, mit Zweidrittelmehrheit Mitglieder auszuschließen, die ihren Wertekonsens nicht teilten und ihre Beschlüsse ständig blockierten, verwies aber auf eine einstweilen unüberwindbare Hürde: die Notwendigkeit der Einstimmigkeit eines entsprechenden Beschlusses des Europäischen Rates. Ich fügte als Gedankenspiel hinzu: «Die Alternative wäre eine Neugründung der Europäischen Union, vielleicht auch als Europäisch-Kanadische Union oder als Transatlantische Union. Ein derart revolutionärer Akt ist aber nicht in Sicht.»

In Deutschland lief nach der vorgezogenen Bundestagswahl vom 23. Februar 2025 alles auf eine Koalition zwischen den Unionsparteien und den Sozialdemokraten hinaus. Rund zehn Wochen später, am 6. Mai 2025, wurde der Vorsitzende der CDU, Friedrich Merz, im zweiten Wahlgang zum zehnten Bundeskanzler der Bundesrepublik Deutschland gewählt. Der finanzpolitische Spielraum der neuen Regierung ist erheblich größer als der der Ampel. Die SPD hatte in den Sondierungsgesprächen – nach meiner Meinung mit vollem Recht – auf einer sofortigen Teilreform der im Grundgesetz verankerten Schuldenbremse bestanden, wie sie dann der alte Bundestag in seiner letzten Sitzung am 18. März mit den Stimmen von SPD, CDU/CSU und Grünen beschloss: Sie nimmt unter anderem die Ausgaben für Verteidigung, für den Zivil- und Bevölkerungsschutz und die Hilfe für völkerrechtswidrig angegriffene Staaten, soweit sie ein Prozent des Bruttoinlandsprodukts übersteigen, von den Restriktionen der Kreditaufnahme aus und erlaubt die Errichtung eines kreditfinanzierten Sondervermögens in Höhe von 500 Milliarden für zusätzliche Investitionen in die Infrastruktur und den Klimaschutz.

Auf einem anderen umstrittenen Gebiet konnten sich in den Koalitionsverhandlungen die Unionsparteien durchsetzen: Der irregulären Migration dürfte die neue Bundesregierung mit größerer Konsequenz als die Ampel entgegentreten. Aus dem Scheitern des vorangegangenen, häufig zerstrittenen Dreierbündnisses aus SPD, FDP und Grünen scheinen die Partner von Schwarz-Rot gelernt zu haben: Sie zeigen sich entschlossen, das Gemeinsame über das Trennende zu stellen und jederzeit handlungsfähig zu sein. An dieser Absicht wird die Regierung Merz gemessen werden. Denn wie Hegel es 1807 in seiner «Phänomenologie des Geistes» ausdrückt: «Die Wahrheit der Absicht ist nur die Tat.»

3. Begegnungen und Erlebnisse

Zeugen ihrer Zeit: Wie kam es zu 1933?

Wer wie ich Ende der 1930er Jahre geboren wurde, war durch die Zeit des Nationalsozialismus sehr viel weniger geprägt als Angehörige derselben Generation, die nur wenige Jahre älter waren und noch Mitglieder des Deutschen Jungvolks, der Hitler-Jugend oder des Bundes Deutscher Mädel gewesen waren. Wieder anders waren die frühen Prägungen derer, die gegen Ende des Zweiten Weltkriegs geboren wurden und deren erste Erinnerungen allenfalls in die Zeit der Währungsreform zurückreichen. Wenige Jahre Altersunterschied genügen in diesem Fall, die identitätsstiftende Aussagekraft in Frage zu stellen, die in dem Begriff «Generation» steckt. Alle diese Jahrgänge verbindet aber, dass sie in ihrer Jugend noch viele Menschen erlebten, die im 19. Jahrhundert aufgewachsen waren und gern über die «gute alte Zeit» vor 1914 berichteten.

Eine meiner Großtanten väterlicherseits erzählte mir einmal mit leuchtenden Augen, wie sie während ihrer Kindheit in einem mitteldeutschen Pfarrhaus Kaiser Wilhelm I., den Kronprinzen Friedrich und seinen Sohn, den späteren Kaiser Wilhelm II., hoch zu Ross durch die Stadt habe reiten sehen. Bei einem Besuch in Bismarcks Alterssitz Friedrichsruh kam ich Anfang der fünfziger Jahre mit einem älteren Kellner ins Gespräch. Als Kind habe er häufig den «Eisernen Kanzler» durch den Park im Sachsenwald wandern sehen, erzählte er mir. Mein Doktorvater Hans Rothfels, Jahrgang 1891, war sieben Jahre alt, als der von ihm verehrte Reichsgründer starb.

Als 1951 repräsentativ ausgewählte Bundesbürger gefragt wurden, in welcher Zeit es Deutschland im 20. Jahrhundert am besten gegangen sei, antworteten 45 Prozent, das sei im Kaiserreich vor 1914 der Fall gewesen. 42 Prozent nannten die Jahre 1933 bis 1939. Die Farben der Kaiserzeit, Schwarz-Weiß-Rot, hatten noch 1955 mehr Anhänger als die republikanischen Farben Schwarz-Rot-Gold. Die Jahre der Weimarer Republik galten den meisten als eine Zeit des Niedergangs und der permanenten Krisen, erst der galoppierenden Inflation, dann der Depression, verbunden mit Massenarbeitslosigkeit und Straßenkämpfen. Vor diesem Hintergrund überraschte es kaum, dass 1952 42 Prozent ein positives Bild von Hjalmar Schacht, dem langjährigen Reichsbankpräsidenten und Reichswirtschaftsminister der Jahre 1934 bis 1937, hatten. Eine gute Meinung von Reichsmarschall Hermann Göring hatten damals 37 Prozent, von Hitler noch 24 Prozent der Befragten.

Wer nach Zeitzeugen suchte, die freundlicher über die Zeit der ersten deutschen Republik dachten als die Mehrheit, fand sie unter bürgerlichen Liberalen und, vor allem, unter Sozialdemokraten. Viele derer, die schon damals Politik gemacht hatten, waren nach 1933 emigriert. Unter meinen akademischen Anregern war der 1898 geborene, 1951 aus dem amerikanischen Exil nach Berlin zurückgekehrte Jurist und Politikwissenschaftler Ernst Fraenkel derjenige, der als Justitiar des Deutschen Metallarbeiterverbandes den tiefsten Einblick in das politische Innenleben der Weimarer Demokratie gehabt hatte.

Es war faszinierend, Fraenkel zuzuhören, wenn er vom Ruhreisenstreit von 1929, einem der größten Arbeitskämpfe der Weimarer Republik, oder dem «Preußenschlag» vom 20. Juli 1932, der Absetzung der geschäftsführend amtierenden preußischen Koalitionsregierung unter dem sozialdemokratischen Ministerpräsidenten Otto Braun durch die Reichsregierung, Franz von Papens «Kabinett der Barone», berichtete. Auf meine Bitte hin hat er seine Erinnerungen an das zuletzt genannte Ereignis in einem ausführlichen Brief an den Kieler Historiker Karl Dietrich Erdmann zusammengefasst, der dieses Dokument in einer Anmerkung zu seinem Buch «Die Zeit der Weltkriege», das 1973 als vierter Band des «Gebhardt», des maßgeblichen Handbuchs der deutschen Geschichte, abgedruckt hat.

Bei Gesprächen in seiner Wohnung in Berlin-Dahlem oder bei sonntäglichen Spaziergängen erzählte mir Fraenkel von seinen Begegnungen mit dem ebenso berühmten wie berüchtigten Staatsrechtler Carl Schmitt, an dessen Seminaren er und sein Freund und Anwaltskollege Franz Neumann in den Jahren vor 1933 regelmäßig teilnahmen. 1932 war Schmitt noch kein Parteigänger der Nationalsozialisten, sondern ein Verteidiger des Präsidialsystems. Um die Partei Hitlers von der Macht fernzuhalten, empfahl Schmitt die Nichtberücksichtigung eines rein negativen Misstrauensvotums des Reichstags durch Reichspräsident und Reichskanzler: ein Punkt, in dem er mit Fraenkel übereinstimmte.

In seiner im Sommer 1932 publizierten Schrift «Legalität und Legitimität» zitierte Schmitt Fraenkel, der sich seinerseits auf Schmitt berief, als er Ende 1932 in der von Rudolf Hilferding herausgegebenen sozialdemokratischen Theoriezeitschrift «Die Gesellschaft» für eine Verfassungsreform plädierte, zu der auch die Einführung eines konstruktiven Misstrauensvotums gehörte: Ein Kanzler sollte künftig nur noch durch die Wahl eines Nachfolgers gestürzt werden können. Carl Schmitts autoritärer Dezisionismus, der 1934 in eine Apologie des Führerstaates mündete, fand in Fraenkel einen seiner schärfsten Kritiker. «Wissen Sie, dass meine Pluralismustheorie meine Antwort an Carl Schmitt ist?» fragte er mich Anfang der 1970er Jahre bei einem unserer Spaziergänge.

Meine wohl denkwürdigste Begegnung mit einem Exponenten der Weimarer Sozialdemokratie fand Anfang 1975 in New York statt. Ich war damals, wie im ersten Kapitel berichtet, mit Studien zur vergleichenden Nationalismusforschung an der Princeton University beschäftigt. Auf Einladung des Goethe-Instituts in New York bestritt ich zusammen mit meinem Kollegen Robert A. («Bob») Gates eine Podiumsdiskussion zu dem (von uns vorgeschlagenen) Thema «Why did Weimar fail?» Der Saal war, entgegen der Erwartung der Institutsleitung, überfüllt. Ich hatte den Eindruck, dass fast das ganze in New York lebende deutsche Exil anwesend war.

In der Diskussion meldete sich ein älterer Herr zu Wort. Er knüpfte an meine Bemerkungen zur relativen Stabilisierung der Weimarer Demokratie nach dem Ende der Hyperinflation an und verwies auf die starken Veränderungen des Wählerverhaltens zwischen den Reichstagswahlen vom Mai und vom Dezember 1924. Mir kamen die Argumente bekannt vor: Ich hatte sie in einem Aufsatz von Ernst Hamburger in einem Heft der «Gesellschaft» aus dem Jahr 1925 gelesen. Ich wusste auch, dass der Autor 1933 emigriert war und in New York lebte. Also fragte ich auf gut Glück «Are you by chance Ernest Hamburger?» und erhielt die Antwort: «Yes, just by chance, I am Ernest Hamburger.»

Der Diskussion im Goethe-Institut folgten noch ein Vier-Augen-Gespräch, in dem Hamburger mir Grüße des an diesem Abend leider verhinderten ehemaligen Bevollmächtigten Preußens beim Reichsrat, Arnold Brecht, übermittelte, sowie eine Einladung in die Wohnung der Hamburgers am Riverside Drive – jener Straße, die als bevorzugte Wohngegend jüdischer Emigranten aus Europa in den New York-Teilen von Uwe Johnsons «Jahrestagen» vorkommt. Meine Frau und ich fühlten uns an diesem Nachmittag wie auf einer Zeitreise in das Deutschland der Jahre vor 1933 versetzt. Hamburger, wie Fraenkel Jude, geboren 1890, von Haus aus Volkswirt und klassischer Philologe, der seine Doktorarbeit über Horaz noch auf Latein verfasst hatte, war von 1924 bis 1933 Abgeordneter der SPD im preußischen Landtag und in der Endphase Weimars stellvertretender Vorsitzender der sozialdemokratischen Fraktion.

In dieser Funktion hatte Hamburger einen markanten Anteil daran, dass der 1928 gewählte Landtag am 12. April 1932 in seiner letzten Sitzung vor der Neuwahl am 24. April eine folgenschwere Änderung seiner Geschäftsordnung beschloss: Für die Wahl des Ministerpräsidenten war bisher nur im ersten Wahlgang die absolute Mehrheit der abgegebenen Stimmen erforderlich; im zweiten Wahlgang gab es eine Stichwahl zwischen den beiden erfolgreichsten Kandidaten; es reichte dabei die relative Mehrheit. Fortan war dank der Änderung dieser Bestimmung für den zweiten und jeden weiteren Wahlgang die absolute Mehrheit der abgegebenen Stimmen notwendig.

Das Kalkül der Initiatoren war klar: Sie gingen davon aus, dass die NSDAP aus der Wahl vom 24. April als stärkste Partei hervorgehen würde; mit einer absoluten Mehrheit für die Rechtsparteien – den Nationalsozialisten, den Deutschnationalen und der rechtsliberalen Deutschen Volkspartei – aber war nicht zu rechnen. Dass die Kommunisten für einen nationalsozialistischen Kandidaten stimmen würden, konnte man ausschließen. Das wahrscheinlichste Ergebnis war mithin, dass die bisherige Regierung aus SPD, Zentrum und Deutscher Staatspartei, der ehemaligen Deutschen Demokratischen Partei, geschäftsführend im Amt bleiben würde. Genau so kam es, und eben deshalb hieß am 20. Juli 1932, dem Tag des «Preußenschlags», der preußische Ministerpräsident immer noch Otto Braun.

Was sich mir aus dem stundenlangen Gespräch mit Ern(e)st Hamburger vom Frühjahr 1975 besonders eingeprägt hat, war seine Schilderung der Reichstagswahl vom 5. März 1933. Ein Teil seiner Familie hatte Deutschland zu diesem Zeitpunkt schon verlassen. Er selbst, als Oberregierungsrat im preußischen Innenministerium von den Nationalsozialisten bereits entlassen und als sozialdemokratischer Jude aufs Höchste gefährdet, zeigte sich aber nochmals im Sinne eines «acte de présence» gegenüber den Anhängern der SPD im Wahllokal in seinem Breslauer Wahlkreis. Unmittelbar darauf ging er ins Exil nach Frankreich und von dort aus 1940 in die USA.

In meine Zeit als Stipendiat des Historischen Kollegs in München im akademischen Jahr 1990/91 fielen zwei Begegnungen mit Josef Felder, dem einzigen damals noch lebenden Reichstagsabgeordneten der SPD, die am 23. März 1933 gegen das Ermächtigungsgesetz gestimmt hatten. Bei unserem ersten Zusammentreffen in seiner Münchner Wohnung am 2. Mai 1991 erzählte er mir von seinen Erinnerungen an die Ausrufung der Bayerischen Republik durch Kurt Eisner auf der Theresienwiese in München am 7. November 1918, die der damals Achtzehnjährige miterlebt hatte, von der ersten Kundgebung mit Hitler, die er 1920, damals Mitglied der USPD, in München besuchte, und den Monaten zwischen November 1932 und Juni 1933, in denen er ein Reichstagsmandat der SPD innehatte, von seinen illegalen Aufenthalten in Österreich und der Tschechoslowakei 1933/34, seiner Internierung im KZ Dachau und seiner Befreiung durch den Skispringer und Textilkaufmann Willy Bogner, der ihn der SA förmlich «abhandelte» und anschließend bis zum Ende des Zweiten Weltkriegs in seiner Münchner Firma beschäftigte.

Für mich am interessantesten war Felders Schilderung der letzten Wochen der Weimarer Republik und der ersten Monate des «Dritten Reiches». Er gehörte im Dezember 1932 und im Januar 1933 zu jenen rund 100 SPD-Abgeordneten, die jede Zusammenarbeit mit dem Reichskanzler Kurt von Schleicher strikt ablehnten; eine Minderheit von 21 Abgeordneten war anderer Meinung. Sehr anschaulich stellte Felder die Zerreißproben dar, denen die Sozialdemokraten vor und nach Hitlers «Friedensrede» vom 17. Mai 1933 ausgesetzt waren, desgleichen die persönliche Feindschaft und den innerparteilichen Machtkampf zwischen Wilhelm Högner, dem zweimaligen Ministerpräsidenten Bayerns in den Nachkriegsjahren, und dem Parteiführer Kurt Schumacher, die nach 1945 das Verhältnis der bayerischen SPD zur Bundespartei belasteten. Zwei Wochen nach diesem «Kaffeeklatsch» traf ich Felder beim Kulturforum der bayerischen Sozialdemokratie wieder, wo ich einen Vortrag über «Die SPD vor Hitler» hielt. An der anschließenden Diskussion beteiligte sich der Neunzigjährige höchst aktiv.

Einige der Zeitgenossen, mit denen ich im Verlauf der Jahrzehnte über die Geschichte des 20. Jahrhunderts im Allgemeinen und das Scheitern der ersten deutschen Demokratie im Besonderen sprechen konnte, hatten zeitweise weit links von der damaligen Sozialdemokratie gestanden. Anfang 1961 suchte ich anlässlich von Bibliotheksstudien für meine Dissertation in London den Korrespondenten des Süddeutschen Rundfunks in Großbritannien, Bernhard Reichenbach, einen Mann mit bewegter politischer Vergangenheit, auf. Vier Jahrzehnte zuvor, im Sommer 1921, hatte er als Delegierter der Kommunistischen Arbeiterpartei Deutschlands (KAPD), einer linken Absplitterung von der KPD, am Dritten Weltkongress der

Kommunistischen Internationale in Moskau teilgenommen und als Beauftragter seiner Partei beim Exekutivkomitee der Komintern Gespräche mit Lenin geführt, die mit dazu beitrugen, dass die KAPD kurz darauf aus der Komintern ausschied. Nicht nur davon war bei dem mehrstündigen Gespräch in London die Rede, sondern auch vom Ausbruch des Ersten Weltkriegs. Reichenbach zeigte mir seine Sammlung von zeitgenössischen Dokumenten, darunter der Falschmeldungen über einen französischen Bombenabwurf nahe bei Nürnberg am 2. August 1914, dem Tag vor der deutschen Kriegserklärung an Frankreich.

Im November 1976 besuchte ich auf Einladung des Vorläufers des Goethe-Instituts in Tel Aviv, des Deutschen Kulturinstituts, Israel. Ich hielt in Tel Aviv, Jerusalem und Haifa mehrere Vorträge zur deutschen Geschichte des 20. Jahrhunderts. Bei einer Exkursion ins besetzte Westjordanland lernten meine Frau und ich einige der historischen Stätten kennen, darunter Bethlehem, Kapernaum, Jericho und Masada. In Jerusalem traf ich erstmals mit dem israelischen Historiker Moshe Zimmermann zusammen. In Tel Aviv führte ich Gespräche mit dem aus Österreich stammenden Historiker Walter Grab und dem deutschen Journalisten Rudolf Küstermeier, der als einer der Gründer des «Roten Stoßtrupps» im linkssozialdemokratischen Widerstand gegen den Nationalsozialismus aktiv und deswegen jahrelang KZ-Häftling in Bergen-Belsen gewesen war.

Ein besonderer Höhepunkt der Israelreise war für uns der Besuch im Kibbuz Lehavot HaBashan. Dorthin hatte mich der Historiker Avraham Barkai eingeladen. Er war als Abraham Becker 1921 in Berlin geboren worden und wuchs im Scheunenviertel unter Arbeitslosen auf. Seine Schilderungen vom kommunistischen Milieu in den Jahren der späten Weimarer Republik halfen mir, die Hintergründe von Ereignissen zu verstehen, auf die ich in meiner «Geschichte der

Arbeiter und der Arbeiterbewegung in der Weimarer Republik» ausführlich einging: die Straßenkämpfe vom «Blutmai» 1929, die Ermordung der Polizisten Lenk und Anlauf durch Angehörige des Militärpolitischen Apparates der KPD, darunter der spätere DDR-Minister für Staatssicherheit, Erich Mielke, am 9. August 1931 und die blutigen Auseinandersetzungen zwischen Kommunisten und Nationalsozialisten im Sommer 1932.

In der KPD aktiv gewesen war in seiner Jugend Heinz Zöger, der in Leipzig aufgewachsene spätere Ehemann der Journalistin Carola Stern, mit dem ich über die Jahre hinweg viele intensive Gespräche führen konnte. Durch ihn erfuhr ich viel über das kulturelle Ambiente der kommunistischen Weltbewegung und den Alltag der Kämpfe zwischen «Rotfront» und SA. Wegen seiner Tätigkeit im kommunistischen Widerstand wurde er im «Dritten Reich» zu einer langjährigen Zuchthausstrafe verurteilt. Diese Strafe habe ihn vor dem sehr viel schlimmeren KZ und nach 1941 vor einem Fronteinsatz gegen die Rote Armee bewahrt, erzählte er später. In der DDR brachte es Zöger zum Chefredakteur der vom *Kulturbund* herausgegebenen Wochenzeitung *Sonntag*. Als Angehöriger der oppositionellen Gruppe um den Philosophen Wolfgang Harich wurde er 1957 verhaftet und zu zweieinhalb Jahren Zuchthaus verurteilt. Nach dieser Erfahrung brach Heinz Zöger mit dem Kommunismus und der DDR. Seit 1959 lebte er in der Bundesrepublik, wo er als Redakteur des Westdeutschen Rundfunks weiter tätig war.

Ein aktiver Jungkommunist war bis zum Jahr 1929 auch Richard («Rix») Löwenthal, der spätere Professor am Otto-Suhr-Institut an der Freien Universität Berlin. Er war 1926 im Alter von 18 Jahren der KPD beigetreten und hatte 1927/28 als Nachfolger seines Freundes Franz Borkenau die Leitung der «Kostufra», der Kommunistischen Studentenfraktion der Hochschulorganisation der KPD, übernommen. In einem (im zweiten Band meiner Arbeitertrilogie) abgedruckten Brief an mich vom 14. Februar 1984 schildert er, wie es zu seinem (und Borkenaus) Bruch mit der KPD kam. Ursache war der scharfe Linksruck der Komintern auf ihrem 6. Weltkongress, der von Juli bis September 1929 in Moskau stattfand: jenem Treffen, auf dem alle kommunistischen Parteien verpflichtet wurden, die bald nur noch «Sozialfaschisten» genannten Sozialdemokraten als Hauptfeind innerhalb des Proletariats zu bekämpfen.

Löwenthal und Borkenau gehörten zu den «Rechtsabweichlern», die sich um den in der KPD verfemten, ehemaligen Parteivorsitzenden Heinrich Brandler scharten. In Löwenthals Brief an mich heißt es dazu: «Als Ende 1929 deutlich wurde, dass der Parteiapparat dies herausgefunden hatte und unser Ausschluss bevorstand, nahmen wir eine Reichstagung des ‹Sozialistischen Schülerbundes›, bei dem wir als Berater anwesend waren, zum Anlass, offen die Disziplin zu brechen und so den Anlass zum Ausschluss selbst zu wählen.»

Nach Zwischenstationen in der KPO, der Kommunistischen Partei-Opposition, und in der Leninistischen Organisation um Walter Loewenheim («Miles») gehörte Löwenthal 1933 zu den Gründern der linkssozialistischen Widerstandsgruppe Neubeginnen, die sich das Ziel setzte, die Spaltung der Arbeiterbewegung zu überwinden. Zum sozialdemokratischen Reformisten wurde er im britischen Exil. Als Autor des 1947 erschienenen Buches «Jenseits des Kapitalismus» wurde er zum Ideengeber einer ganzen Generation deutscher Sozialdemokraten. Als der Studentenführer Rudi Dutschke 1967 während einer Podiumsdiskussion im Audimax der Freien Universität Löwenthal mit Zitaten aus einer streng marxistischen Faschismusanalyse konfrontierte, die dieser unter dem Pseudonym «Paul Sering» 1935 in der Prager *Zeitschrift für Sozialismus* publiziert hatte, konterte der Angesprochene souverän: «Ich freue mich, dass ich in Rudi Dutschke einen posthumen Schüler gefunden habe.»

Für mich wurde «Rix» zum persönlichen Freund und zu einem der wichtigsten intellektuellen Anreger überhaupt. Dass er ebenso wie der sozialdemokratisch geprägte Ernst Fraenkel, der konservative Hans Rothfels, der liberale Hans Rosenberg und manche andere der von Hitler ins Exil getriebenen deutschen Juden (oder, im Falle Rosenbergs, «Halbjuden») nach Deutschland zurückkehrte und uns Jüngere an ihren Erfahrungen und Einsichten teilnehmen ließ, erfüllt mich nach wie vor mit großer Dankbarkeit.

Unter den Namen der jüdischen Zeugen des 20. Jahrhunderts, denen ich begegnet bin, darf einer nicht fehlen: der von Nahum Goldmann, dem Präsidenten des Jüdischen Weltbundes und der Zionistischen Weltorganisation, einem frühen Vorkämpfer einer jüdisch-arabischen Zweistaatenlösung für Palästina. Dass ich ihn kennenlernte, verdankte ich seinem Sohn Guido Goldman (der seinen Namen amerikanisiert hatte, indem er ihn anders als sein Vater mit einem n schrieb). Guido, der Leiter des German Kennedy Memorial Fellowship-Programms an der Harvard-Universität, lud mich im späten Frühjahr oder Frühsommer 1968 ein, in einem New Yorker Hotel nahe dem Central Park einen gemeinsamen Nachmittag mit ihm und seinem Vater zu verbringen.

Nahum Goldmann, 1895 im Zarenreich geboren, seit 1900 in Deutschland aufgewachsen, war ein glänzender Erzähler. Er schilderte, wie er im Ersten Weltkrieg publizistisch für das Auswärtige Amt tätig wurde, das damals ein großes Interesse daran hatte, das osteuropäische Judentum zu einem Verbündeten im Kampf gegen Russland zu machen. Über diese Episode berichtete Goldmann genauso präzise und anschaulich wie über die Verhandlungen, die er über drei Jahrzehnte später, 1951, mit Bundeskanzler Adenauer führte – Verhandlungen, die die Grundlage für das Wiedergutmachungsabkommen zwischen der Bundesrepublik Deutschland und dem Staat Israel vom September 1952 bildeten. Ich habe in den zwei bis drei Stunden in dem New Yorker Hotel mehr über die Geschichte des deutsch-jüdischen Verhältnisses im 20. Jahrhundert gelernt als aus vielen Büchern.

Zaungast der Primaries: Die USA im Sommer 1968

Einen der Höhepunkte meines ersten Aufenthalts in Amerika bildete eine Rundreise durch die USA per Bus. Sie fand im Mai und Juni 1968 während der Primaries zu den Präsidentschaftswahlen statt: eine einzigartige Gelegenheit, die politische Kultur und das Funktionieren der ältesten westlichen Demokratie zu beobachten. Vier der Politiker, die sich um die Präsidentschaftskandidatur ihrer Partei bewarben, erlebte ich «live»: den Republikaner Nelson Rockefeller in Utah, den Demokraten Robert F. Kennedy in Kalifornien, seinen Parteifreund, den «Friedenskandidaten» Eugene McCarthy, in New Mexiko, und den rechtsradikalen George Wallace in Mississippi. Mit «Bobby» Kennedy konnte ich am Tag vor dem tödlichen Attentat am Rande einer Wahlveranstaltung in San Francisco ein paar Worte wechseln, das gleiche mit Eugene McCarthy in Santa Fe bei einem Treffen seiner Unterstützer am Abend seines Wahlsiegs in New Mexico. In den Tagen zuvor hatte ich mich in Taos County aktiv an der Kampagne der dortigen «Concerned Democrats» für den Senator aus Minnesota beteiligt.

Meine Begegnung mit George Wallace, dem Kandidaten der von ihm geführten Independence Party, war die intensivste. Er gab am Tag meines Aufenthalts in Jackson, Mississippi, eine Pressekonferenz im Heidelberg Hotel, in dem ich übernachtet hatte. Nach der (seit der Ermordung Robert Kennedys vorgeschriebenen) Sicherheitskontrolle gewährte mir ein freundlicher Officer des FBI Zugang zu diesem Treffen mit den Worten: «Well, if you are a spy, cover your story well.» In der Pressekonferenz fragte ich Wallace, ob ihm bewusst sei, dass er in Europa weithin als Führer einer neuen faschistischen Bewegung angesehen werde. «For which newspaper are you writing?» fragte er irritiert, worauf ich erwiderte: «For the ‹Berliner Stimme›, a socialdemocratic weekly.» Er meinte dann, ich hätte den Begriff «Faschismus» von meinen «leftist college professors» übernommen, und versicherte, er könne gar kein Faschist sein, weil er im Zweiten Weltkrieg gegen die Faschisten gekämpft habe. Daraufhin wandelte ein amerikanischer Journalist meine Frage etwas ab: Ob er, Wallace, denn wenigstens zugebe, ein Rassist zu sein. Dieser verneinte wortreich, aber nicht eben überzeugend. Die Pressekonferenz hatte offenkundig einen anderen Verlauf genommen als von Wallace erwartet. Bei der Präsidentenwahl vom November 1968 brachte er es später auf den beachtlichen Stimmenanteil von 13,5 Prozent – Stimmen, die großteils den Demokraten fehlten und dem Republikaner Richard Nixon zu seinem knappen Wahlsieg über den Demokraten Hubert Humphrey verhalfen.

Drei Jahre zuvor hatte George Wallace als Gouverneur von Alabama der Stadtverwaltung des kleinen Ortes Selma auf der rechten Seite des Alabama River volle Rückendeckung gegeben, als sie mit allen verfügbaren Mitteln Schwarze daran hinderte, von ihren Bürgerrechten Gebrauch zu machen und sich in die Wählerliste einzutragen. Er trug die Verantwortung dafür, dass es am 7. März 1965 zum «Bloody Sunday» von Selma kam. Für diesen Tag hatte die schwarze Bürgerrechtsbewegung um den Pfarrer Martin Luther King einen Protestmarsch von Selma nach Montgomery, der Hauptstadt von Alabama, geplant. Der Polizeichef von Selma ließ die Demonstranten, von Wallace gedeckt, durch berittene Polizei mit äußerster Brutalität, noch bevor sie Selma erreicht hatten, auseinanderjagen. Erst nachdem Präsident Johnson Bundestruppen nach Alabama entsandt hatte, konnte zwei Wochen später, am 21. März, ein neuer Protestmarsch, an dem auch weiße Bürgerrechtler teilnahmen, unbehindert stattfinden. Am Abend desselben Tages wurde eine schwarze Bürgerrechtlerin aus Detroit, eine Mutter von vier Kindern, von Angehörigen des Ku-Klux-Klans ermordet.

Am 3. April 1968 nahm mich ein weißer Unterstützer der schwarzen Bürgerrechtsbewegung auf meine Bitte hin in einen Slum des New Yorker Stadtteils Bedford Stuyvesant mit, wo er als Sozialarbeiter das Vertrauen der jungen, meist arbeitslosen Schwarzen besaß. Ich fühlte mich in seiner Gegenwart bei den Gesprächen, die wir führten, völlig sicher. Tags darauf wurde Martin Luther King von einem rechtsradikalen ehemaligen Sträfling in Memphis, Tennessee, ermordet. In der Nacht vom 4. zum 5. April und in den kommenden Tagen entlud sich in über 100 Städten der USA, auch in New York und besonders in Bedford Stuyvesant, die aufgestaute Wut der Schwarzen in Unruhen und Ausschreitungen.

Zu blutigen Zusammenstößen kam es Ende August 1968 auch beim Wahlkongress der Demokraten in Chicago. Dort musste die Entscheidung zwischen den beiden aussichtsreichsten Bewerbern um die Präsidentschaft, dem «Friedenskandidaten» Eugene McCarthy und Vizepräsident Hubert Humphrey fallen, der inzwischen als Verfechter eines harten Kurses im Vietnamkrieg galt. Unter den Zehntausenden von Unterstützern McCarthys, die nach Chicago gekommen waren, befanden sich auch einige, denen ich mich ein paar Wochen zuvor in Taos angeschlossen hatte. Sie wurden mit einem

Riesenaufgebot von Polizisten, Nationalgardisten, Soldaten und FBI-Agenten erst aus dem Lincoln Park, dann aus dem Grant Park vertrieben. Danach kam es vor dem Hilton Hotel, dem Hauptquartier der beiden Kandidaten, zu einer blutigen Straßenschlacht.

Nach meiner Rückkehr nach Berlin erreichte mich aus Taos ein erschütternder Bericht über die Gewalteskalation von Chicago. Dass die demokratischen Delegierten sich mit großer Mehrheit für Humphrey als Präsidentschaftskandidaten entschieden, trug zusätzlich dazu bei, dass nicht wenige der «Concerned Democrats» nicht nur mit ihrer Partei brachen, sondern der «etablierten Politik» überhaupt für lange Zeit den Rücken kehrten.

Was ich in Harvard an Diskussionen über den Vietnamkrieg erlebt hatte, unterschied sich stark von dem, was ich aus Berlin kannte. Befürworter des Krieges hätten 1967/68 an der Freien Universität kaum auftreten können, ohne sofort niedergebrüllt zu werden. In Harvard erlebte ich im Frühjahr 1968 eine höchst kontroverse, aber durchweg sachliche Debatte zwischen McGeorge Bundy, dem früheren nationalen Sicherheitsberater der Präsidenten Kennedy und Johnson, der als «Falke» auftrat, und einer «Taube», dem Politikwissenschaftler Stanley Hoffmann. Beifall gab es freilich nur für die Thesen Hoffmanns, der aussprach, was fast alle Anwesenden dachten. McGeorge Bundy erhielt aber immerhin, bevor er das Wort ergriff, Höflichkeitsapplaus. Dass es an diesem Abend zu einem persönlichen Zerwürfnis der beiden Redner kam, erfuhr ich erst viele Jahre später, als ich Stanley Hoffmann auf das Streitgespräch ansprach. Ich verließ die USA im Sommer 1968 mit tiefem Respekt vor der liberalen akademischen Streitkultur, wie ich sie in Harvard erlebt hatte und in Berlin vermisste.

Das andere Deutschland: Neun Wochen in der DDR

Im Spätsommer und Frühherbst 1966 hatte ich die Gelegenheit, den «real existierenden Sozialismus» im anderen deutschen Staat etwas näher kennenzulernen: Ich durfte mit behördlicher Genehmigung zum Zweck von Quellenstudien für mein Habilitationsprojekt über den gewerblichen Mittelstand und die Mittelstandspolitik in der Weimarer Republik die einschlägigen Bestände in den beiden Abteilungen des Deutschen Zentralarchivs in Potsdam und Merseburg auswerten. Auf meinen Antrag hin wurde mir sogar die Erlaubnis erteilt, meinen Aufenthalt in der DDR zu verlängern und in Merseburg auch Quellenbestände zum preußischen Liberalismus in der Zeit des Verfassungskonflikts der 1860er Jahre, meinem Dissertationsthema, einzusehen. Ein entsprechender Antrag war sechs Jahre zuvor noch abgelehnt worden.

Außer mir nutzten im August und September 1966 auch andere Historiker aus «kapitalistischen» Staaten die Phase der relativ liberalen Handhabung des Archivzugangs durch die DDR-Behörden. Zu diesen Kollegen gehörten Charles Bloch aus Israel, Timothy W. Mason aus Großbritannien und Helmut Böhme, ein Schüler von Fritz Fischer aus Hamburg. Ebenso wie Tim Mason, ein perfekt Deutsch sprechender Marxist der liberalen englischen Prägung, der neun Jahre später seine klassischen Studien über «Arbeiterklasse und Volksgemeinschaft» vorlegte, wohnte auch ich während meiner Potsdamer Archivstudien in einer Privatpension in Babelsberg. Eines Morgens, als die Schale sich nicht rasch von seinem Frühstücksei löste, merkte Tim trocken an: «Da sieht man, was für ein friedliebender Staat die DDR ist: Nicht einmal Eier kann sie abschrecken.»

Noch eine andere Episode aus der besagten Babelsberger Pension habe ich in guter Erinnerung. Ein westdeutscher Kollege erzählte uns beim Frühstück, er habe tags zuvor eine Matinee anlässlich der Eröffnung einer Ausstellung mit Werken des «Sozialistischen Realismus» besucht und sei anschließend von den Veranstaltern zu einem Umtrunk im kleineren Kreis eingeladen worden. Dort habe er gefragt, ob jemand ihm erklären könne, was «Sozialistischer Realismus» eigentlich sei. Die Antwort gab der ranghöchste Funktionär, der DDR-Botschafter in Nordvietnam auf Heimaturlaub. Er hub an: «Sozialistischer Realismus ist die objektive Widerspiegelung der Realität ...». Nach einer kleinen Kunstpause setzten die anderen Anwesenden den Satz im Chor fort: «... bloß viel, viel schöner.» Willy Brandt, dem ich die Geschichte im November 1979 erzählte, hat sie in seine Sammlung von Witzen («Lachen hilft») aufgenommen.

Wann immer ich in Potsdam mit Jugendlichen ins Gespräch kam, hatte ich den Eindruck, dass sie dem Regime nicht eben nahestanden. Den Ersten Sekretär der SED und Vorsitzenden des Staatsrates der DDR, Walter Ulbricht, nannten sie ironisch «unseren Kaiser». Der «erste Arbeiter- und Bauernstaat auf deutschem Boden» kam mir ziemlich kleinbürgerlich, um nicht zu sagen spießig vor. In manchen Lokalen herrschte abends Krawattenzwang. Als Charles Bloch, der nie einen Schlips trug, deswegen der Zugang verwehrt wurde, solidarisierten wir anderen «Westler» uns mit ihm und kehrten um.

Meinem Archivbesuch in Potsdam verdanke ich auch die «Entdeckung» eines Kapitels der deutschen Arbeiterkultur (oder besser Arbeiterbewegungskultur), mit dem ich mich einige Jahre später wissenschaftlich befassen sollte. Bei einem sonntäglichen Spaziergang durch ein kleines Waldstück in Babelsberg sah ich zahllose Blätter mit Noten und Texten von sozialistischen Kampfliedern aus dem 19. und 20. Jahrhundert auf dem Weg liegen – Blätter, die vermutlich eine Schalmeienkapelle der FDJ dort versehentlich hinterlassen hatte. Ich sammelte die Blätter auf und prägte mir die meisten Texte ein, darunter auch den der Internationale. Zwei Jahre später, am 21. August 1968, marschierten die Truppen des Warschauer Pakts in die Tschechoslowakei ein, um dem «Prager Frühling» ein gewaltsames Ende zu bereiten. Noch am gleichen Tag rief der Republikanische Club, eine vom SDS ins Leben gerufene West-Berliner Intellektuellenvereinigung, zu einer Protestdemonstration gegen diesen aggressiven Akt vor der tschechoslowakischen Militärmission in Dahlem auf. Zum Abschluss der kurzen Kundgebung wurden die Teilnehmer aufgefordert, die Internationale zu singen. Ich sang aus voller Kehle mit, war damit aber ziemlich allein: Die wenigsten Demonstranten kannten den Text der drei Strophen.

Ich nutzte meinen insgesamt neunwöchigen Aufenthalt in der DDR, um auf den Spuren Theodor Fontanes möglichst viel von der Mark Brandenburg kennenzulernen. Die eine Woche, die ich in Merseburg verbrachte, erlaubte mir Abstecher nach Halle und Naumburg. Was ich bei anderen Gelegenheiten von der DDR sah, hätte ich eigentlich gar nicht sehen dürfen: Ich wich bei Autofahrten von West-Berlin nach Prag, nach Schweden oder zur Leipziger Buchmesse mehrfach von der vorgeschriebenen Transitstrecke ab und bekam auf diese Weise einen ersten Eindruck vom Spreewald, von Greifswald und von Sachsen. Anfang 1986 unternahmen meine Frau und ich während unseres Aufenthaltes am Wissenschaftskolleg zu Berlin eine genehmigte Reise in die DDR, die uns nach Dresden, Naumburg, Magdeburg, Halberstadt, Quedlinburg und Gotha führte. Der Zufall wollte es, dass wir dabei auch nach Meisdorf im Harzvorland kamen, wo mein Vater 1904, als Sohn des Pfarrers August Winkler geboren worden war.

Von meinem wohl denkwürdigsten Besuch in der DDR habe ich im ersten Kapitel berichtet: Es war der Aufenthalt in Leipzig im Juni 1989, der auf eine Einladung der Sektion Geschichte der dortigen Karl-Marx-Universität zurückging und meine Frau und mich zu Zeugen einer beginnenden Zeitenwende machte. Vermittelt hatte die Einladung der evangelische Theologe und Kirchenhistoriker Kurt Nowak, mit dem ich mich 1988 bei meinem Forschungsbesuch an der Maison des Sciences de l'Homme in Paris angefreundet hatte. In seinem Haus fanden die intensivsten politischen Gespräche statt, die meine Frau und ich in Leipzig führten. Fünf Monate später fiel die Berliner Mauer.

Im Frühjahr 1990 fuhren wir noch einmal kreuz und quer durch die DDR – von Leipzig nach Meißen und von dort über Bismarcks Geburtsort Schönhausen in der Altmark, Stendal und Tangermünde an die vorpommersche Ostseeküste. Die Fernsehübertragung der Regierungserklärung des Ministerpräsidenten Lothar de Maizière vor der freigewählten Volkskammer der DDR am 19. April sahen wir im Fernsehen auf Usedom. Die Ostdeutschen, mit denen wir uns in den Jahren zuvor angefreundet hatten, gehörten alle zum engeren oder weiteren Umfeld der Bürgerrechtsbewegung. Auf Usedom begegnete uns ein anderer Typ von Landsleuten: Wir waren erstaunt, wie deutschnational dort noch viele dachten und welche Vorurteile es gegenüber Polen und Juden gab, und das selbst in einem neugegründeten SPD-Ortsverein. Die Unterdrückung jeder freien politischen und intellektuellen Auseinandersetzung mit der deutschen Geschichte in der DDR hatte zur Konservierung eines Weltbildes geführt, dessen Wurzeln bis in die Zeit vor 1918 zurückreichten.

Polen: Ein Land im Umbruch

Neben der DDR gab es ein weiteres Ostblockland, das wir in der Zeit des Kalten Krieges näher kennenlernen konnten. Polen. Auf meine Freundschaft mit den Historikern Bronisław Geremek und Jerzy Holzer, zwei Holocaust-Überlebenden, bin ich schon im ersten Kapitel dieses Buches zu sprechen gekommen und ebenso auf meinen ersten Besuch in Polen im Juni 1979. Dem offiziellen Teil mit meinem Vortrag an der Polnischen Akademie der Wissenschaften in Warschau folgte der private Teil. Er brachte mein erstes Wiedersehen mit dem ehemaligen Ostpreußen seit 1944. In meiner Königsberger Zeit hatte ich außer der Samlandküste und der Kurischen Nehrung nicht viel von meiner Heimat kennengelernt. Jetzt erlebten meine Frau und ich erstmals die hinreißend schöne Seenlandschaft Masurens, von der mir meine Mutter immer wieder vorgeschwärmt hatte.

Auf der Fahrt nach Masuren machten wir im wunderbar restaurierten Danzig Station. Wir unternahmen eine Exkursion auf die Frische Nehrung, besichtigten die Marienburg (Malbork), Elbing (Elbląg) und das mittelalterliche Frauenburg (Frombork), wo Kopernikus Domherr gewesen war, das Kloster Heiligelinde (Święta Lipka) im Ermland sowie Allenstein (Olsztyn) und verbrachten einige Tage in Angerburg nahe am Mauersee, nicht weit von der Grenze zum sowjetischen Teil des früheren Ostpreußen, der Kaliningradskaja Oblast.

Unser erster Besuch in Polen fiel zeitlich zusammen mit der ersten Reise des neugewählten Papstes Johannes Paul II. («Jan Pavel»), des vormaligen Kardinals von Krakau, Karol Wojtyła in seine polnische Heimat. Seine Messe in Warschau wurde vom Fernsehen und vom Rundfunk übertragen und war auch ohne öffentliche Lautsprecher überall im Lande zu hören: In allen Orten waren die privaten Fernseh- oder Rundfunkgeräte laut gestellt; die Fenster standen offen, so dass jedermann Zeuge dessen wurde, was in der Hauptstadt geschah.

Auf der Fahrt von Warschau nach Danzig hielt uns zwischen Thorn (Toruń), dem Geburtsort von Kopernikus, und Kulm (Chełmno), dem Geburtsort von Kurt Schumacher, kurz die Jugendorganisation der Polnischen Vereinigten Arbeiterpartei auf: Sie hatte eine Demonstration organisiert, um zu zeigen, das es auch noch das andere, das kommunistische Polen, gab. Ohne den Papstbesuch vom Juni 1979, so hat uns Geremek später gesagt, wäre es im Jahr darauf kaum zur Gründung der unabhängigen Gewerkschaft Solidarność auf der Danziger Leninwerft gekommen. Die erste Polenreise des neuen Pontifex hatte in der Tat weltgeschichtliche Wirkungen. Sie gehört zur Vorgeschichte jener Friedlichen Revolution, die im Spätsommer 1980 in Polen begann und in den Jahren 1989 bis 1991 im Zusammenbruch der kommunistischen Herrschaft in Europa ihren Höhepunkt erreichte.

Um einen Amtsvorgänger von Johannes Paul II. zu finden, der ähnlich starke historische Veränderungen bewirkt hat, muss man neun Jahrhunderte zurückgehen, bis hin zum Pontifikat Gregors VII., der von 1073 bis 1085 Bischof von Rom gewesen war. Er war der Urheber jener «Papstrevolution», von der Eugen Rosenstock-Huessy in seinem Buch über die europäischen Revolutionen gesprochen hat. Im Dictatus Papae von 1075 erhob Gregor den Anspruch, weltliche Herrscher ein- und abzusetzen. Dieses Ziel hat er zwar nicht erreicht, aber er trug doch entscheidend zur Ausdifferenzierung von geistlicher und weltlicher Gewalt bei, die allen späteren Gewaltenteilungen im lateinischen Europa, dem «Abendland», und damit dem spezifisch westlichen Pluralismus zugrunde liegt. Johannes Paul II., ein konservativer Revolutionär wie Gregor VII., war in seinen politischen Ansprüchen bescheidener, aber er hatte durch sein Wirken einen erheblichen Anteil an dem größten Regimewechsel, den es in Europa nach 1945 gegeben hat: den Friedlichen Revolutionen von 1989.

Über unsere Polenreisen zur Zeit des im Dezember 1982 verhängten Kriegsrechts habe ich in einem Beitrag für den vom Deutschen Polen-Institut in Darmstadt herausgegebenen Band «Mein Polen – Meine Polen» berichtet, der in meinem 2021 erschienenen Aufsatzband «Deutungskämpfe» wieder abgedruckt ist. Da die Wohnungen unserer Freunde, der Solidarność-Aktivisten Geremek und Holzer, von der polnischen Staatssicherheit abgehört wurden, führten wir unsere intensiven Gespräche außerhalb ihrer eigenen vier Wände: mit Bronisław und Hanna Geremek im September 1983 in deren Datsche am Narew, mit den Geremeks und den Holzers zusammen im Frühsommer 1985 in einem ehemals deutschen Bauernhaus, das inzwischen unserer gemeinsamen Freundin Maria Walicka gehörte. Es lag in der Nähe von Alt-Ukta nahe dem Spirdingsee in Masuren.

In der Küche, wo wir am häufigsten diskutierten, prangten auf den Kacheln über dem Herd zwei deutsche Sinnsprüche: «Trautes Heim – Glück allein» und «Eigener Herd ist Goldes wert». Eines Abends brach schlagartig die politische Wirklichkeit in die masurische Idylle ein: Radio Free Europe meldete, dass ganz in der Nähe ein mit Geremek befreundeter, untergetauchter Führer der verbotenen Gewerkschaft Solidarność von der Polizei verhaftet worden war. Es dauerte eine Weile, bevor wir wieder zur Tagesordnung übergehen und unsere Gespräche fortsetzen konnten.

In die Zeit unseres Masurenaufenthalts von 1985 fallen zwei unverhoffte Begegnungen mit dem, was vom alten Ostpreußen noch übrig war. Am Rande eines Ackers trafen wir eine ältere Frau, die uns in unverfälschtem Ostpreußisch von ihren Erfahrungen Anfang des Jahres 1945 erzählte. Sie gehörte zur kleinen Minderheit der Philipponen, einer in den 1820er Jahren aus Russland geflüchteten altorthodoxen Sekte, der der preußische König Friedrich Wilhelm III. eine neue Heimstatt in Masuren angeboten hatte. Die Wehrmacht hatte bei ihrem Rückzug die verbliebenen Bewohner des Ortes ihrem Schicksal überlassen. Näheres wollte die autochthone Masurin uns nicht sagen. Sie berichtete aber, dass der altrussische Dialekt, den ältere Philipponen im Gespräch mit russischen Soldaten hervorkramten, das Misstrauen der Roten Armee erregte, die sie zunächst für Spione hielt. Das alles lag nun vier Jahrzehnte zurück, aber eines war klar: In die Bundesrepublik übersiedeln wollte unsere Gesprächspartnerin nicht. Hier, in Masuren, war sie zu Hause, und hier wollte sie bleiben.

In einem Nachbarort lernten wir einen deutschsprachigen Arbeiter namens Ekkehard, allgemein «Ecki» genannt, kennen. Er lud uns in seine «gute Stube» ein und servierte uns Schmandbonbons, wie ich sie von meiner Großmutter kannte. An der Wand hing ein Bild von Papst Jan Pavel. Da die Masuren, die neben deutsch von Hause aus einen polnischen Dialekt sprechen, meist Protestanten sind, fragte ich ihn, ob er evangelisch sei, was er bejahte. Auf meine weitere Frage nach dem Grund für den päpstlichen Wandschmuck antwortete er, seine Frau sei Polin, also Katholikin, und fuhr dann in schönstem Ostpreußisch fort: «Im iebrijen, er hat mir nuscht jetan, ich habe ihm nuscht jetan. Warum soll ich ihm nich an die Wand hängen?»

Spurensuche in Kaliningrad: Ein Besuch im einstigen Königsberg

Dass ich Königsberg jemals wiedersehen würde, habe ich mir vor 1989 nicht vorstellen können. Doch die Umwälzungen der Jahre 1989 bis 1991 machten das unmöglich Erscheinende möglich. Am 9. Juli 1994, fünfzig Jahre nachdem meine Mutter, meine Großmutter und ich die ostpreußische Hauptstadt verlassen hatten, trafen meine Frau und ich, mit dem «Königsberg-Express» von Berlin kommend, auf dem Hauptbahnhof von Kaliningrad ein. Organisiert hatte die Fahrt ein Reisebüro, dessen Angebot von etwa dreißig Interessenten, meist Heimwehtouristen der ersten oder zweiten Generation, wahrgenommen wurde. Der erste Eindruck von meiner Geburtsstadt war, so hielt ich es in meinem Tagebuch fest, «niederschmetternd. So ist das Zentrum immer wieder geschildert worden: eine anonyme Betonwüste, aus der Domruine und Börse wie Urzeitfossilien herausragen.»

Unsere Reisegruppe fuhr zunächst nach Georgenswalde bei Rauschen an der Samlandküste weiter, wo wir in einer Art Jugendherberge untergebracht wurden. (Ich verwende hier und im Folgenden nur die mir vertrauten deutschen und nicht die russischen Namen von Städten im ehemaligen nördlichen Ostpreußen.) «In Rauschen stehen außer dem Wasserturm aus wilhelminischer Zeit noch viele Häuser aus der Zeit vor 1945», so heißt es in meinem Tagebuch. «Als Kind war ich wohl 1942 oder 1943 hier: Geblieben ist die Erinnerung an die steile Treppe von der Düne zum Strand.»

Am 10. Juli folgte eine Stadtrundfahrt durch das jetzige Kaliningrad. Wir besichtigten den zum größten Teil restaurierten Dom mit dem Kant-Grabmal. In der weiteren Umgebung gab es noch mehrere, zum Teil restaurierte Bauwerke aus der deutschen beziehungsweise preußischen Zeit: das Brandenburger Tor, das Friedländer Tor, den Dohnaturm mit dem Bernsteinmuseum, den Nordbahnhof, das neue Schauspielhaus, die Oberpostdirektion, das Schiller-Denkmal und die Universität, vor der seit einigen Jahren wieder Immanuel Kant auf seinem Denkmalsockel stand. Bei dessen Anblick ging mir eine Geschichte durch den Kopf, die mir meine Mutter erzählt hat: Als während des Zweiten Weltkriegs unter dem Denkmal ein Luftschutzkeller gebaut wurde, habe ein Spötter angeregt, das berühmte Wort Kants von den zwei Dingen, die das Gemüt erfüllten, wie folgt zu aktualisieren: «*Drei* Dinge erfüllen das Gemüt mit immer neuer und zunehmender Bewunderung und Ehrfurcht, je öfter und anhaltender sich das Nachdenken damit beschäftigt: der bestirnte Himmel über mir, das moralische Gesetz in mir *und der Luftschutzkeller unter mir.*»

Die Rundfahrt führte uns durch den mir vertrauten Stadtteil Amalienau am Hammerteich vorbei nach Juditten. Ich sah dort das Haus Nummer 27 in der Friedrichswalder Allee, wo ich am 19. Dezember 1938 geboren wurde: ein schmuckes, weiß gestrichenes, zweistöckiges Haus in einem verwilderten Obstgarten. Das Haus Hardenbergstraße 24 in Amalienau, wo meine Mutter und ich seit Ende 1939 zusammen mit meiner Großmutter Sophie Seraphim und ihrer ältesten Tochter Doris gewohnt hatten, stand nicht mehr. Ich notierte: «Die neuen Gebäude sind Mietshäuser im brutalsten Plattenbau. Slumartig, verwahrlost wirken sie, desgleichen die ehemaligen Gärten dahinter – Wildnis mit Abfällen. Die Häuser gegenüber stehen alle noch, wie überhaupt die Umgebung ganz unverändert aussieht.»

Zusammen mit der Reisegruppe fuhren wir tags darauf über Cranz auf die Kurische Nehrung zur Vogelwarte Rossitten und nach

Pillkoppen. Am 12. Juli ging es privat, in einem Taxi, über Tapiau, Insterburg und Gumbinnen nach Trakehnen, der Heimat der berühmten, nach dem Ort benannten Pferde. In allen Orten erinnerten, wenn auch sonst nicht viel aus der Zeit vor 1945 erhalten geblieben war, die gusseisernen Gullydeckel mit den Namen der Herstellerfirma an die preußisch-deutsche Vergangenheit. Am folgenden Tag fuhren wir mit dem Schiff von Cranz aus über das Kurische Haff nach Nidden (Nida), das zu Litauen gehört. In meiner Kindheit war ich einmal mit meiner Mutter dort gewesen.

Ich zitiere aus meinem Tagebuch: «Man fühlt sich wieder ‹zuhause›, wie im Westen. Litauen ist der Kaliningradskaja Oblast in der Entwicklung weit voraus, was auch für die Kurische Nehrung gilt: Schmucke Häuser und kleine Hotels, private Restaurants und Cafés. Wir besuchen das Sommerhaus von Thomas Mann und genießen den Blick vom Dünengipfel auf Haff und See, kaufen schließlich bei einem Fischer geräucherte Flundern; den Geruch habe ich noch nach fünf Jahrzehnten in der Nase. Damals war der Hafen am Haff noch voll von Kähnen mit den berühmten Kurenwimpeln. Jetzt liegt da nur einer. Kurz vor unserer Abreise sticht er in See.»

Es folgte am 14. Juli eine Gruppenfahrt über Labiau nach Tilsit, das noch heute Sowjetsk heißt, an die Memel. Hier waren mehr Häuser aus der deutschen Zeit erhalten geblieben als in den meisten anderen Städten, die wir sahen, und viele davon schienen in guter Verfassung. Wir gingen bis zur Mitte der Brücke über die Memel, die die Grenze zu Litauen bildet. Hier, auf einem Floß auf der Memel, hatten einst im Juli 1807 Napoleon und Zar Alexander I. den Friedens- und Bündnisvertrag von Tilsit unterzeichnet: ein Abkommen, dem das territorial geschrumpfte Preußen seine staatliche Fortexistenz verdankte. Es war, genauer gesagt, Alexander, der Napoleon dieses Zugeständnis abgetrotzt hatte.

Am 15. Juli, dem vorletzten Tag unseres Aufenthalts, blieb uns Zeit, nochmals die Stätten meiner Königsberger Kindheit aufzusuchen und Teile der Innenstadt zu besichtigen, wo wir an einem der aus der deutschen Zeit stammenden alten Gemäuer noch einen Überrest der Wahlkämpfe der späten Weimarer Republik entdeckten, nämlich einen mit offenbar nicht zu tilgender weißer Farbe aufgemalten Appell der KPD: «SA-Prolet, warum kämpfst Du für Hugenberg?»

Die Reise in den nördlichen Teil des einstigen Ostpreußen war für mich ein starkes emotionales Erlebnis und zugleich eine ernüchternde Erfahrung. Während die Polen in ihrem Teil der ehemaligen preußischen Provinz alle historischen Gebäude und nicht zuletzt die Kirchen auf bewundernswerte Weise restauriert hatten, sahen im erst sowjetischen, dann russischen Teil viele Städte und Dörfer so aus, als sei der Zweite Weltkrieg erst vor wenigen Jahren zu Ende gegangen: Ruinen waren keine Seltenheit.

Der Kaliningradskaja Oblast war 1994 und ist erst recht heute, drei Jahrzehnte später, die europäische Region mit der größten Militärdichte. Als wir am 16. Juli mit dem «Königsberg-Express» nach Berlin zurückfuhren, hatte ich den Eindruck, die letzte sowjetische Militärkolonie zu verlassen. Eine Neigung, wieder dorthin zurückzukehren, verspürte ich nicht.

Eindrücke von drei Jahrhundertgestalten: Churchill, de Gaulle, Adenauer

Einige der Großen des 20. Jahrhunderts habe ich noch mit eigenen Augen gesehen, so Anfang 1961 Sir Winston Churchill, als ich während eines Forschungsaufenthaltes in London im Eingang des Unterhauses Zeuge wurde, wie der einstige Kriegspremier im Rollstuhl in den Plenarsaal der Commons gefahren wurde.

Im Oktober 1959 war ich in Paris unter den Zuschauern, als sich der französische Staatspräsident Charles de Gaulle zusammen mit seiner Gemahlin Yvonne anlässlich eines offiziellen Besuchs des monegassischen Fürstenpaares, also von Prinz Rainier III. und seiner Gattin Grazia Patricia, der vormaligen Filmschauspielerin Grace Kelly, auf dem Balkon der Legation von Monaco, ganz in der Nähe des Elysée-Palastes, zeigte. De Gaulle nutzte die Gelegenheit, um die versammelte Menge in einer Weise zu grüßen, die mich an den päpstlichen Segen *urbi et orbi* erinnerte.

Ein zweites Mal erlebte ich den ersten Präsidenten von Frankreichs Fünfter Republik am 9. September 1962 auf einer Jugendkundgebung vor dem Schloss in Ludwigsburg, der letzten Station seines Besuchs in der Bundesrepublik. Er beglückwünschte uns, die Anwesenden, auf Deutsch dazu, «junge Deutsche zu sein, das heißt Kinder eines großen Volkes. Jawohl! Eines großen Volkes …», eines Volkes, so fügte er hinzu, das im Verlauf seiner Geschichte manchmal große Fehler begangen, aber auch große wissenschaftliche, technische und kulturelle Leistungen vollbracht habe. Wie alle seine Ansprachen war auch diese Rede wohlkalkuliert und perfekt einstudiert. Die Formel vom «großen deutschen Volk» hatte de Gaulle schon ein paar Tage vorher auf dem Marktplatz in Bonn benutzt und dafür stürmischen Beifall erhalten. Es ging ihm darum, den Deutschen oder zumindest dem Westteil derselben, jenes Selbstbewusstsein beizubringen, das sie brauchten, um sich von Amerika zu emanzipieren und sich als Juniorpartner Frankreichs in einem unabhängigen «Europa der Staaten» zu bewähren. (Anders als eine bis heute wiederholte Legende es will, sprach de Gaulle stets von einer «Europe des états» und nicht wie sein erster Premierminister Michel Debré von einer «Europa des patries»: ein Begriff, von dem er sich sogar ausdrücklich distanzierte).

Charles de Gaulle war ein charismatischer Redner, der sein Publikum dadurch in seinen Bann schlug, dass alles, was er sagte, so klang, als spreche er es zum ersten Mal aus und als sei es ganz speziell an die jeweiligen Zuhörerinnen und Zuhörer gerichtet. Ob er über Rundfunk oder Fernsehen, über Pressekonferenzen oder auf Reisen durch die Provinz mit seinen Landsleuten kommunizierte (oder zu kommunizieren schien), es war stets ein klassisches, am Stil eines großen Kanzelredners des 17. Jahrhunderts, des Bischofs Jacques Bénigne Bossuet, geschultes Französisch, das er sprach und das seinen Worten den besonderen Nimbus, ja eine unverwechselbare Aura verlieh. Eine ähnliche Begabung besaßen unter seinen Zeitgenossen Churchill, die amerikanischen Präsidenten Franklin Delano Roosevelt und John F. Kennedy und in Deutschland Willy Brandt, der einzige wirkliche Charismatiker unter den deutschen Kanzlern.

Konrad Adenauer, den ich mehrfach auf Wahlkundgebungen oder auf der Tribüne des Bundestages erlebte, besaß ein gewisses, durch sein hohes Alter verstärktes Amtscharisma. Ein charismatischer Redner aber war er nicht. Was seine meist eher hausbackenen Reden auszeichnete, waren seine ausgeprägte Fähigkeit, komplizierte Sachverhalte auf ihren Kern zurückzuführen und damit einfach erscheinen zu lassen, sein Witz und seine Schlagfertigkeit. Ich erinnere mich an eine Bundestagssitzung vom 27. Mai 1955, die ich anlässlich eines Besuches in Bonn von der Tribüne aus miterlebte. Höhepunkt war eine Regierungserklärung des Bundeskanzlers, in der Adenauer sehr ausführlich, nach Meinung der sozialdemokratischen Opposition viel zu ausführlich, auf die konstituierende Sitzung des Rates der Westeuropäischen Union in Paris einging. Das Protokoll vermerkt: «anhaltende Unruhe bei der SPD», was den Kanzler zu der Bemerkung veranlasste, auch die Sozialdemokraten sollten der Sitzung eine gewisse Aufmerksamkeit widmen. Als ein Abgeordneter der SPD dazwischenrief: «Nicht in der Form von Schulunterricht!», konterte der «Alte»: «Meine Damen und Herren, in der Schule werden keine Zwischenrufe gemacht.»

Dem damaligen Bundesgeschäftsführer der CDU, Bruno Heck, einem promovierten Altphilologen, der seit 1957 auch ein Bundestagsmandat innehatte, verdanke ich die Kenntnis von zwei wenig oder gar nicht bekannten Äußerungen Adenauers, die sein Parteifreund um 1958 vor einem kleinen Kreis von Tübinger Studenten zu vorgerückter Stunde zum Besten gab. Als der CDU-Abgeordnete Otto Schmidt aus Wuppertal in einer Fraktionssitzung einmal bemerkte, er wolle jetzt etwas als «advocatus diaboli» sagen, unterbrach ihn der Kanzler: «Herr Kollege Schmid, ‹diábolos› kommt von griechisch ‹diabállein›, und dat heißt: durcheinanderwirbeln.» Dass das lateinische «frangere» zerbrechen bedeutete, wusste Adenauer als Absolvent eines humanistischen Gymnasiums natürlich auch. Das hinderte ihn aber Heck zufolge nicht daran, in der ersten Sitzung der CDU/CSU-Fraktion nach dem triumphalen Sieg der Unionsparteien in der Bundestagswahl vom September 1957 zu erklären: «Meine Damen und Herren, wir sind eine Fraksjon. Dat kommt von lateinisch ‹frangere›, und dat heißt zusammenhalten.»

Gespräche mit deutschen Politikern. 1. Helmut Schmidt und Wolfgang Schäuble

Unter Adenauers Nachfolgern war Helmut Schmidt derjenige, mit dem ich, allerdings erst lange nach dem Ende seiner Kanzlerschaft, am häufigsten und intensivsten gesprochen habe. Das Hamburger Symposium vom März 2004 aus Anlass seines 85. Geburtstags, über das ich im Zusammenhang mit den öffentlichen Debatten über eine EU-Mitgliedschaft der Türkei berichtet habe, war nicht meine erste Begegnung mit dem sozialdemokratischen Altkanzler. Aber noch nie hatte ich ihn im kleinen Kreis und unter vier Augen so sehr wie bei diesem Treffen als tief besorgten «elder statesman» erlebt.

In einer kleinen Gesprächsrunde, an der Henry Kissinger, Ralf Dahrendorf, Fritz Stern, Hans-Peter Schwarz und ich teilnahmen, erklärte er nach meinen Tagebuchaufzeichnungen, die weltpolitische Entwicklung laufe auf Huntingtons «Clash of Civilizations» hinaus. Er sei ratlos, wie sich der Westen gegenüber dem rapide wachsenden Islamismus behaupten könne. Die Bevölkerungszahlen von Pakistan bis Indonesien trug er auswendig vor. Kissinger meinte, das noch am ehesten lösbare Problem sei das israelisch-palästinensische. Israel müsse, um einen Teil der Siedlungen behalten zu können, altisraelisches Territorium zwischen Haifa und der Grenze zum Libanon den Palästinensern übergeben. Von Jitzchak Schamir, dem israelischen Premierminister, sei so viel Realismus aber nicht zu erwarten.

Ich warf ein, da der Irak sich entgegen der Erwartung von Präsident Bush nicht zu einem Fortschrittsmodell, sondern in einen regionalen Unruheherd entwickelt habe und wohl weiter entwickeln werde, gehe es um Entwürfe für eine «containment policy» gegenüber dem Irak. Außerdem müsse das Krisenszenario auf Europa ausgeweitet werden. Bei neuen islamistischen Terroranschlägen wie dem zwei Wochen zuvor in Madrid könne es eine Entdemokratisierung, aber auch eine pazifistische Abkopplung von den USA geben. Schwarz sah Frankreich durch die Immigration aus Nordafrika und den wachsenden Radikalismus auf der Rechten besonders gefährdet. Dahrendorf unterstrich die Gefahr einer Entliberalisierung in Europa.

Helmut Schmidt griff das Stichwort «Pazifismus» auf und äußerte sich beunruhigt über dessen Verbreitung in Deutschland. Je älter er werde, desto mehr neige er zum Pessimismus. An eine europäische Verteidigungsidentität vermöge er nicht zu glauben. Amerika werde sich vor allem wegen des Zustroms der Hispanics immer mehr auf die Innenpolitik konzentrieren. Seit der Präsidentschaft von Ronald Reagan gebe es eine «deterioration of multilateralism». An der Hegemonie der Amerikaner werde sich in den nächsten drei Jahrzehnten nichts ändern. Die Europäer müssten diesen Zustand «in Würde ertragen».

Kritisch äußerte sich der Altkanzler zu dem, was ich in der allgemeinen Diskussion zum Thema humanitäre Interventionen zum Schutz der Menschenrechte gesagt hatte. (Ich hatte die Legitimität solcher Einsätze im Sinne der «responsibility to protect» unter gewissen restriktiven Bedingungen grundsätzlich bejaht.) Er hielt solche Interventionen für unrealistisch und das entsprechende Engagement des Westens auf dem Balkan für einen Fehler. Ich erwiderte, das transatlantische Verhältnis wäre schwer erschüttert worden, wenn die USA für und die Europäer gegen die Intervention in Bosnien-Herzegowina und im Kosovo optiert hätten. Auf Schmidts Frage nach meinem Urteil über die Entwicklung in Russland sagte ich, ich sei sehr pessimistisch. Putin stehe für eine autoritäre Herrschaft mit Beimengungen von Anarchie und Demokratie. Das sei kein Weg nach Westen, sondern einer in der uralten russischen Tradition.

Kissinger fragte daraufhin, ob man das nicht begrüßen oder zumindest tolerieren müsse. Ich antwortete, wir könnten leider gar nicht anders als diese Entwicklung hinzunehmen. Aber vor diesem Hintergrund sei die «Wiedererfindung des Westens» nur noch dringlicher geworden. Das Bild von den «zwei Säulen» der atlantischen Zusammenarbeit sei wegen des Ungleichgewichts zwischen Amerika und Europa nicht realistisch. Europa müsse aber stark genug sein, um im Falle von Dissens mit den USA Nein sagen zu können. Die Erneuerung der NATO sei die wichtigste Aufgabe überhaupt. Dem stimmte Kissinger nachdrücklich zu.

Auf die selbstgestellte Frage nach den größten Persönlichkeiten der letzten Jahrzehnte antwortete Schmidt, das seien Lee Kuan Yew, der langjährige Ministerpräsident von Singapur, und die chinesischen Reformer Hua Guofeng und Deng Xiaoping. Er kritisierte die Anmahnung von Menschenrechten in Tibet durch den Westen. Die Einforderung von humanitären Mindeststandards sei etwas anderes als die weltweite Propagierung einer «Westminster democracy». Das Letztere sei unrealistisch, das Erste aber unabdingbar. Dahrendorf frotzelte nach dieser Gesprächsrunde, zuerst machten wir uns Sorgen über die Demokratie und dann landeten wir beim Lob für Diktatoren.

Gut ein Jahr später, am 13. April 2005, bat mich Helmut Schmidt zu einem rund einstündigen Gespräch in sein Altkanzlerbüro im Jakob-Kaiser-Haus in Berlin. Die Unterhaltung begann mit Immanuel Kant, dann kamen wir zu Montesquieu und meiner Lieblingsthese von der Geburt der Gewaltenteilung aus der mittelalterlichen Trennung von geistlicher und weltlicher Gewalt im okzidentalen Europa – ein Gedanke, den Schmidt einleuchtend fand. Zwischendurch ging es um Fragen seines Nachlasses, danach um die Ursachen der strukturellen Schwächen der östlichen Bundesländer, um die

Mindestlohndebatte, die deutsch-französische Politik gegenüber Russland und China – ein Thema, das Schmidt zu vernichtenden Urteilen über die gegenwärtigen Akteure in Berlin und Paris Anlass gab. Ratlos zeigte sich Schmidt, als er auf die demographische Lücke nicht nur Deutschlands, sondern vieler Industriegesellschaften des Westens und die Illusion zu sprechen kam, man könne dieses Problem mit forcierter Immigration lösen. Ich vermute, dass einige der Fragen Schmidts mit der Arbeit an einem Buchprojekt zusammenhingen, das er schon in Hamburg kurz erwähnt hatte.

In den folgenden Jahren begegnete ich Helmut Schmidt meist zweimal jährlich im Senat der Deutschen Nationalstiftung, in den ich 2007 wohl auf sein und Richard von Weizsäckers Empfehlung hin gewählt worden war. In den persönlichen Gesprächen, die ich aus diesen Anlässen mit ihm führte, ging es häufig um normative Fragen und nicht zuletzt um die weltweite Geltung der unveräußerlichen Menschenrechte. Im Sommer 2013 schickte ich ihm meinen in der *Internationalen Politik* und auszugsweise in der *Zeit* veröffentlichten Vortrag «Macht. Moral und Menschenrechte», den ich kurz zuvor in der Deutschen Gesellschaft für Auswärtige Politik gehalten hatte. Er schrieb zurück, nach seiner «seit langem feststehenden Auffassung» sei die Allgemeine Erklärung der Menschenrechte, angenommen von der Generalversammlung der Vereinten Nationen im Dezember 1948, nicht Bestandteil des Völkerrechts geworden. «Sie wäre erst dann Bestandteil, wenn eine entsprechende Ergänzung der Charta der UN vorgenommen würde. Aber selbst in diesem Fall würden vielfältige Verstöße gegen das Völkerrecht keine Intervention in einem souveränen Staat rechtfertigen. Dabei bleiben Fälle von Genozid eine offene Frage. Die Überbewertung der ‹responsibility to protect› ist eine für den Frieden gefährliche Verirrung. Aber dass wir beide in dieser Sache verschiedener Meinung sind, war ihnen und mir schon lange bewusst.»

Zutiefst irritiert war ich, als Schmidt im Mai 2014 in einem Interview mit der *Bild* und bei anderen Gelegenheiten den doppelten Völkerrechtsbruch Putins in Gestalt der Annexion der Krim und der Auslösung des hybriden Krieges im Donbass mit historisch klingenden Argumenten relativierte und den Ukrainern das Recht auf nationale Selbstbestimmung bestritt. Dass er manche seiner Positionen in hohem Alter mit zunehmender Starrheit, ja Unduldsamkeit vertrat, war nicht zu verkennen.

Das ändert nichts daran, dass er als Bundeskanzler der Jahre 1974 bis 1982 die Bundesrepublik Deutschland souverän durch schwere Krisen, darunter den deutschen Terrorherbst von 1977, gesteuert und sich dabei bleibende Verdienste erworben hat. Als er am 10. November 2015 starb, ging ich deshalb sofort auf die Bitte der *Zeit* ein, jetzt die ausführliche Würdigung seiner Kanzlerschaft zu veröffentlichen, die ich dreizehn Jahre zuvor, ebenfalls auf Bitten der *Zeit*, angesichts einer schweren Erkrankung Schmidts, des langjährigen Herausgebers der liberalen Hamburger Wochenzeitung, für den Ernstfall verfasst hatte.

Zu den Politikern aus dem Lager der Unionsparteien, mit denen ich im Verlauf der Jahre immer wieder intensive Gespräche führte, gehörte Wolfgang Schäuble. Am 28. Januar 1994 hielt der damalige Vorsitzende der Bundestagsfraktion der CDU/CSU bei der «Werkstatt Deutschland» im Palais am Festungsgraben in Berlin-Mitte einen Vortrag zum Veranstaltungsthema «Welche Hauptstadt braucht das Land?» Anschließend sagte er mir, er habe gerade mit großem Interesse und voller Zustimmung mein im Herbst 1993 erschienenes Buch «Weimar 1918–1933. Die Geschichte der ersten deutschen Republik» gelesen. Für diese Lektüre hatte es wohl nicht der entsprechenden Empfehlung des Bundeskanzlers Helmut Kohl bedurft. Die gab es tatsächlich: Aus dem Kanzleramt erfuhr ich, dass der Regierungschef den Mitgliedern seines Kabinetts und seinen Mitarbeitern nahegelegt hatte, das Buch zu lesen.

Ende 2002 griff Schäuble meine Empfehlung auf, die EU solle sich nicht auf eine Vollmitgliedschaft der Türkei als Verhandlungsziel festlegen, sondern eine «privilegierte Partnerschaft» anstreben. Er sorgte dafür, dass das Ziel «privilegierte Partnerschaft» von der CDU offiziell übernommen wurde, womit der Begriff endgültig zum politischen Schlagwort avancierte. In seinen im April 2024 posthum erschienenen «Erinnerungen» berichtet Schäuble, dass er sich zeitweilig sogar für den Urheber des Begriffs gehalten, sich dann aber rasch davon überzeugt habe, dass mir das Copyright dafür zustand.

Fragen der europäischen Einigung waren ein wiederkehrendes Thema der Gespräche, die wir in den folgenden Jahren führten. Im Anschluss an eine Sendung der ZDF-Talkshow «Maybrit Illner» zur EU-Türkei-Frage am 6. Oktober 2007, an der wir beide teilnahmen, sagte mir Schäuble unter vier Augen, er halte es nicht für realistisch, wenn die Parteivorsitzende Angela Merkel Verhandlungen mit der Türkei nur über eine privilegierte Partnerschaft fordere; sinnvoll seien Verhandlungen mit offenem Ausgang, wobei die privilegierte Partnerschaft eine der Optionen sein müsse. Dass es die von ihm und der Union bevorzugte Option war, verstand sich von selbst. Ich konnte Schäuble darin nur zustimmen.

Als Bundesfinanzminister im zweiten Kabinett Merkel war Wolfgang Schäuble höchst unzufrieden mit der Koordinierung der finanzpolitischen Willensbildung innerhalb der Eurozone. Mit 17 nationalen Parlamenten könne man keine europäische Finanzpolitik gestalten, sagt er mir Anfang Juli 2012 bei einem Empfang in der italienischen Botschaft, deswegen müsse das Europäische Parlament qualitativ aufgewertet werden. Er dachte damals sogar an einen tiefgreifenden Transfer von nationalen Hoheitsrechten auf die Europäische Union, die über Artikel 146 des Grundgesetzes durch den Souverän, das deutsche Volk, legitimiert werden müsse, und schlug eine Direktwahl des Kommissionspräsidenten der EU durch die Unionsbürgerschaft vor: Ideen, die sich die Bundeskanzlerin Angela Merkel nicht zu eigen machte. Eine Direktwahl des Kommissionspräsidenten hätte nach meiner damaligen und auch noch heutigen Meinung das Europäische Parlament allerdings nicht gestärkt, sondern im Gegenteil geschwächt. Sie wäre zudem von den meisten Regierungen der Mitgliedstaaten, namentlich den weniger großen, als nicht hinnehmbarer Machtverlust empfunden und abgelehnt worden.

Am 29. November 2012 gab Bundespräsident Joachim Gauck aus Anlass des 70. Geburtstags von Wolfgang Schäuble ein Mittagessen zu seinen Ehren, zu dem auch meine Frau und ich eingeladen waren. In seiner Tischrede erwähnte Schäuble, dass er und ich uns seit langem für eine «privilegierte Partnerschaft» zwischen der Europäischen Union und der Türkei einsetzten und uns nur wegen der Urheberschaft des Begriffs einmal «gestritten» hätten.

Mein längstes und intensivstes Gespräch mit Wolfgang Schäuble fand am 17. April 2014 in seiner badischen Heimat statt. Ich hatte ihm gegenüber beiläufig erwähnt, dass meine Frau und ich demnächst in Gengenbach, seinem langjährigen Wohnort im Schwarzwald, zwei Wochen lang Urlaub machen wollten. Daraufhin lud er uns zu einem gemeinsamen Abendessen mit ihm und seiner Frau in das Restaurant «Reichsstadt» ein. Wir sprachen dort stundenlang in überaus angenehmer Atmosphäre nicht nur über hohe Politik, sondern auch über ganz persönliche Erfahrungen und Erlebnisse. Erneut äußerte er sich besorgt über das intergouvernementale Stadium der europäischen Politik, das er durch Änderungen des Vertrags von Lissabon überwinden wollte. Ich war da inzwischen sehr viel skeptischer. Sehr offen sprach Wolfgang Schäuble über die Anfeindungen, denen er seit dem furchtbaren Attentat vom 12. Oktober 1990 als querschnittsgelähmter Rollstuhlfahrer immer wieder ausgesetzt war. Selten habe ich einen aktiven Politiker erlebt, der im persönlichen Gespräch so aus sich herausging und der so wenig seine hohen Ämter herauskehrte wie er. Er gehört für mich zu den eindrucksvollsten Persönlichkeiten der Zeitgeschichte, mit denen ich gesprochen habe.

Gespräche mit deutschen Politikern.
2. Walter Scheel und Hans-Dietrich Genscher

Von ganz anderer Art waren meine Begegnungen mit dem früheren Bundespräsidenten und vormaligen Bundesminister Walter Scheel. Im August 2000 jährte sich zum 30. Mal die Unterzeichnung des Moskauer Vertrags, der die Grundlage aller anderen Ostverträge der sozialliberalen Bundesregierung unter Willy Brandt und Walter Scheel bildete. Aus diesem Anlass veranstaltete die Gemeinsame Kommission zur Erforschung der jüngeren Geschichte der deutsch-russischen Beziehungen, der ich damals angehörte, in Berlin eine Tagung mit einer prominent besetzten Podiumsdiskussion als Höhepunkt. An ihr nahmen auch drei Akteure von 1970 teil: Scheel, der seinerzeitige Außenminister, Willy Brandts Chefunterhändler Egon Bahr, der damalige christdemokratische Oppositionsführer

Rainer Barzel und Valentin Falin, der in jener Zeit sowjetischer Botschafter in Bonn gewesen war.

Scheel führte in seinem Beitrag aus, er habe sich als Außenminister kontinuierlich an der Präambel des Grundgesetzes orientiert, der zufolge die Bundesrepublik nur ein Provisorium auf dem Weg zur deutschen Einheit war. Diese Feststellung reizte mich zum Widerspruch. Denn es gab Äußerungen des liberalen Politikers, die dieser Aussage zuwiderliefen. Besonders einschlägig war in diesem Zusammenhang sein Beitrag zu einer Debatte, die 1967/68 in der intellektuellen katholischen Zeitschrift *Hochland* über den provisorischen oder eben nicht mehr provisorischen Charakter des Staatsgebildes Bundesrepublik Deutschland geführt wurde. Scheel, seit Januar 1968 Bundesvorsitzender der FDP, lehnte es in seinem Artikel zwar ab, den Provisoriumsvorbehalt der Präambel durch eine Änderung des Grundgesetzes zu kassieren: Er interpretierte das «Provisorium» jedoch ganz anders als der Parlamentarische Rat 1948/49. Wir müssten lernen, die Bundesrepublik Deutschland «im Hinblick auf Europa als ein Provisorium» zu sehen. Scheel wollte die Provisoriumsformel ihres «annektionistisch-missionarischen Verständnisses» berauben, sie nicht länger als Kampfansage an die DDR, sondern als Aufruf «an alle Deutschen» verstanden wissen, die «Demokratie durchlässig zu machen, unserem Repräsentativsystem ein Organ für plebiszitäre Prozesse zu schaffen»: ein Aufruf, der sich nach Lage der Dinge nur an die Bundesdeutschen, nicht aber an die Deutschen der DDR richten konnte.

Ich fragte Scheel deshalb, ob sein Beitrag zur *Hochland*-Debatte bei der Vorbereitung der sozialliberalen Koalition 1969 eine Rolle gespielt habe. Er fragte zurück: «Meinen Sie Auckland, Neuseeland?» Als ich verneinte und auf die katholische Zeitschrift *Hochland* verwies, sagte er, von der habe er noch nie etwas gehört. Nachdem ich ihm den Artikel geschickt hatte, rief er mich Ende Oktober 2000 an. Er bedankte sich für die Zusendung und bemerkte, er finde seinen Aufsatz beim Wiederlesen noch immer sehr gut. Dass er den Text selbst geschrieben hat, halte ich für höchst unwahrscheinlich. Ich bezweifle, dass er ihn damals überhaupt gelesen hat.

Weniger amüsant verlief eine Begegnung mit Scheel am 8. Oktober 2005 anlässlich eines Abendessens zu Ehren des scheidenden Vorstandsvorsitzenden der Bundeskanzler-Willy-Brandt-Stiftung, Gerhard Gross. Zu vorgerückter Stunde kam es zu einer scharfen Kontroverse über den «richtigen» Nationalfeiertag. Egon Bahr erklärte, der 3. Oktober sei nur der Tag Helmut Kohls, der richtige Feiertag wäre der Tag des Mauerfalls, der 9. November. Scheel stimmte Bahr nachdrücklich zu. Bundestagspräsident Wolfgang Thierse und der frühere Ministerpräsident erst von Rheinland-Pfalz, dann von Thüringen, Bernhard Vogel, widersprachen, beide mit dem Argument, es sei unmöglich, am selben Tag der Pogromnacht von 1938 und der Wiedervereinigung von 1990 zu gedenken. Dass Scheel und seine Frau anderer Meinung waren, machten sie durch mehrere Zwischenrufe bei Vogels Beitrag deutlich.

Ich intervenierte mit der Bemerkung, der 3. Oktober 1990 sei der Tag, an dem ein Jahrhundertproblem, die deutsche Frage, gelöst worden sei. Scheel explodierte jetzt förmlich: «Unfug! Hören Sie doch auf!» Ich fuhr fort, der 3. Oktober stehe für die gesetzgeberische Leistung der frei gewählten Volkskammer und die diplomatische Leistung der Zwei-plus-Vier-Verhandlungen. Scheels Wutausbruch ging weiter: Nein, die Revolution der DDR-Bürger habe die deutsche Frage gelöst. Ich antwortete, die Maueröffnung vom 9. November 1989 sei die Bedingung der Möglichkeit der Lösung der deutschen Frage gewesen, die Lösung selbst habe noch harter Arbeit bedurft, auf der deutsch-deutschen wie auf der internationalen Ebene.

Als die Tafelrunde sich einige Zeit später auflöste, polterte Scheel weiter gegen die «Sch… kerle und Feiglinge», die die einzige erfolgreiche deutsche Revolution kleinreden wollten und gegen die «man» zusammenhalten müsse. Der tiefere Grund für seinen Ausbruch war wohl verletzte Eitelkeit: Er neidete Kohl den Erfolg, als «Kanzler der Einheit» in die Geschichte eingegangen zu sein. Mit der Behauptung, der 3. Oktober sei der falsche Nationalfeiertag, standen Scheel und Bahr freilich nicht allein da. Der Vorwurf, am 3. Oktober einen bloßen Verwaltungsakt zu feiern, kam und kommt meist von Leuten, die entweder mit der Art und Weise der Wiedervereinigung oder aber mit der Wiederherstellung der staatlichen Einheit Deutschlands als solcher hadern.

Thierse und Vogel hatten völlig recht mit ihrer These, der alternativ vorgeschlagene 9. November bringe das unlösbare Dilemma mit sich, dass Scham und Freude an diesem deutschen Schicksalstag gleichermaßen zum Ausdruck gebracht werden müssten, was jeden Redner und jedes Publikum überfordern würde. In diesem Sinne hatte ich mich schon am 9. November 2000 in einer Replik auf den Vorschlag des grünen Außenministers Joschka Fischer, den 3. Oktober durch den 9. November zu ersetzen, in einem Beitrag für die *Zeit* zu Wort gemeldet. Kaum ein Artikel von mir ist so oft nachgedruckt worden wie dieser; er hat sogar Eingang in Schulbücher gefunden.

Wiederum anders gestaltete sich meine Gesprächsbeziehung zu Scheels Parteifreund, dem langjährigen Außenminister und FDP-Vorsitzenden Hans-Dietrich Genscher. Am 7. Oktober 2012 veranstaltete die Stiftung Schloss Hardenberg in ebendiesem historischen Gebäude eine vom Verlag Herder kurz darauf als kleines Buch veröffentlichte, von dem ZDF-Journalisten Volker Panzer moderierte

Diskussion zwischen Genscher und mir zum Thema «Europas Zukunft – in guter Verfassung?»

Unsere Beiträge ergänzten sich; eine Kontroverse wollte nicht aufkommen. Genscher widersprach nicht, als ich meine Position zur Frage einer türkischen Mitgliedschaft in der EU vortrug und die Aufnahme Griechenlands in die Währungsunion unter der rot-grünen Bundesregierung kritisierte. Wir waren uns auch einig in Sachen «Finalität» des Europäischen Einigungsprozesses: Es sollten Vereinigte Staaten von Europa entstehen, die aber, anders als die Vereinigten Staaten von Amerika, keine Nation bilden würden, sondern das, was der langjährige Präsident der Europäischen Kommission, Jacques Delors, im Jahr 2000 eine «Föderation von Nationalstaaten» (fédération d'états-nations) genannt hatte.

Beim anschließenden Abendessen erzählte Genscher von seinen Erfahrungen als Soldat im Frühjahr 1945 ganz in der Nähe von Neuhardenberg, auf den Seelower Höhen. Auf die aktuelle Situation der FDP angesprochen, äußerte er sich vernichtend über die von seinen mitregierenden Parteifreunden 2009 durchgesetzte Begünstigung von Hotels bei der Mehrwertsteuer («Mövenpicksteuer»). Eine künftige Ampelkoalition aus SPD, FDP und Grünen schloss er nicht aus. Zu meiner Bemerkung, ohne Führungswechsel sähe es düster aus für die FDP, meinte er: «Das haben Sie gesagt, nicht ich.»

Am 24. Juni 2014, einige Monate nach der Annexion der Krim durch Putins Russland, sahen wir uns auf einer Veranstaltung der Deutschen Nationalstiftung, der Verleihung des Deutschen Nationalpreises an die Initiatoren der Leipziger Montagsdemonstrationen vom Herbst 1989, im Französischen Dom auf dem Gendarmenmarkt in Berlin-Mitte wieder. Genscher gab zu erkennen, dass ihm meine in mehreren Zeitungsartikeln geübte scharfe Kritik an der aggressiven Politik Russlands zu weit ging. Er kleidete seinen Vorbehalt in die Worte, er würde gerne mit mir darüber reden. Als einer der Preisträger die fehlende deutsche Solidarität mit den Majdan-Demonstranten in Kiew beklagte, stimmte der neben mir sitzende Genscher nicht in den allgemeinen Applaus ein.

Nach der Rede, die ich am 8. Mai 2015 im Bundestag zum 70. Jahrestag des Endes des Zweiten Weltkrieges in Europa hielt, schickte mir Genscher noch am gleichen Tag eine Botschaft per Mail. Er bedankte sich dafür, dass ich zwei Dokumente herausgehoben hatte, «ohne die wir weder zur deutschen Einheit noch zur Überwindung des Kalten Krieges gekommen wären. Ich meine die Schlussakte von Helsinki (von 1975, H. A. W.) und die Charta von Paris (von 1990, H. A. W.). Ohne diese beiden Dokumente und das Bekenntnis zu ihnen hätte es weder eine europäische Friedensordnung gegeben noch eine neue Weltordnung, die überall als gerecht empfunden werden kann.» Es waren zwei Dokumente, an deren Zustandekommen Genscher als Außenminister einen wesentlichen Anteil hatte. Dass Putin dabei war, die Friedensordnung von 1990 zu zerstören, blieb unerwähnt.

Am 27. August 2015 erhielt ich einen von seinem Büro vorangekündigten Anruf von Genscher. Es ging ihm darum, meinen am 1. August erschienenen *Spiegel*-Essay «Folgen einer Fehlentscheidung. Die Griechenlandkrise und die Mängel von Maastricht», in dem ich die Schaffung einer Währungsunion ohne gleichzeitige Verwirklichung einer Fiskal- und Politischen Union kritisiert hatte, nicht etwa zu «korrigieren», wie er betonte, sondern zu «ergänzen». Er kam dann sogleich auf die französische Haltung zur deutschen Einheit 1989/90 zu sprechen und er erwähnte seine Gespräche mit Außenminister Roland Dumas und Präsident François Mitterrand. Es sei damals darum gegangen, Paris die Sorge zu nehmen, Bonn können nach dem Fall der Mauer sein Interesse an einer Europäischen Währungsunion verlieren. Er habe sofort Kohl davon unterrichtet und ihn damit auf die Differenzen hingewiesen, die beim Straßburger Gipfel der Europäischen Gemeinschaft Anfang Dezember 1989 zu erwarten waren.

Kohl habe, so Genscher weiter, Verhandlungen über die Europäische Währungsunion erst nach der Bundestagswahl vom Dezember 1990 beginnen lassen wollen, um nicht die verbreitete Angst vor einer Preisgabe der Deutschen Mark zu einer für die Unionsparteien gefährlichen Wahlparole der politischen Gegner werden zu lassen. Dieses Zögern habe Mitterrand als Abkehr des Kanzlers von der Einheitswährung missverstanden.

Die damals offen zutage tretenden antideutschen Ressentiments in Italien und anderenorts nannte Genscher «unsere offene Flanke»; sie würden es auch noch lange bleiben. Ich lenkte das Gespräch dann auf Russland und die de-facto-Aufkündigung der Charta von Paris durch Putin. Genscher sagte, er würde den 25. Jahrestag der Charta im November 2015 gern zum Anlass einer Konferenz nehmen oder ein solches Treffen anregen, wobei über die Haltung der OSZE-Staaten zu diesem Dokument gesprochen werden solle.

Ich wandte ein, dass sich Putin wohl kaum zur Rückkehr auf den Boden dieser Erklärung bereitfinden werde, und betonte, dass wir immer auch die polnischen und die baltischen Besorgnisse hinsichtlich des russischen Vorgehens in der Ukraine und das Selbstbestimmungsrecht der Ukrainer mitbedenken müssten. Genscher kündigte ein kleines Buch zu diesem Thema an und äußerte den Wunsch, bei einem seiner nächsten Besuche in Berlin mit mir zusammenzutreffen. Dazu kam es leider nicht mehr. Hans-Dietrich Genscher starb nach schwerer Krankheit am 31. März 2016.

Streitgespräche mit einem Freund: Bronisław Geremek, die Türkeifrage und der Irakkrieg

Ein anderer ehemaliger Außenminister, mit dem ich nach der Jahrtausendwende häufiger sprach als zuvor, war mein Freund Bronisław Geremek. Das Amt des polnischen Chefdiplomaten hatte er von 1997 bis 2000 inne. 2000/01 stand er, nicht immer glücklich agierend, an der Spitze der liberalen *Freiheitsunion (Unia Wolności)*; von 2004 bis zu seinem Tod im Sommer 2008 gehörte er der liberalen Fraktion des Europäischen Parlaments an. Wir sahen uns in dieser Zeit mehrfach und telefonierten gelegentlich miteinander.

Politisch waren wir durchaus nicht immer derselben Meinung. «Bronek» hatte einen baldigen EU-Beitritt der Türkei lange Zeit mit denselben historisch fundierten Argumenten abgelehnt wie ich, änderte seine Position aber in der Zeit, in der er neben seiner Tätigkeit als Abgeordneter des Europäischen Parlaments als außenpolitischer Berater des (ex-kommunistischen) Präsidenten Aleksander Kwaśniewski fungierte, im Sinne der offiziellen Linie Polens: Er befürwortete ohne Wenn und Aber die Aufnahme von Beitrittsverhandlungen mit der Türkei.

Am Tag vor der entscheidenden Abstimmung im Europäischen Parlament, am 15. Dezember 2004, führten wir ein etwa halbstündiges Telefongespräch. Ich versuchte, ihn von der Notwendigkeit ergebnis- und optionsoffener Verhandlungen mit Ankara zu überzeugen, hatte damit aber keinen Erfolg. «Privilegierte Partnerschaft» sei die höfliche Form des Nein, hielt er mir entgegen. Meine Frage, ob er ernsthaft glaube, dass sich das Projekt einer Politischen Union auch nach einem Beitritt der Türkei verwirklichen lasse, bejahte er.

Seine Hoffnungen stützte er auf die Annahme, dass der Druck der EU fundamentale Veränderungen in der Türkei zeitigen werde.

Unterschiedliche Positionen vertraten wir auch im Hinblick auf den Irakkrieg von 2003. Auf einer von dem Politikwissenschaftler Pierre Rosanvallon organisierten Tagung über Perspektiven der europäischen Einigung nach der Osterweiterung der EU übte Geremek scharfe Kritik an der französischen und deutschen Weigerung, den USA beim Krieg gegen Saddam Hussein beizustehen, und zitierte in diesem Zusammenhang zum Missfallen seiner französischen Freunde, darunter Robert Badinter und Bernard Guetta, die berüchtigte rhetorische Frage des in das faschistische Lager übergewechselten Ex-Sozialisten Marcel Déat «Mourir pour Dantzig?» vom Mai 1939, um so auf eine vermeintliche französische Neigung hinzuweisen, in der Stunde der Not Verbündete im Stich zu lassen. Ich erhielt unmittelbar nach Geremek das Wort und kam nicht umhin, ihm zu widersprechen. In meiner Kritik an der amerikanischen Hegemonialpolitik näherte ich mich damals der gaullistischen Rhetorik: Ich forderte eine «Europe européenne» als Gegengewicht zu den USA auch innerhalb der NATO.

Einen Monat später, am 3. März 2003, trafen Geremek und ich uns erneut in Paris, diesmal bei einer gemeinsam von der Fondation Jean-Jaurès und der Friedrich-Ebert-Stiftung veranstalteten Konferenz über die (von mir als ziemlich altmodisch empfundene) Frage, ob Europa große Männer (!) brauche («L'Europe, a-t-elle besoin des grandes hommes?»). Ich plädierte für die Einhaltung des Völkerrechts als gemeinsame Aufgabe Europas, während Geremek vor der «Achse Paris-Berlin-Moskau» warnte, die sich über dem Streit um den Irakkrieg gebildet habe.

Anfang Juni 2003 setzten wir unseren freundschaftlichen Disput bei einem Abendessen in Berlin fort, zu dem der Orden pour le

Mérite eingeladen hatte. (Geremek war kurz zuvor zum Mitglied des Ordens gewählt worden.) Die scharfen Vorwürfe, die Jürgen Habermas Anfang 2003 wegen des Irakkrieges gegen die USA erhoben hatte (er sprach von der Zerstörung ihrer normativen Autorität), waren für Geremek ein Anlass für die Bemerkung, in Polen nehme man die Deutschen zunehmend als «Pazifisten» wahr, und «Pazifismus» verbänden seine Landsleute mit einer Kapitulation vor Diktatoren. Ich erwiderte, das sei nicht die Position von Habermas. Das jüngste, von dem deutschen Philosophen verfasste und von Jacques Derrida mitunterzeichnete Intellektuellen-Manifest gegen den Irakkrieg sei aber mit der Gefahr einer neuen Teilung Europas verbunden. Die vermeintlich aufgeklärten Altmitglieder der EU würden gegen die «traditionalistischen» Neumitglieder in Ostmittel- und Südosteuropa in Stellung gebracht. Eine solche Frontenbildung wäre fatal für Europa.

Als ich Geremek im Juni 2007 bei einer deutsch-polnischen Podiumsdiskussion zum Thema «Nation» auf Schloss Neuhardenberg wiedersah, hatten sich die Ost-West-Spannungen innerhalb der EU gefährlich verschärft. In Polen war im Oktober 2005 die von den Zwillingsbrüdern Lech und Jarosław Kaczyński geführte nationalkonservative Partei Recht und Gerechtigkeit, die PiS, als Siegerin aus den Parlamentswahlen hervorgegangen; sie stellte seitdem den Ministerpräsidenten einer Minderheitsregierung. Im Dezember desselben Jahres wurde Lech Kaczyński zum Staatspräsidenten gewählt.

Daran, dass die Kaczyński-Brüder entschlossen waren, Polen im illiberalen Sinn umzugestalten und zum Bollwerk einer konservativen Revolution innerhalb der EU zu machen, gab es in Neuhardenberg für Geremek und seinen ebenfalls anwesenden Mitstreiter Adam Michnik, den Chefredakteur der liberalen *Gazeta Wyborcza*, nichts zu deuteln. Entsprechend scharf äußerten sich beide über die innenpolitische Lage des Nachbarlandes. Strittig war in der Diskussion zwischen Geremek und mir ein anderer Punkt: Seiner Idee eines gesamteuropäischen Verfassungsreferendums widersprach ich mit dem Argument, das käme der Konstituierung eines europäischen Staatsvolkes gleich und würde eben deshalb die EU spalten. Die souveränitätsbewussten Mitgliedstaaten, nicht zuletzt Polen, würden einen solchen Schritt ablehnen; für Großbritannien wäre er eine Art «casus belli», also der Anstoß zum Austritt aus der Union. Realistisch wäre hingegen eine Stärkung der europapolitischen Verantwortung der nationalen Parlamente.

Ein letztes Mal sah ich Bronisław Geremek am 3. Juli 2008 aus Anlass der Verleihung des Henry-Kissinger-Preises an den früheren amerikanischen Präsidenten George H. W. Bush, den Vater von George W. Bush, in der American Academy am Wannsee in Berlin. Wir sprachen kurz über die Lage in Polen, die sich gegenüber dem Vorjahr aufgehellt hatte: Seit Ende 2007 stellte die liberale *Bürgerplattform* mit Donald Tusk den Ministerpräsidenten einer Koalitionsregierung; Geremek beriet den Regierungschef in außenpolitischen Fragen. Er war infolgedessen, was die Entwicklung Polens anging, sehr viel optimistischer als bei unserem letzten Treffen. Zehn Tage nach dieser Begegnung kam Geremek auf der Fahrt von Warschau nach Brüssel bei einem Verkehrsunfall in Polen ums Leben. Er war 76 Jahre alt geworden.

Bronisław Geremek gehört zu den bedeutendsten Gestalten der polnischen Umbruchszeit in den letzten beiden Jahrzehnten des 20. Jahrhunderts. Er hat entscheidend dazu beigetragen, dass es 1989 in Polen und im ganzen östlichen Mitteleuropa zu jener Friedlichen Revolution kam, die Europa radikal veränderte. Einen mutigeren Menschen als ihn habe ich nicht kennengelernt. Seit unserem ersten Zusammentreffen als Fellows des Woodrow Wilson International

Center for Scholars in Washington, D. C. im Winter 1977/78 waren wir zu Freunden geworden.

Geremek war ein polnischer Patriot. Er liebte seit seiner Zeit als Leiter des Polnischen Kulturinstituts in Paris in der ersten Hälfte der sechziger Jahre Frankreich, konnte aber nicht vergessen, dass dieses Land Polen nach dem Überfall Hitlers vom 1. September 1939 trotz seiner Bündnispflichten militärisch nicht beigestanden hatte. So erklärt sich auch sein Déat-Zitat in Paris im Februar 2003. Er liebte die Vereinigten Staaten, mit denen sich Polen seit den Tagen Tadeusz Kościuszkos, des Kämpfers im Amerikanischen Unabhängigkeitskrieg, eng verbunden fühlte und in denen er wie die meisten Polen die zuverlässigste Schutzmacht gegenüber einem aggressiven Russland sah. Seine proamerikanische Haltung behielt er auch bei, als die USA 2003 ihren völkerrechtswidrigen Krieg gegen Irak führten.

Als jüdisches Kind, das von seinem katholischen Stiefvater adoptiert worden war, hatte Geremek während des Zweiten Weltkriegs in ständiger Angst vor den deutschen Besatzern gelebt. Er ließ das seine deutschen Freunde aber niemals spüren. Er beherrschte die deutsche Sprache sehr gut, benutzte sie aber aufgrund seiner frühen Erlebnisse nicht gern. Wir haben uns stets auf Englisch unterhalten.

Geremek hat wie nur wenige andere meinen historisch-politischen Horizont erweitert, indem er meinen Blick auf jenen Teil Europas lenkte, dem die alliierte Konferenz von Jalta im Februar 1945 eine Entwicklung in Freiheit verwehrt hatte. Gegen diese Spaltung Europas hat er sich mit größtem persönlichem Einsatz und schließlich mit durchschlagendem Erfolg aufgelehnt. Das bleibt sein historisches Verdienst.

Neben Geremek habe ich auch einen anderen zeitweiligen polnischen Außenminister, den katholischen Intellektuellen Władysław Bartoszewski, und den ersten nichtkommunistischen Ministerpräsidenten Polens seit 1945, Tadeusz Mazowiecki, kennengelernt und mit beiden intensive Gespräche geführt. Auch nach «Broneks» Tod blieb ich Polen eng verbunden. Meinen Historikerfreund Jerzy Holzer sah und sprach ich, wann immer er in Berlin oder ich in Warschau war. Er hatte noch während der Geltung des Kriegsrechts die erste wissenschaftlich fundierte Geschichte der unabhängigen Gewerkschaft Solidarność geschrieben; ein befreundeter westlicher Diplomat schmuggelte sie in seinem Gepäck aus Polen heraus und schickte sie auftragsgemäß an mich. Die deutsche Übersetzung erschien 1985 bei C.H.Beck. Von seinen späteren Büchern ragen eine ebenfalls ins Deutsche übersetzte Geschichte des Kommunismus in Europa und sein geistvoller Essay «Polen und Europa – Land, Geschichte, Identität» heraus. Holzer starb im Januar 2015 im Alter von 84 Jahren in seiner Geburtsstadt Warschau.

Noch heute stehe ich in reger Verbindung mit meinen polnischen Freunden, dem Publizisten Adam Krzeminski und den ehemaligen Botschaftern Jerzy Margánski, Janusz Reiter und Marek Prawda; der Letztere ist seit Ende 2023 stellvertretender Außenminister in der Regierung von Donald Tusk. Sie alle haben sich in den Jahren des illiberalen Regiments der PiS an der Seite der liberalen Kräfte engagiert und dazu beigetragen, dass diese Phase im Herbst 2023 zu Ende ging. «Noch ist Polen nicht verloren»: Das werden sie sich in den Jahren zuvor immer wieder gesagt haben – und mit ihnen die Freunde Polens in aller Welt.

Drei große Intellektuelle: Reinhart Koselleck, Ralf Dahrendorf, Jürgen Habermas

Mit drei großen deutschen Intellektuellen habe ich über einen längeren Zeitraum hinweg in Verbindung gestanden: mit dem Historiker Reinhart Koselleck, dem Soziologen Ralf Dahrendorf und dem Philosophen Jürgen Habermas, mit dem die Gesprächsbeziehung noch heute besteht.

Der älteste unter ihnen war Koselleck, Jahrgang 1923, der als Soldat im Zweiten Weltkrieg an der Ostfront schwer verwundet worden war und 1945/46 über ein Jahr als Kriegsgefangener erst in Auschwitz, dann in einem Straflager in Zentralasien verbracht hat. Großes Aufsehen erregte bereits seine 1959 als Buch veröffentlichte, ideengeschichtlich angelegte, von Carl Schmitt, Martin Heidegger und Karl Löwith inspirierte, dem Geist der Konservativen Revolution verpflichtete Heidelberger Dissertation von 1953 «Kritik und Krise»: eine Streitschrift, die als letztinstanzliche Ursache der totalitären Gewaltherrschaften des 20. Jahrhunderts und damit auch des deutschen Nationalsozialismus die prototototalitären Utopien der Aufklärung, ihren von Erfahrungen abgekoppelten Glauben an die Verfügbarkeit der Zukunft, ausmachte.

Das erste Buch von Koselleck, das ich las, war freilich nicht «Kritik und Krise», sondern die 1967 erschienene Habilitationsschrift «Preußen zwischen Reform und Revolution», ein von Werner Conze angeregtes, auf breiten Quellenstudien beruhendes, sozialgeschichtlich fundiertes Meisterwerk, das interdisziplinär weniger breit und nachhaltig rezipiert wurde als sein Erstling. Sein weit über das Fach Geschichte hinausreichendes hohes Ansehen erwarb sich Koselleck in der Folgezeit durch seine brillanten geschichtsphilosophischen

Essays und seine Studien zur europäischen Begriffsgeschichte, die in dem vor allem von Werner Conze und ihm betreuten, vielbändigen historischen Lexikon «Geschichtliche Grundbegriffe» ihren krönenden Abschluss fanden.

Ich kam mit Koselleck vor allem in den Jahren 1985 bis 1998 in näheren Kontakt, in denen ich dem von Werner Conze ins Leben gerufenen Arbeitskreis für moderne Sozialgeschichte angehörte, der meist zweimal im Jahr im Haus der Werner-Reimers-Stiftung in Bad Homburg tagte. Neben Historikern gehörten dem Gremium Soziologen wie M. Rainer Lepsius, Juristen wie Ernst-Wolfgang Böckenförde und Dieter Grimm und Theologen wie Friedrich-Wilhelm Graf an. Nicht nur während der Sitzungen, sondern auch außerhalb des offiziellen Programms kamen von Koselleck immer wieder Anregungen und Denkanstöße, die in die Arbeiten seiner Gesprächspartner einflossen. Ich erinnere mich vor allem an unseren Gedankenaustausch über die Themen Nationalismus, Nationenbildung und nationale Identitäten im europäischen Vergleich. In dem von Hartmut Kaelble und mir herausgegebenen, 1993 in der Schriftenreihe des Arbeitskreises für moderne Sozialgeschichte erschienenen Band «Nationalismus, Nationalitäten, Supranationalität» haben sich sehr viele Impulse niedergeschlagen, die Kaelble und ich den Gesprächen mit Koselleck verdankten.

Als «kleine Gegengabe» zu meinem «Langen Weg nach Westen» schickte mir Reinhart Koselleck 2001 seinen Essayband «Zeitschichten» mit einer, wie er in der Widmung vermerkte, «vielleicht impliziten Antwort auf den Seiten 359 ff.». Die Antwort bezog sich auf den Aufsatz «Deutschland eine verspätete Nation?», in dem er sich mit Helmuth Plessners Buch «Die verspätete Nation» von 1959 auseinandersetzte. Deutschland war sehr viel später als Frankreich, Spanien oder Großbritannien ein Nationalstaat geworden, gegen den

Begriff «verspätete Nation» erhob Koselleck aber einen berechtigten Einwand: «Verspäten kann sich nur, wer seinen Fahrplan nicht einhält. Aber wer befindet über den Fahrplan, der gar von einer ‹Nation› eingehalten werden soll?»

Der Essay aus dem Jahr 1998 begnügte sich indessen nicht mit der Entkräftung eines anfechtbaren Begriffs. Koselleck wandte sich auch gegen das «Ideologem des deutschen Sonderwegs». Seinen Vertretern, und damit implizit auch mir, hielt er vor, sie betrieben eine «alternativlose Teleologie ex post». Aus seiner Sicht lief die These von einem besonderen, vom «Westen» abweichenden Weg Deutschlands in die Moderne darauf hinaus, die Ernennung Hitlers zum Reichskanzler und die Ermordung der europäischen Juden als zwangsläufiges Ergebnis der vorangegangenen deutschen Geschichte zu deuten.

Das aber widersprach meiner im «Langen Weg nach Westen» dargelegten Auffassung diametral. Ich bemühe mich dort, wie auch in früheren Arbeiten, um den Nachweis, dass die Machtübertragung an Hitler keineswegs ein zwangsläufiger Vorgang war, sondern bis zuletzt hätte verhindert werden können. Ebenso wenig war das Ereignis vom 30. Januar 1933 aber, wie auch in diesem Band betont, ein Betriebsunfall. Um die Bedingungen der Möglichkeit der Zerstörung der Weimarer Republik und ihr Ende zu erklären, musste man vielmehr weit in die deutsche Geschichte zurückgehen und durfte dabei die von Plessner herausgearbeitete deutsche Distanz zu den politischen Konsequenzen der Aufklärung nicht auslassen.

Anfang Oktober 2004 trafen Koselleck und ich bei dem bereits im zweiten Kapitel erwähnten deutsch-französisch-polnischen Symposium «Europa und seine Grenzen. Zur Diskussion über die Türkei und den Islam in Europa» in Genshagen bei Berlin zusammen. Koselleck pflichtete dem, was ich dort gegen einen Beitritt der Türkei zur EU vorbrachte, in seinem Beitrag zur Plenardebatte nachdrücklich bei. Als ich bei den abendlichen Gesprächen im kleinen Kreis auf unsere Kontroverse in Sachen «deutscher Sonderweg» zurückkam, spitzte er seine These zu: Der Westen selbst habe den deutschen Weg nach Westen (womit er den Weg zum Nationalstaat meinte) verhindert. Er verwies dabei vor allem auf Napoleon und seinen Neffen, Napoleon III., sowie auf den Friedensvertrag von Versailles von 1919. «Napoleon ist an allem Schuld», notierte ich anschließend, den Titel eines legendären Films von Curt Goetz zitierend, in meinem Tagebuch.

Im weiteren Verlauf des Disputs fragte ich Koselleck, ob er wirklich meine, dass immer nur der Westen für das verantwortlich gewesen sei, was Deutschland vom Westen trennte. «Nicht nur der Westen», räumte er meinen Tagebuchaufzeichnungen zufolge ein. «Er gibt auch zu, dass er den ‹Langen Weg› nur selektiv gelesen hat. Man merkt es an seinen von mir geteilten Einwänden gegen einseitige Deutungen der Revolution von 1848 und der Reichsgründung von 1871. Aber es ist immer ein intellektuelles Vergnügen, mit Koselleck die Klingen zu kreuzen.»

Mein Eindruck, dass Reinhart Koselleck letztlich einem deutschnational gefärbten Bild der deutschen Geschichte verhaftet blieb, verstärkte sich ein paar Monate später, am 28. Februar 2005, als wir uns anlässlich einer Diskussionsrunde wiedertrafen, zu der Bundespräsident Horst Köhler in Vorbereitung seiner Rede zum 60. Jahrestag des Endes des Zweiten Weltkriegs in Europa in das Schloss Bellevue eingeladen hatte. Teilnehmer waren neben Koselleck und mir Hans-Peter Schwarz, der ehemalige polnische Botschafter Janusz Reiter, der in Berlin lebende französische Historiker Étienne François und seine deutschen Kollegen Norbert Frei und Jan-Holger Kirsch. Koselleck vertrat zunächst seine These, dass es nur individuelle, aber keine kollektiven Erinnerungen gebe. Die Deutschen hätten sich 1945 besiegt gefühlt; «Befreiung» sei eine nachträgliche Deutung. Auf meine Ausführungen zur Kontinuität der deutschen Geschichte reagierend, verwies er auch in dieser Runde auf die verheerenden Auswirkungen des Vertrags von Versailles, worauf ich replizierte, bei einem historischen Rückblick dürfe man nicht bei Versailles stehen bleiben, sondern müsse auch den Anteil des Deutschen Reiches an der Auslösung des Ersten Weltkriegs in die Betrachtung einbeziehen.

Reinhart Koselleck starb am 3. Februar 2006. Posthum erschien 2019 sein Briefwechsel mit dem von ihm verehrten Carl Schmitt. Mein Eindruck war, wie ich im Januar 2020 in meinem Tagebuch festhielt, zwiespältig. «Einerseits ist es faszinierend, über drei Jahrzehnte hinweg – 1953 bis 1983 – den Dialog zwischen zwei hochkarätigen Intellektuellen zu verfolgen ... eine brillante tour de force voller Anregungen für die weitere Lektüre. Andererseits steht da, was keiner der Rezensenten bemerkt hat, der Elefant im Raum, die ‹Schuldfrage›, an der sich 1945/46 Jaspers und Meinecke abarbeiteten, die Frage nach den tieferen Ursachen der *deutschen* Katastrophe.» Warum unterließ Koselleck alle kritischen Nachfragen zu den apologetischen Selbstbespiegelungen Schmitts? Warum konfrontierte er ihn nicht mit den Zeugnissen seines immer wieder bekundeten Antisemitismus?

Grundsätzlicher und auf das Gesamtwerk bezogen gefragt: Warum stellte Koselleck im Hinblick auf die Verbrechen des Nationalsozialismus die Warum-Frage nur auf der (vergleichsweise abstrakten) anthropologischen Ebene («Wie konnten Menschen so etwas tun?»), nicht aber auf der (konkreten) deutschen Ebene («Warum wurden diese Verbrechen im Namen Deutschlands und durch Deutsche begangen?»)? Anders gewendet: Warum fragte er, der sich immer wieder mit dem Leben und Sterben in den nationalsozialistischen Konzentrationslagern beschäftigte, nicht auch nach der Verfasstheit der Gesellschaft, die seit 1933 die Existenz von Konzentrationslagern hinnahm. Koselleck war der philosophischste Kopf unter den deutschen Historikern der zweiten Hälfte des 20. Jahrhunderts – ein Titel, den ihm allenfalls Ernst Nolte, wenn auch auf höchst fragwürdige Weise, hätte streitig machen können. Aber er blieb auf eine traditionelle Weise «deutsch», die in einem eigentümlichen Gegensatz zur Weite seines intellektuellen Horizonts stand.

Ralf Dahrendorf, Jahrgang 1929, sechs Jahre jünger als Koselleck, erlebte ich erstmals, wie im ersten Kapitel vermerkt, im Sommersemester 1960 als jungen Professor der Soziologie an der Universität Tübingen. Sein Kolleg «Soziologie der Revolution» war die brillanteste Vorlesung, die ich während meiner Studienzeit gehört habe: begriffsscharf und zugleich anschaulich, klar gegliedert, druckreif, mit lässiger, angelsächsisch anmutender Eleganz vorgetragen; das Auditorium dankte es ihm am Ende jeder Stunde mit kräftigem Klopfen.

Anfang 1968 sah ich Dahrendorf als «guest visitor» am Center for International Affairs an der Harvard-Universität wieder. Es war nicht nur die Zeit der internationalen Studentenrevolte, sondern auch der beginnenden politischen Karriere des nunmehrigen Professors an der neugegründeten Universität Konstanz. In seinen frühen Jahren, vom Elternhaus entsprechend geprägt, Sozialdemokrat, hatte er sich inzwischen dem politischen Liberalismus zugewandt und strebte zur Zeit seines Amerikabesuchs ein Mandat als FDP-Abgeordneter im Landtag von Baden-Württemberg an. Als er in einem interfakultativen Seminar des Centers erwähnte, dass er sich auch um die Stimmen von Wählern bemühe, die zur rechtsradikalen NPD abgewandert waren, war ich verblüfft, um nicht zu sagen: schockiert. Dabei hatte er natürlich recht: Den Gegnern der liberalen Demokratie

Wähler abspenstig zu machen, sollte sich für Wahlkämpfer der demokratischen Parteien von selbst verstehen.

Eine inspirierende Lektüre war für mich in den sechziger Jahren Dahrendorfs wohl berühmtestes und erfolgreichstes Buch, der 1965 erschienene Band «Demokratie und Gesellschaft in Deutschland». Ähnlich wie um dieselbe Zeit mein amerikanischer Freund und Kollege David Schoenbaum in seinem 1966 vorgelegten Buch «Hitler's Social Revolution» (auf Deutsch: «Die braune Revolution») betonte der deutsche Soziologe die antielitäre, soziale Differenzen nivellierende Stoßrichtung des Nationalsozialismus. Beide Autoren schrieben der Gesellschaftspolitik des «Dritten Reiches» sogar die objektive Funktion zu, obrigkeitsstaatliche Relikte der deutschen Gesellschaft abgeschliffen und so, wenn auch ungewollt, der westdeutschen Nachkriegsdemokratie den Weg geebnet zu haben. Beide Bücher haben der zeitgeschichtlichen Forschung auch da, wo sie auf begründeten Widerspruch stießen, wesentliche neue Impulse gegeben. Die These vom revolutionären Charakter des Nationalsozialismus ist heute, um das Mindeste zu sagen, sehr viel weniger umstritten als in den 1960er Jahren.

Dahrendorfs politische Karriere war von kurzer Dauer. Er brachte es im Oktober 1969 zum Parlamentarischen Staatssekretär im Auswärtigen Amt unter Walter Scheel als Außenminister und Ende Mai 1970 zu dem für Handelsbeziehungen zuständigen Kommissar in der Kommission der Europäischen Gemeinschaft. Beide Ämter frustrierten ihn, bald nachdem er sie angetreten hatte: Sein Gestaltungsspielraum erwies sich als gering, und sich in ein Kollektiv einzuordnen war seine Sache nicht. Im Juli 1971 veröffentlichte er unter dem Synonym «Wieland Europa» in der *Zeit* zwei Artikel, in denen er scharfe Kritik an der Brüsseler Politikroutine übte. Da seine Autorschaft bald publik wurde, untergrub er damit seine Stellung in der Kommission. Gern wechselte er deshalb Ende 1974 in das Wissenschaftsmanagement: Er übernahm das Amt des Direktors der renommierten London School of Economics.

Damit begann das lange britische Kapitel in Dahrendorfs Karriere, in deren Verlauf er im Juli 1993 von Königin Elisabeth II. in den Adelsstand erhoben und ins Oberhaus berufen wurde. Seit 1987 war er Warden, das heißt Rektor, des St. Antony's College an der Universität Oxford. In dieser Funktion war er im Februar 1996 mein Gastgeber bei einem «High Table»: eine Ehre, die mir nach einem Vortrag über den historischen Ort der deutschen Revolution von 1918/19 zuteil wurde, den ich auf Einladung des damaligen Guest Scholar Reinhard Rürup am St. Antony's College hielt.

In den Gesichtskreis von Lord Dahrendorf trat ich aber wohl erst in den Jahren nach 2000, nachdem er meinen «Langen Weg nach Westen» gelesen hatte. Gegenüber dem Cheflektor des Verlags C.H.Beck, meinem Freund Detlef Felken, gab er zu erkennen, dass er mich während seiner Zeit als Forschungsprofessor am Wissenschaftszentrum Berlin gern treffen würde. Ende Mai 2003 kam es in einem italienischen Restaurant im Grunewald zu einem mehrstündigen, durch und durch politischen Lunch, zu dem der Verleger Wolfgang Beck und Felken Dahrendorf und mich eingeladen hatten.

Ich zitiere aus meinem Tagebuch: «Im Vordergrund des Gesprächs: europäische und transatlantische Beziehungen. Dahrendorf ist ein dezidierter Intergouvernementalist und argumentiert als ‹Blairite›, wobei er gleichzeitig beklagt, dass Blair den Kontakt mit Intellektuellen eher vermeidet. Anthony Giddens habe er an Clinton ‹abgetreten›, der selbst ein Intellektueller sei. Den europäischen Außenminister hält D. für eine Seifenblase. Die Türkei will er in die EU aufnehmen, was sich mit seinen nationalstaatlichen, euroskeptischen Aussagen ja auch logisch verbinden lässt. Seine größte Sorge, die er abends in einem Vortrag am Wissenschaftskolleg ausführlich darlegt: Europa könne sich gegen Amerika definieren. Er selbst sei erst Westler, dann Europäer.»

Diese Selbstverortung bei der Veranstaltung im Wissenschaftskolleg veranlasste mich zu einem ersten Diskussionsbeitrag in einer langen Debatte. Ich zitiere weiter aus meinen tags darauf angefertigten Aufzeichnungen: «Wenn der Pluralismus zur Quintessenz einer normativen Idee des Westens gehöre, müsse der Westen sich dann nicht auch pluralistisch organisieren? Bei den inneren Gefährdungen der Freiheit, die auch Dahrendorf in den USA diagnostiziert, frage sich doch, ob Amerika nicht eines innerwestlichen Korrektivs bedürfe, nämlich Europas. Dies auch im Hinblick darauf, dass die von Dahrendorf so stark betonte Geltung der ‹rule of law› in der internationalen Politik durch die jetzige amerikanische Administration in Frage gestellt werde? Dahrendorf räumt das meiste ein, vermerkt aber, dass Pluralismus vielfach zu einem Synonym für Relativismus geworden sei. In einer kleineren Runde setzten wir das Gespräch fort. Britischer kann man schwerlich argumentieren, als Lord D. es tut. Aber es ist eine überaus lohnende Kontroverse, die wir da ausfechten …»

Am 22. Mai 2003, vier Tage vor meinem Gespräch mit Ralf Dahrendorf, hatte Präsident George W. Bush die Kampfhandlungen im Irak für beendet erklärt. Der Irakkrieg war eines der Themen, die zwischen Dahrendorf und mir strittig waren und blieben. Ein zweites war die Frage einer türkischen Mitgliedschaft in der Europäischen Union, ein drittes die Finalität des europäischen Einigungsprozesses. Was den letzten Punkt angeht, hat sich meine Position später der von Dahrendorf angenähert. In den Nullerjahren aber war diese Selbstrevision noch nicht absehbar.

Im Januar 2005 gab Dahrendorf der *Zeit* ein Interview, in dem er sich ausführlich zu seinen Vorstellungen von Europa äußerte. Er plädierte dafür, alle Staaten in die Gemeinschaft aufzunehmen, die die «Kopenhagener Kriterien» von 1993 erfüllten, das heißt in ihrer Verfassungs-, Rechts- und Wirtschaftsordnung den Anforderungen entsprachen, die für eine westliche Demokratie typisch waren. Auf den Einwand der *Zeit*-Redakteure Gunter Hofmann und Jan Ross, Polen werde wohl kein zweites England werden, erwiderte er: «Sie haben recht, dass Polen kein zweites England wird. Wie manche in Europa es sehen, von Winkler bis Habermas, gehört übrigens auch England nicht hinein. Das meinen auch viele Engländer.» Dahrendorf setzte auf den Westen statt auf Europa. Als seine Interviewpartner von den «lebensgeschichtlichen Enttäuschungen» über die USA bei «manchen Transatlantikern von Habermas bis Winkler» sprachen, sagte er, auch bei manchen Amerikanern wie Fritz Stern sei diese Enttäuschung sehr real, und auch er selbst sei angesichts von Guantánamo tief beunruhigt. Den Gedanken einer spezifisch europäischen Öffentlichkeit aber, einen europäischen Konfliktdiskurs im Sinne von Habermas, wies er kategorisch zurück. «Die gibt es nicht.»

Um die Zeit, als Dahrendorf sein Interview gab, arbeitete ich am ersten Band meiner «Geschichte des Westens». Angesichts der säkularen Folgen der historischen Spaltung Europas in einen west- und einen ostkirchlich geprägten Teil war ich zu dem Schluss gelangt, dass es falsch war, im Sinne der offiziösen EU-Rhetorik von gemeinsamen «europäischen Werten» oder einer «europäischen Wertegemeinschaft» zu sprechen. Der Anteil, den die britischen Kolonien in Nordamerika, die sich 1776 als Vereinigte Staaten von Amerika für unabhängig erklärten, an der Herausbildung des normativen Projekts des nordatlantischen Westens hatten, legte es vielmehr nahe, von «westlichen Werten» zu sprechen und «westliche Demokratien» daran zu messen, wie sie es in ihrer politischen Praxis mit diesen Werten hielten.

Sehr viel später, nach der Entscheidung für den «Brexit» im Juni 2016, fragte ich mich, ob die Europäische Union nicht sehr viel mehr hätte tun können, um Großbritannien den Verbleib in der Gemeinschaft zu erleichtern. Ein europäischer Bundesstaat, wie ihn große Teile der politischen Klasse Deutschlands und viele altbundesdeutsch geprägte Intellektuelle herbeiwünschten, hatte sich ohnedies längst als Illusion erwiesen, aber auch die in Brüssel immer wieder beschworene Vision einer «ever closer union». Eine immer engere Zusammenarbeit der europäischen Regierungen, notfalls in Form einer «coalition of the willing», auf dem Gebiet der Außen- und Sicherheitspolitik, verbunden mit einer strikten Beachtung des Subsidiaritätsprinzips in den übrigen Politikbereichen, war und ist eine sehr viel realistischere Form der europäischen Willensbildung. Mit einer Europäischen Union, die sich von dieser Einsicht leiten lässt, hätten sich außer dem Deutsch-Briten Dahrendorf vermutlich auch viele geborenen Briten eher anfreunden können als mit der real existierenden EU.

Was mich mit Dahrendorf verband, war seine kantianisch gefärbte Orientierung an den westlichen Errungenschaften, von denen er die Bürgergesellschaft und die Herrschaft des Rechts besonders hervorhob. Er sah zu Recht einen wichtigen Grund der Krise der parlamentarischen Demokratie in Europa in der Auslagerung politischer Entscheidungsprozesse von der nationalen auf eine demokratisch nicht oder nur unzureichend kontrollierbare inter- und supranationale Ebene. Dem Europäischen Parlament hielt er in seinem 2002 erschienenen Buch «Auf der Suche nach einer neuen Ordnung» aus guten Gründen seine mangelnde demokratische Legitimation vor (wobei er das größte Manko, das ungleiche Wahlrecht, merkwürdigerweise nicht erwähnte). Der Europäischen Union als Ganzer widmete er ein sarkastisches Aperçu: «Wenn die EU um die Mitgliedschaft in der EU nachsuchen würde, müsste sie wegen ihres Mangels an demokratischer Ordnung abgewiesen werden.»

Dahrendorf hatte die Geschichte auf seiner Seite, wenn er den «heterogenen», multiethnischen Nationalstaat als Hort von Demokratie, Rechtsstaat und Sozialstaat gegen seine deutschen Verächter verteidigte und ihn auch in Zukunft für unentbehrlich hielt. Er rechtfertigte die repräsentative Demokratie gegenüber allen plebiszitären Versuchungen und geißelte, ohne den Begriff zu verwenden, alle Spielarten des Populismus. Bereits in dem Buch von 2002 setzte er sich mit dem auseinander, was inzwischen «Identitätspolitik» genannt wird: der verbreiteten Neigung, Gruppen zu möglichst homogenen Einheiten zu sortieren, die sich gegeneinander abschotten. Er warb im Sinne des von ihm nicht zitierten Ernst Fraenkel für «Ligaturen», für normative Bindekräfte, die über alle notwendigen Antagonismen hinweg einen politischen Zusammenhalt stiften könnten.

Ralf Dahrendorf starb am 17. Juni 2009. Am 7. Oktober 2010 hielt ich auf Einladung der London School of Economics an ebendieser Hochschule, Dahrendorfs einstiger Wirkungsstätte, die First Annual Dahrendorf Memorial Lecture über das Thema «Greatness and Limits of the West. Reflections on an Uncompleted Project». Ich hob die großen Verdienste des «Grenzgängers zwischen Sozialwissenschaft und Politik, zwischen Analyse und Aktion» (so Dahrendorf über sich selbst), um die Rekonstruktion und Erneuerung des normativen Projekts des Westens hervor, unterschlug aber auch nicht unsere Differenzen, vor allem nicht die über den Irakkrieg. Als ich in diesem Zusammenhang von einem «Anglo-American War» sprach, korrigierte mich einer meiner britischen Gastgeber mit der ironischen Bemerkung: «We call it the Blairo-American War.» Dahrendorf dürfte über diese Einlassung geschmunzelt haben.

Jürgen Habermas, Jahrgang 1929, also im gleichen Jahr wie Dahrendorf geboren und wie dieser ein Angehöriger der «HJ-Generation», galt bereits als ein aufgehender Stern am Philosophenhimmel der Bundesrepublik, als ich ihn im Herbst 1963 bei einer Gastvorlesung an der Universität Göttingen erstmals «live» erlebte. Seine im Jahr zuvor erschienene Habilitationsschrift «Strukturwandel der Öffentlichkeit», die sich thematisch mit Kosellecks «Kritik und Krise» berührte, aber von einem ganz anderen Erkenntnisinteresse leiten ließ als diese von ihm mehrfach zitierte Heidelberger Dissertation, las ich erst drei Jahre später in meiner Berliner Assistentenzeit, und noch später die brillante Auseinandersetzung mit Kosellecks Thesen, die Habermas im Mai 1960 im *Merkur* veröffentlicht hat.

Meine erste persönliche Begegnung mit Jürgen und Ute Habermas fällt in die mittleren siebziger Jahre: Der damalige Präsident des Goethe-Instituts, der Diplomat Hans Kahle, und seine aus Schweden stammende Frau, die Orientalistin Sigrid Kahle, mit denen ich seit unserer gemeinsamen Zeit in Harvard 1967/68 befreundet war, hatten meine Frau und mich zusammen mit dem Ehepaar Habermas zu einem Abendessen in die Dienstvilla der Kahles am Starnberger See eingeladen. Es wurde, wie nicht anders zu erwarten, an diesem Abend viel über aktuelle Politik, aber auch über eine so grundsätzliche Frage wie die diskutiert, ob oder inwieweit sich Marktwirtschaft und Privateigentum normativ begründen ließen.

Ein Jahrzehnt später, im Februar 1986, ich war damals Fellow am Wissenschaftskolleg zu Berlin, fand ebendort auf Einladung meines Mitfellows Saul Friedländer eine Tagung über «Kollektive Erinnerungsprozesse in Beziehung zu NS-Zeit» statt. An ihr nahmen neben anderen meine Historikerkollegen Hans Mommsen, Lutz Niethammer, Dan Diner und Amos Funkenstein, der Erziehungswissenschaftler Micha Brumlik, der amerikanische Soziologe Norman Birnbaum und, als prominentester Gast, Jürgen Habermas teil. Der Berliner Kulturwissenschaftler Philipp Felsch hat für sein Anfang 2024 erschienenes Buch «Der Philosoph. Habermas und wir» eine Tonbandaufzeichnung dieser Tagung ausgewertet und die Konferenz als «Generalprobe» für den «Historikerstreit» interpretiert, der einige Monate später entbrannte – eine Generalprobe, an der freilich, wie er einschränkend hinzufügt, nur eine der beiden Streitparteien teilnahm.

Felsch zufolge meldete sich Habermas mit einem «flammenden Plädoyer für das Vakuum nationaler Symbole in der Bundesrepublik» zu Wort. Ihm schwebte eine «symbolfreie» Erinnerung im Sinne Adornos vor, die der Diskreditierung des nationalen Traditionszusammenhangs Rechnung trug. «Auschwitz ist ja nun glücklicherweise ein Symbol, für das wir keine Denkmäler haben außer der hardware, die die ganze Sache erzeugt hat.» Wie Felsch berichtet, folgten die Einwände der Historiker auf dem Fuß. «Heinrich August Winkler wollte zumindest ein ‹Minimum an republikanischen Symbolen›, etwa die schwarz-rot-goldene 48er Flagge, von Habermas' Bilderverbot ausgenommen wissen». Ein anderer Punkt war zwischen Habermas und mir nicht strittig. Er teilte meine (damalige) Absage an die Wiederherstellung eines souveränen deutschen Nationalstaates, die ich laut Felsch im Februar 1986 in die Worte fasste: «Wir müssten zu dem Schluss kommen, dass wir dies nicht mehr wollen dürfen.»

Beim «Historikerstreit» zogen Jürgen Habermas und ich, wie im ersten Kapitel dargelegt, weitgehend an einem Strang. In einem Leserbrief, den die *FAZ* am 26. Juni 1986 gekürzt abdruckte, interpretierte ich den im gleichen Blatt veröffentlichten Versuch Ernst Noltes, Auschwitz in einem tieferen Sinn als Antwort auf Stalins Archipel GuLAG erscheinen zu lassen, als Ausfluss eines nationalapologetischen Bedürfnisses. Ich warf meinem von mir bis dahin hoch geschätzten Berliner Kollegen, dem Autor der ersten großen, vergleichend angelegten Studie über die europäischen Faschismen, vor, Deutschland aus dem normativen Zusammenhang der westlichen Kultur zu lösen. «Deutschland gehörte und gehört kulturell zum Westen und muss an den Normen des Westens gemessen werden. Vor dem Hintergrund dieser Normen ist die Judenvernichtung unter dem Nationalsozialismus ein beispielloses Verbrechen, und die Herrschaft, die das möglich machte, die größte Katastrophe des 20. Jahrhunderts ... Wer Deutschland rückwirkend aus dem westlichen Kulturkreis entlässt, vollzieht den geistigen Bruch mit dem Westen aufs Neue. Die politischen Konsequenzen müssten auch deutsche Konservative erschrecken.»

Habermas griff diesen Gedanken auf, als er am 11. Juli 1986 in der *Zeit* seine Abrechnung mit den «apologetischen Tendenzen in der deutschen Zeitgeschichtsschreibung» veröffentlichte. Ein in der Folgezeit von mir immer wieder zitierter Kernsatz lautete: «Die vorbehaltlose Öffnung der Bundesrepublik gegenüber der politischen Kultur des Westens ist die große intellektuelle Leistung unserer Nachkriegszeit, auf die gerade meine Generation stolz sein könnte.» Wer den Deutschen, so Habermas weiter, mit einer Floskel wie «Schuldbesessenheit» die Schamröte über Auschwitz austreiben wolle, wer die Deutschen zu einer konventionellen Form ihrer nationalen Identität zurückrufen wolle, zerstöre «die einzig verlässliche Basis unserer Bindung an den Westen».

Mit diesem «cri de cœur» wurde Habermas, wenn auch eher ungewollt, zum geistigen Vater einer «posthumen Adenauerschen

Linken» – ein Begriff, den ich erstmals im Oktober 1988 in einem Rezensionsaufsatz für die *Zeit* in die Debatte eingeführt habe. Was diesen Teil der intellektuellen Linken einte und mehr mit Konrad Adenauer als mit seinem sozialdemokratischen Widersacher Kurt Schumacher verband, war die Überzeugung, dass die Westbindung der Bundesrepublik eine Rückversicherung gegen deutsche Sonderwege bildete. Die Frage, ob die Absage an jede Art von Nationalstaat nicht auch einen deutschen, genauer einen exklusiv altbundesdeutschen Sonderweg darstellen könnte, habe ich mir damals noch nicht gestellt.

Der Fall der Berliner Mauer am 9. November 1989 erschütterte meine vermeintlichen Gewissheiten, was die deutsche Frage anging. Mitte Februar 1990 setzte ich mich in einem Beitrag für die *Süddeutsche Zeitung* für eine Konföderation zwischen der Bundesrepublik und einer demokratisch legitimierten DDR, gestützt auf paritätisch besetzte Kommissionen und einen ebenfalls paritätischen Parlamentarischen Rat, als Zwischenstation auf dem Weg zu einem deutschen Bundesstaat ein. Jürgen Habermas gratulierte mir zu diesem Plädoyer für ein deutsch-deutsches Transitorium. Die Geschichte ging jedoch rasch über solche Konstruktionen hinweg. Die Wiedervereinigung am 3. Oktober 1990, das Ergebnis der Zwei-plus-Vier-Verhandlungen auf der einen, der deutsch-deutschen Verhandlungen auf der anderen Seite, empfand ich als eine unverhofft glückliche Lösung des Jahrhundertproblems der deutschen Frage. Habermas sah der kommenden Entwicklung mit sehr viel größerer Skepsis entgegen als ich.

Am 4. Oktober 1990, einen Tag nach den Feiern zur deutschen Einheit, trat ich mein auf ein Jahr befristetes Forschungsstipendium am Historischen Kolleg in München an. Während meiner Zeit in der bayerischen Hauptstadt konnte ich mit Habermas ausführlicher sprechen als in den Jahren zuvor, und das vor allem bei zwei ausgedehnten Abendessen, von denen das erste schon kurz nach unserer Ankunft in München im Haus von Jürgen und Ute Habermas in Starnberg, das zweite in unserem Stipendiaten-Domizil in Schwabing stattfand. Beide Male war der Bogen der Themen, über die wir uns unterhielten, weit gespannt. Natürlich kam auch Kontroverses zur Sprache, so die damals noch offene Hauptstadtfrage (Habermas war für Bonn, ich für Berlin) oder der Streit um die Art und Weise der Wiedervereinigung: Habermas hätte den Weg über einen gesamtdeutschen Verfassungsdiskurs und eine Abstimmung nach Artikel 146 des Grundgesetzes vorgezogen; ich rechtfertigte, nicht zuletzt mit außenpolitischen Gründen, die «rasche Einheit» durch den Beitritt der DDR zur Bundesrepublik gemäß Artikel 23.

Besonders lebhaft wurde unser Gespräch in Starnberg, als ich die Frage aufwarf, ob Habermas bei seiner, wie ich fand, etwas zu idealisierenden Darstellung des frühen bürgerlichen Liberalismus im «Strukturwandel der Öffentlichkeit» von Carl Schmitt beeinflusst worden sei, was er bestritt. Meiner These, der Parlamentarische Rat sei 1948/49 bei der Konzeption der wehrhaften Demokratie den Argumenten gefolgt, die Schmitt 1932 in seiner Schrift «Legalität und Legitimität» gegen die in Weimar dominierende positivistisch-relativistische Verfassungsinterpretation vorgetragen hatte, widersprach er. Ich bin aber nach wie vor davon überzeugt, dass die Väter und Mütter des Grundgesetzes in *dieser* Hinsicht «schmittianisch» dachten – und damit Recht hatten.

Im Mai 1994 sahen wir uns in Berlin bei einer Tagung der vom Bundestag eingesetzten und Enquetekommission «Aufarbeitung von Geschichte und Folgen der SED-Diktatur in Deutschland». Meine Kritik am Begriff der «postnationalen Demokratie», bezogen auf das wiedervereinigte Deutschland, quittierte Habermas mit der

Bemerkung, er stelle bei mir eine «kleine Wende» fest, was ich durchaus nicht leugnete.

Einige Wochen später, Anfang Juli, begegneten wir uns erneut bei einer Tagung zum Thema «1968 (West) – 1989 (Ost). Getrennte Erfahrungen/gemeinsame Perspektiven für demokratische Reformen», die die Friedrich-Ebert-Stiftung gemeinsam mit dem von dem Bundestagsabgeordneten Markus Meckel geleiteten Kritischen Gesprächskreis ostdeutscher Sozialdemokraten und ehemaliger Bürgerrechtler der DDR bei Werder am Schwielowsee veranstaltete. Nach meinem Referat zum Thema «Einheit im Widerstreit. Annäherungen an 1989/90» sagte er mir, er stimme meinen Ausführungen im Wesentlichen zu, «abgesehen von dem etwas ‹starken Schwenk› in Sachen nationaler Solidarität». Die hatte ich zuvor von den Westdeutschen eingefordert. In seinem eigenen Beitrag räumte Habermas ein, dass er, im Unterschied zu Bracher und mir, sich bisher nur mit der faschistisch-nationalsozialistischen, nicht aber der kommunistischen Erscheinungsform totalitärer Herrschaft auseinandergesetzt habe.

Am 5. Juni 1998 hielt Jürgen Habermas in Gegenwart des sozialdemokratischen Kanzlerkandidaten Gerhard Schröder beim Kulturforum der Sozialdemokratie in Berlin seinen berühmten Vortrag «Die postnationale Konstellation und die Zukunft der Demokratie». Seine nicht nur auf Deutschland, sondern auf Europa, wenn nicht auf die ganze Welt bezogene These von der neuen, nicht mehr nationalstaatlichen, sondern «postnationalen» Konstellation entsprang nach meiner Überzeugung der unter westdeutschen Intellektuellen verbreiteten Weigerung, von einer problematischen Selbsteinschätzung der alten Bundesrepublik Abschied zu nehmen.

Karl Dietrich Bracher, der die Bundesrepublik erstmals 1976 als «postnationale Demokratie unter Nationalstaaten» bezeichnet hatte, wollte damit eine Besonderheit des westdeutschen Staates charakterisieren. Diese Einschränkung entfiel in der Formel von der «postnationalen Konstellation». Auf das wiedervereinigte Deutschland traf der Begriff «postnationale Demokratie» aus meiner Sicht weniger denn je zu: Es war inzwischen wie alle Mitgliedstaaten der EU ein postklassischer Nationalstaat geworden. Habermas' Hoffnung, die Europäische Union möge sich «zur ersten Gestalt einer postnationalen Demokratie» entwickeln, hielt ich angesichts des ausgeprägten Nationalbewusstseins in den meisten Staaten der EU für einen Ausdruck von deutschem, genauer gesagt: altbundesdeutschem Wunschdenken. Entsprechend äußerte ich mich in meinem weiter oben erwähnten, in der Hauptsache gegen den nordrhein-westfälischen Ministerpräsidenten Wolfgang Clement gerichteten Artikel «Separatismus auf Filzlatschen», der am 14. Oktober 1998 in der *Zeit* erschien. Es war das erste Mal, dass ich Habermas öffentlich widersprach.

Es war nicht das letzte Mal. Bei den Vorarbeiten für den zweiten Band des «Langen Weges nach Westen» las ich erneut und mit kritischeren Augen als beim ersten Mal die publizistischen Interventionen von Jürgen Habermas zur deutschen Einheit aus den Jahren 1990 und 1991. Sein *Zeit*-Aufsatz «Der DM-Nationalismus» vom 30. März 1990 war ein Protest gegen den Ausgang der Volkskammerwahl in der DDR vom 18. März, die den Sieg des «Beitrittslagers» gebracht hatte. Habermas gab seiner Befürchtung Ausdruck, dass der «pausbäckige DM-Nationalismus» der Ostdeutschen eine Rückkehr des überwunden geglaubten traditionellen Patriotismus in ganz Deutschland zur Folge haben, die Bundesrepublik also um die Errungenschaft ihres nichtnationalistischen Selbstverständnisses bringen werde. Dieser Renationalisierung gelte es, um Europas willen entgegenzuwirken. Deshalb plädierte der Autor für die Einberufung einer Verfassunggebenden Versammlung. Sie sollte eine Abstimmung nach Artikel 146 des Grundgesetzes vorbereiten, bei der *alle* Bürger eine Chance hätten, Nein zu sagen.

Am 10. Mai 1991 erschien ebenfalls in der *Zeit* Habermas' wichtigster Text zum Thema deutsche Einheit. Der Titel «Die andere Zerstörung der Vernunft» war eine beziehungsreiche Anspielung auf «Die Zerstörung der Vernunft», ein berühmtes, gegen protofaschistisches und faschistisches «bürgerliches» Denken gerichtetes Werk des marxistischen Philosophen Georg Lukács. In seinem Aufsatz tadelte Habermas wie schon im Vorjahr die Art und Weise, wie die deutsche Einheit zustande gekommen war. Der Modus des Beitritts habe vier Fünfteln der Wahlbevölkerung (gemeint waren die Westdeutschen) die Chance genommen, sich frei zu entscheiden.

Ein Schlüsselwort des Textes lautete «Beziehungslosigkeit», womit der in Düsseldorf geborene und in Gummersbach aufgewachsene Philosoph sein von ihm für repräsentativ gehaltenes Nicht-Verhältnis zur untergegangenen DDR charakterisierte. «Unsereins» habe mit der Nachkriegsgeschichte Italiens oder Frankreichs oder der USA mehr gemeinsam gehabt als mit der DDR. «Deren Geschichte war nicht unsere Geschichte. Für meine Kinder und die Generation meiner Kinder gilt das erst recht.» Die DDR habe in ihrer Rhetorik fortschrittlich klingende Ideen zu ihrer Legitimation missbraucht und dadurch in Misskredit gebracht. «Die Entwertung unserer besten intellektuellen Tradition ist für mich einer der bösesten Aspekte an dem Erbe, das die DDR in die vereinigte Bundesrepublik einbringt.»

Drei Wochen später antwortete der ostdeutsche Theologe Richard Schröder, der ehemalige Fraktionsvorsitzende der SPD in der frei gewählten Volkskammer der DDR, ebenfalls in der *Zeit*, auf Habermas' Manifest des altbundesdeutschen Denkens. «Zum Lob der

Wessis und zum Trost für unseren Glauben an den Menschen hat in Wahrheit die Mehrheit der Bundesbürger die Einheit auch im Modus des Beitritts begrüßt und nicht verlangt, dass erst noch getestet werden muss, ob in der Bundesrepublik die Hartherzigkeit mehrheitsfähig ist ... Es gibt eine Art von links, da blutet das Herz für alle Leiden dieser Welt, bloß die wirklichen Menschen, die findet sie eigentlich verächtlich, sie vermisst an ihnen, dass sie – ihrer Ansicht sind.»

Ich konnte nicht umhin, Schröder und nicht Habermas recht zu geben, und das schrieb ich dann auch im fünften Kapitel des zweiten Bandes des «Langen Weges nach Westen». Ich hielt dem Philosophen vor, seine Analyse offenbare «ein normatives Defizit bei denen, die, wie Habermas, das normative Defizit des Vereinigungsprozesses beanstandeten». Habermas beklagte unter Hinweis auf die «administrative Abwicklung» von Akademien, Hochschulen und Museen die vielen «geknickten Biographien» in der ehemaligen DDR, die in jedem Fall eine Katastrophe seien, womit er sich auf die Seite jener stellte, die vor 1990 die Diktatur legitimiert hatten. Das war aus Schröders wie aus meiner Sicht eine falsch verstandene «nationale Solidarität». Die deutsch-deutsche Entfremdung hat im ersten Jahr des wiedervereinigten Deutschland, was die westliche Seite dieses Prozesses angeht, in den Einlassungen von Jürgen Habermas einen authentischen Ausdruck gefunden. Das war es, was Richard Schröder, in Sachen Dialektik Habermas ebenbürtig, in seiner fulminanten Replik auf den Punkt brachte.

Den für Habermas so wichtigen Begriff «postnationale Demokratie», den er von Bracher übernahm, enthistorisierte und generalisierte der Philosoph, indem er ihn aus dem spezifisch bundesrepublikanischen Kontext löste, in dem sein Urheber ihn geprägt hatte. Ähnlich verfuhr Habermas mit dem Begriff «Verfassungspatriotismus», den der Politikwissenschaftler und Publizist Dolf Sternberger im Mai 1979 in die öffentliche Debatte eingeführt hatte. In einem Leitartikel, der aus Anlass des 30. Jahrestages des Inkrafttretens des Grundgesetzes in der *FAZ* erschien, schrieb er, das Nationalgefühl bleibe verwundet, wir lebten nicht im ganzen Deutschland. «Aber wir leben in einer ganzen Verfassung, in einem ganzen Verfassungsstaat, und das ist selbst eine Art von Vaterland.» Drei Jahre später, Ende Juni 1982, berief sich Sternberger in einem Vortrag vor der Akademie für Politische Bildung in München auf einen friderizianisch gesinnten Wahlpreußen, den Schriftsteller und Autor der Schrift «Vom Tode für das Vaterland», Thomas Abbt, um deutlich zu machen, dass verfassungspatriotisches Denken in Deutschland eine lange, ins 18. Jahrhundert zurückreichende Tradition hatte.

Der «Verfassungspatriotismus», wie Habermas ihn verstand, unterschied sich von dem Sternbergers durch seinen hohen, von allen nationalen Zusammenhängen abgelösten Abstraktionsgrad. Der Philosoph nahm nicht auf das Grundgesetz Bezug, in dem die Erfahrungen der deutschen Verfassungsgeschichte im Hegel'schen Sinn «aufgehoben» waren, sondern auf die universalistischen Verfassungsprinzipien des Westens ganz allgemein. Damit hob sich sein Verfassungspatriotismus auch von den Verfassungspatriotismen der Schweizer oder der Amerikaner ab, die entschieden national geprägt waren. So wichtig es war, den politischen Zusammenhalt der Staatsbürger normativ zu begründen, so unzureichend war doch die abgehobene Art von Verfassungspatriotismus, die Habermas durchsetzen wollte. Eine Antwort auf die Herausforderungen, vor die die Friedliche Revolution in der DDR und der Mauerfall die Bundesrepublik stellten, konnte diese Konstruktion nicht sein.

Jürgen Habermas sah in der sogenannten «Wendezeit» klarer als viele seiner Zeitgenossen die Folgelasten der Spaltung Deutschlands in zwei politische Kulturen in den Jahrzehnten nach 1945. An seine Begrifflichkeit angelehnt, könnte man im Hinblick auf die Vereinigung der Bundesrepublik und der DDR von einem Zusammenprall einer Gesellschaft des herrschaftsfreien Diskurses mit einer Gesellschaft der diskursfreien Herrschaft sprechen. Um die Folgen der deutschen Spaltung zu überwinden, genügte es aber nicht, wirkliche oder vermeintliche Fehler des Vereinigungsprozesses zu kritisieren. Es bedurfte großer materieller Anstrengungen, um die Ungleichzeitigkeiten und Ungerechtigkeiten der Nachkriegsgeschichte zu korrigieren, vor allem aber war eine intensive politische Bildungsarbeit notwendig. Dass diese zweite Aufgabe in den Jahren nach 1990 vernachlässigt wurde, hatte, wie das Ost-West-Gefälle des Zulaufs zu nationalistischen Parteien zeigt, langfristige Folgen.

Dass Habermas mit meiner Kritik haderte, konnte ich einigen seiner Beiträge aus den folgenden Jahren entnehmen, in denen er, ohne meinen Namen zu nennen, meine Thesen zurückwies, wobei er zumindest einmal auf den Buchtitel «Der lange Weg nach Westen» Bezug nahm. In der französischen intellektuellen Zeitschrift *Esprit* nannte der Diplomat und Publizist Christophe Léonzi im Juni 2002 meine Sicht der deutschen Geschichte einen «contrepoint aux théses postnationales de Habermas». Er deutete den Disput als Ausdruck eines Kampfes um die Deutungshoheit in Sachen deutsche Geschichte: eine Interpretation, mit der Leonzi nicht allein stand.

Im Herbst 2002 erschien ein Buch des *Zeit*-Redakteurs Gunter Hofmann mit dem Titel «Abschiede, Anfänge: Die Bundesrepublik. Eine Anatomie». Darin verteidigte der Autor die Position von Habermas gegen die Kritik, die ich im «Langen Weg nach Westen» an seinem Kommentar zur Volkskammerwahl und dem angeblichen ostdeutschen «DM-Nationalismus» geübt hatte. Hofmann kam zu dem Ergebnis, praktisch habe sich die «Winkler-Fraktion» durchgesetzt, politisch-intellektuell aber die «Habermas-Fraktion».

Unter denen, die Habermas' konditioniertes Nein zur deutschen Einheit, jedenfalls in der Art, wie sie am 3. Oktober 1990 verwirklicht wurde, in Erstaunen versetzte, gehörte Richard von Weizsäcker. Bei einem diplomatischen Empfang in Berlin-Dahlem erzählte mir der frühere Bundespräsident Ende Juni 2003, er habe Habermas kürzlich getroffen und, offenbar angeregt durch die entsprechenden Passagen in meinem «Langen Weg nach Westen», auf seine Äußerung angesprochen, die Geschichte der DDR sei «nicht unsere Geschichte». Auf die Frage nach den Gründen dieses Verdikts habe der Philosoph auf seine Herkunft aus dem Rheinland verwiesen; eine Antwort, die Weizsäcker nicht überzeugend fand.

Doch wie Habermas dachten viele westdeutsche Intellektuelle und vor allem solche, die, anders als er selbst, ausschließlich in der Bonner Republik sozialisiert worden waren. Für sie gehörte eben nicht zusammen, was nach Willy Brandts berühmten Diktum vom 10. November 1989 nunmehr zusammenwachsen sollte. Zugespitzt formuliert: Den alliierten Vorbehalten in Bezug auf Berlin und Deutschland als Ganzes folgten die entsprechenden intellektuellen Vorbehalte aus der alten Bundesrepublik auf dem Fuß. Sie bilden ein Kapitel in der Geschichte des sogenannten inneren Einigungsprozesses, das noch zu schreiben ist.

Bei Habermas und nicht nur bei ihm wirkten diese Vorbehalte gegenüber dem Osten nach 1990 in der Konstruktion eines westeuropäisch dominierten postnationalen Kerneuropa nach, für das es jenseits der deutschen Grenzen so gut wie keine Unterstützung gab. Auch darum ging es in dem Gespräch mit Richard von Weizsäcker. In meinem Tagebuch notierte ich, in Habermas' jüngsten Vorstößen für ein vereintes Europa gebe es gewisse «karolingische

Anklänge»: eine Volte, die für die Anhänger der posthumen Adenauer'schen Linken eine gewisse Plausibilität besitzen mochte.

Acht Jahre später, am 13. Juli 2011, erschien im Feuilleton der *FAZ* unter der Überschrift «Die Habermas-Methode» ein Artikel des Rostocker Althistorikers Egon Flaig. Er klagte Jürgen Habermas an, vor 25 Jahren, im Juli 1986, in seinem *Zeit*-Artikel «Eine Art Schadensabwicklung» mit «Tricks», wie sie im «Lumpenjournalismus» üblich seien, den Berliner Historiker Ernst Nolte und einige seiner Kollegen an den Pranger gestellt zu haben. Dabei hätten die von ihm Beschuldigten doch nur eine «Mahnung» ausgesprochen, nämlich, «dass die Vergangenheit der Deutschen nicht zwölf Jahre beträgt, sondern ein gutes Jahrtausend und ... dass die Vergangenheit der Deutschen als Teil der europäischen Kultur mindestens bis zur griechischen Klassik zurückreicht». Die, die das nicht so sähen und, wie Habermas oder der in Leipzig und Tel Aviv lehrende Historiker Dan Diner, auf der Einzigartigkeit der Shoah insistierten, wollten die Deutschen durch moralischen Terror erpressen und einschüchtern.

Erkennen, so weiter Flaig, sei nur möglich, «wenn man so sehr als möglich kontextualisiert, relationiert, relativiert und revidiert». Das müsse auch für den Holocaust gelten. Der Autor ließ keinen Zweifel an seinem Erkenntnisinteresse. Es ging ihm darum, den Deutschen «das Grundrecht jeder Generation auf Erden» zu sichern: die «Normalität». Dieses Grundrecht werde ihnen von «Habermas und seinesgleichen» verweigert: «Abnormalität als Dauerzustand, verhängt von moralisierenden Fanatikern? Kann das gut gehen? Gewiss nicht.» Von der historischen Einzigartigkeit des nationalsozialistischen Judenmordes wollte Flaig nichts wissen. Kein semantisches Gericht könne ihm, Flaig, irgendetwas vorschreiben. «Und wenn ich behaupte, die athenische Demokratie sei ebenso einzigartig wie die Shoah, dann kann ich dafür einen guten Grund nennen: Sie ist nämlich für mich bedeutsamer als die Shoah.»

Flaigs Großangriff auf die Kritiker Noltes im «Historikerstreit» veranlasste mich, zu einem publizistischen Gegenschlag auszuholen. Unter dem Titel «Hellas statt Holocaust? Jürgen Habermas, Egon Flaig und der ‹Historikerstreit› von 1986» hielt ich dem Rostocker Althistoriker in der *Zeit* vom 21. Juli 2011 vor, er berufe sich auf den europäischen und westlichen Kontext, um der Ermordung der europäischen Juden eine mindere Bedeutung zuzuweisen. In Wirklichkeit sei es eben dieser westliche Hintergrund, vor dem die Einzigartigkeit der Shoah deutlich hervortrete. «Der Holocaust war ein Menschheitsversprechen, begangen von einem Land des alten Okzidents, dessen traditionelle Eliten sich gleichwohl von den Nationen des transatlantischen Westens in einem wesentlichen Punkt unterschieden: Deutschland hatte sich das normative Projekt des Westens, die Ideen der Amerikanischen Revolution von 1776 und der Französischen Revolution von 1789 allenfalls teilweise zu eigen gemacht. Die unveräußerlichen Menschenrechte, die Prinzipien der Volkssouveränität und der repräsentativen Demokratie bildeten keinen Teil der politischen Kultur des Kaiserreichs … Der Nationalsozialismus war die extremste Steigerung des antiwestlichen Ressentiments der Deutschen.» Erst nach der zweiten Niederlage im Jahr 1945 habe im Westteil Deutschlands jener langwierige und widerspruchsvolle Prozess eingesetzt, den Jürgen Habermas in seinem *Zeit*-Artikel als vorbehaltlose Öffnung gegenüber der politischen Kultur des Westens bezeichnete.

Von alledem war in Flaigs Versuch einer Banalisierung des Holocaust nicht die Rede. Er schickte seine Leser vielmehr auf eine humanistisch ausstaffierte Zeitreise in die Geisteswelt der bundesdeutschen fünfziger Jahre. Es war, so schrieb ich, «die Welt der deutschnationalen Geschichtsapologie, zu deren Versatzstücken es gehörte, dass Deutschland keine besondere Schuld am Ausbruch des Ersten Weltkrieges trug, dass Hitlers Machtübernahme eine Folge des ‹Diktats von Versailles› und außerdem ein ‹Betriebsunfall› war, dass die Wehrmacht bis zum bitteren Ende ebenso anständig geblieben war wie die überwältigende Mehrheit der Deutschen und dass, soweit es auf deutscher Seite Verbrechen gab, diese ausschließlich auf das Konto von Hitler, Himmler und ihren Spießgesellen ging. Man muss nicht Geschichte studiert haben, um dieses Geschichtsbild, sagen wir es höflich, für überholt zu halten. Aber es ist in Deutschland offenbar noch heute möglich, Geschichte in dem Geist zu lehren, der dieses Geschichtsbild hervorgebracht hat. Das weiß man jetzt auch außerhalb von Rostock.»

Am 27. Juli 2011 traf bei mir ein sechs Tage zuvor geschriebener Brief von Jürgen Habermas ein. Er bedankte sich für meinen *Zeit*-Artikel und zeigte sich, wie ich in meinem Tagebuch festhielt, «bemüht, mögliche Verstimmungen aus den vergangenen Jahren auszuräumen». Wörtlich heißt es in dem Brief: «In den ernsten politischen Dingen – und natürlich war der ‹Historikerstreit› geschichtspolitischer Art – ist es ja nicht die persönliche, sondern die intellektuelle Nähe, die zählt. Dahrendorf und ich hatten, wie er einmal sagte, eine solche Beziehung.»

Habermas' Brief vom 21. Juli 2011 wurde zu einer Zäsur in unserem Verhältnis. Jürgen Habermas machte deutlich, dass es jenseits unserer unterschiedlichen Positionen in Sachen deutsche Einheit und europäische Einigung ein solides Fundament an Gemeinsamkeit gab: die Orientierung an den ideellen Errungenschaften des Westens und seiner politischen Kultur. Bei einem zufälligen Zusammentreffen in Radda in der Toskana und einem anschließenden ausgedehnten gemeinsamen Abendessen im September 1997 hatte

Habermas bemerkt, bei mir sei, verglichen mit anderen Historikern, der normative Ansatz besonders ausgeprägt. Dem konnte und wollte ich nicht widersprechen.

Als ich einige Wochen nach dem Erscheinen meines *Zeit*-Artikels gegen Egon Flaig, am 28. September 2011 in München anlässlich der Vorstellung des zweiten Bandes meiner «Geschichte des Westens» («Die Zeit der Weltkriege 1914–1945») durch Peer Steinbrück und mich Habermas wiedersah, hatte ich die willkommene Gelegenheit, in meinen einleitenden Ausführungen darauf hinzuweisen, dass ich bei dem, was ich über das normative Projekt des Westens geschrieben hatte, von Habermas' Reflexionen über das «unvollendete Projekt der Moderne» inspiriert worden war.

Bei dem anschließenden Abendessen, zu dem der Verlag C.H.Beck eingeladen hatte, nahmen Jürgen und Ute Habermas, Hans und Margareta Mommsen, der Jurist Peter Landau und Peer Steinbrück teil. Die Diskussion drehte sich zunächst um Perspektiven der europäischen Einigung. Etwas später kam aber auch Habermas' Verhältnis zu Papst Benedikt XVI., dem früheren Münchner Kardinal Joseph Ratzinger, zur Sprache, mit dem der Philosoph im Januar 2004 in der Katholischen Akademie Bayern in München ein öffentliches Zwiegespräch geführt hatte. Auf meine Frage, ob er, Habermas, Anknüpfungspunkte sehe zwischen seiner Kritik der positivistischen Vernunft und dem, was der Papst ein paar Tage zuvor zu diesem Thema in seiner Rede vor dem Deutschen Bundestag gesagt habe, antwortete Habermas zur großen Erheiterung der Anwesenden, und vor allem von Peer Steinbrück: «Um Gottes willen!»

2014 entbrannte, wie erwähnt, aus Anlass des 100. Jahrestages des Ausbruchs des Ersten Weltkriegs eine öffentliche Debatte über den Anteil Deutschlands an diesem epochalen Ereignis. Ich äußerte mich in der *Frankfurter Allgemeinen,* der *Süddeutschen Zeitung* und in der

Zeit kritisch zu der in Deutschland sehr positiv aufgenommenen Auffassung von Christopher Clark und einigen deutschen Historikern, das Deutsche Reich habe sich in der Julikrise von 1914 weniger kriegstreibend verhalten, als es nach meiner Einschätzung und der in Deutschland inzwischen vorwiegenden Lehrmeinung der Geschichtswissenschaft den Tatsachen entsprach. Von Jürgen Habermas erhielt ich daraufhin einen am 25. August 2014 handschriftlich geschriebenen Brief, in dem er sich für meine «aufklärenden Initiativen» bedankte, mit denen ich «gegen den Strom» schwämme.

Ein ausführlicher Gedankenaustausch entwickelte sich zwischen Jürgen Habermas und mir Anfang 2015. Am 26. Januar hielt ich auf Einladung der Ludwig-Maximilians-Universität die alljährliche Munich History Lecture zu dem von mir gewählten Thema «Von der deutschen zur europäischen Frage». (Der Text ist im Herbstheft 2015 der *Vierteljahrshefte für Zeitgeschichte* erschienen.) Unter den Zuhörern sah ich zu meiner Freude auch Jürgen Habermas, dessen Rolle beim Historikerstreit von 1986 ich in meinem Vortrag besonders hervorhob. In der anschließenden Diskussion meldete er sich zu Wort. Meiner historischen Analyse der Entwicklung der deutschen Frage im 19. und 20. Jahrhundert stimmte er nachdrücklich zu, äußerte sich aber einschränkend kritisch zu meiner insgesamt positiven Bewertung der Haltung, die die Bundesregierung in der Krise der Eurozone einnahm. Ich war ihm in dieser Hinsicht zu wenig «europäisch». Ich konterte, wer glaube, Deutschland allein könne die Probleme der Krisenländer wie namentlich Griechenlands lösen, überschätze unsere Möglichkeiten.

Dem kurzen mündlichen Disput folgte ein ausführlicher Brief vom 27. Januar 2015. Habermas betonte nochmals das hohe Maß von Übereinstimmung mit meinen Münchner Thesen und kam dann auf die «kleineren Differenzen» in der Europafrage zurück. Er legte Wert auf die Unterscheidung «zwischen Reformen im Sinne der Modernisierung des Staatsapparats und der Wirtschaftskultur und ‹Reformen› im Sinne schamloser, ja entwürdigender neoliberaler Unzumutbarkeiten». Darüber vergesse er aber nicht die Übereinstimmung im Grundsätzlichen. «Gerade deshalb bin ich froh, dass Sie die Frage einer möglichen Wiederkehr der ‹deutschen Frage› anpacken. Vielleicht spüren Sie, da Sie die Wiedervereinigung als Telos der deutschen Geschichte darstellen, sogar eine Verpflichtung dazu.»

Damit war Habermas beim Kernpunkt: den Lehren, die die Bundesrepublik nach 1945 aus der deutschen Vergangenheit gezogen hatte. Die Entwicklung eines postnationalen Bewusstseins der durch die nationale Teilung erzwungen worden und «heute aus ganz anderen Gründen angesagt» sei. Den 17 Millionen Ostdeutschen seien die konfliktreichen und jahrzehntelangen Lernprozesse der alten Bundesrepublik auf dem Feld der politischen Kultur «erspart» worden. «Rückwirkend» sei inzwischen «in Gesamtdeutschland eine ‹kritische Masse› entstanden, deren Stimmungslage (!) u. a. in den verquasten Pegida-Demonstrationen (und demnächst vielleicht in anderen Formen) in Erscheinung» trete (die Ausrufungszeichen stammen von Habermas). Eine fortdauernde deutsche Mehrstaatlichkeit habe vor 1989 an ältere deutsche Traditionen, nämlich die des Alten Reiches anknüpfen können. «Eine wiederholte Zellteilung dieser Art wäre im postnationalen Klima von 1989 vermutlich noch als Kriegsfolge ohne Verdauungsstörung akzeptiert worden.» Nach der internationalen Rückendeckung für eine Wiedervereinigung Deutschlands durch George H. W. Bush und Michail Gorbatschow habe aber auch er, Habermas, eine Zweistaatenlösung «weder für möglich noch für wünschenswert» gehalten.

In meiner Antwort nannte ich das «postnationale Bewusstsein» ein «altbundesdeutsches Spezifikum». Außerhalb der alten Bundesrepublik habe kaum jemand «postnational» gefühlt. «Die überzeugten Verteidiger der westeuropäischen Einigung wollten die Nationen und Nationalstaaten nicht überwinden, sondern überwölben. Sie dachten in den Kategorien postklassischer Nationalstaaten … Postklassische Nationalstaaten sind bereit, ihr Hoheitsrechte teilweise gemeinsam auszuüben oder auf supranationale Einrichtungen zu übertragen.» 1989/90 wäre die Festschreibung der Zweistaatlichkeit nicht nur an den Ostdeutschen gescheitert. Die Überwindung der Teilung Deutschlands sei auch aus der Sicht polnischer Bürgerrechtler (ich erwähnte Bronisław Geremek) eine «Vorbedingung der Überwindung der Teilung Europas (und des alten Okzidents)» gewesen, wie sie 1945 in Jalta beschlossen worden war.

Was die «kritische Masse» antiwestlicher Ressentiments in Deutschland anging, stimmte ich Habermas zu. «‹Pegida› illustriert beides: ein ausgeprägtes Ost-West-Gefälle von Vorbehalten gegenüber der politischen Kultur des Westens, aber auch das Vorhandensein solcher Relikte des langlebigen Obrigkeitsstaates in ganz Deutschland. Deutschlands langer Weg nach Westen ist viel weniger abgeschlossen, als ich 2000 meinte. Daraus ergibt sich die Notwendigkeit neuer Grundsatzdebatten über das Selbstverständnis der Deutschen. Und was die Überwindung der Krise der EU betrifft, so hängt alles davon ab, ob ein deutsch-französischer Reformkonsens zustande kommt, der auch für andere Krisenstaaten anschlussfähig ist. Vielleicht erweist sich Putins Politik ja als Katalysator auf dem Weg aus der Krise. Aber damit begebe ich mich auf das Gebiet der Spekulation.»

Ende Februar 2015 bedankte sich Jürgen Habermas für die Zusendung des vierten Bandes meiner «Geschichte des Westens» («Die Zeit der Gegenwart»). Freundlichen Bemerkungen zum Abschluss der Tetralogie folgte ein einschränkender Zusatz: «Aber es wäre schön, wenn Sie auch die Ambivalenzen der Renationalisierung der Bundesrepublik im Auge behalten würden.» Meiner These, mit einem Festhalten an der postnationalen Selbstdeutung der alten Bundesrepublik und an einem europäischen Bundesstaat würde das wiedervereinigte Deutschland einen neuen Sonderweg beschreiten, vermochte er nach wie vor nichts abzugewinnen.

Auch was die Themen «transnationale Listen» und «Spitzenkandidaturen» bei den Wahlen zum Europäischen Parlament betraf, waren wir, wie ein teils brieflicher, teils telefonischer Meinungsaustausch im Jahr 2019 zeigte, unterschiedlicher Meinung. Noch wichtiger aber war und ist die Übereinstimmung im Grundsätzlichen: dem normativen Ausgangspunkt unserer wissenschaftlichen Arbeit und der «letztlich praktischen Forschungsabsicht», ohne die es Hermann Heller zufolge in der Staatslehre weder fruchtbare Fragen noch wesentliche Antworten geben kann.

Fortschritt oder Verlust?
Folgen der digitalen Revolution

In den letzten drei Jahrzehnten hat sich im Zuge der «digitalen Revolution» eine Umwälzung unserer alltäglichen Lebenswelt vollzogen, wie sie die Welt seit der Industriellen Revolution nicht mehr erlebt hat. Zu den Folgeerscheinungen des kulturellen Umbruchs gehört die Entstehung von virtuellen Parallelwelten und Echokammern, die sich gegen die Außenwelt abschotten und damit dem Grundprinzip der bürgerlichen Öffentlichkeit und der pluralistischen Demokratie, dem rationalen Austausch von Argumenten, den Boden zu entziehen drohen. Der Soziologe Andreas Reckwitz spricht in diesem Zusammenhang von einer «Krise des Allgemeinen und einer Parzellierung der politischen Öffentlichkeit in diverse Communities».

Was wir hier erleben, hat Jürgen Habermas, der Autor der 1962 erschienenen Schrift «Strukturwandel der Öffentlichkeit», veranlasst, in einem vieldiskutierten Beitrag für die Zeitschrift *Leviathan* von einem «erneuten Strukturwandel der Öffentlichkeit» zu sprechen, der für ihn einschneidender ist als die Umformung der Öffentlichkeit im Zuge der Herausbildung der modernen kapitalistischen Konsumgesellschaft im späten 19. und frühen 20. Jahrhundert. Habermas sieht die liberale, «deliberative» Öffentlichkeit durch den Aufstieg der von großen Internetkonzernen beherrschten sozialen Medien gefährdet. Anders als in den öffentlich-rechtlichen Medien und in der Qualitätspresse sei in den durch die neuen Medien erzeugten Subkulturen die «Ausbildung konkurrierender öffentlicher, das heißt *qualitativ gefilterter* Meinungen nicht mehr gewährleistet». Angesichts der Marktmacht der Internetkonzerne ist es für den Philosophen keine politische Richtungsentscheidung, sondern ein verfassungsrechtliches Gebot, «eine Medienstruktur aufrechtzuerhalten, die den inklusiven Charakter der Öffentlichkeit und einen deliberativen Charakter der öffentlichen Meinungs- und Willensbildung ermöglicht».

Die Schlussfolgerungen, die Habermas aus dem erneuten Strukturwandel der Öffentlichkeit zieht, sind im besten Sinne liberal – und zugleich konservativ. Er versucht zu bewahren, was ihm aus liberaler Überzeugung bewahrenswert erscheint. Die Geschichte des technologischen Fortschritts im Bereich der Kommunikation hat ein Stadium erreicht, wo sie vor allem als Verlustgeschichte erscheint. Die liberale Demokratie, die revolutionäre Errungenschaft des späten 18. Jahrhunderts, ist außen- wie innenpolitisch in die Defensive geraten – ein Zustand, aus dem sie nur herausfinden wird, wenn sich ihre Anhänger klar machen, dass das Projekt, aus dem sie hervorgegangen ist, kein statisches, sondern ein dynamisches Vorhaben ist: ein historischer Lernprozess, der sich aus Selbstkritik und Selbstkorrekturen speist.

Anders als Max Weber meinte, hat sich nicht der Kapitalismus als die exklusivste westliche Errungenschaft erwiesen, sondern das auf individuellen Rechten und Freiheiten beruhende liberale System. Der Kapitalismus gedeiht in der multipolaren Welt der Gegenwart im Rahmen der unterschiedlichsten Regime, einschließlich des nominell kommunistischen der Volksrepublik China. Die liberale Bürgergesellschaft, das liberale politische System und die liberale Öffentlichkeit hingegen sind bis heute sehr viel weniger «exportfähige» Hervorbringungen des historischen Okzidents.

Bislang gibt es kein anderes politisches System, das ähnlich «fehlerfreundlich» wäre wie die repräsentative, gewaltenteilige Demokratie. Auf ebendieser Lernfähigkeit beruht die Hoffnung, dass sich die westlichen Demokratien als stark genug erweisen, um den Gefahren zu trotzen, die ihnen von außen wie von innen drohen. Die Bedrohung von innen hat im Zeichen der zweiten Präsidentschaft von Donald Trump und der damit einhergehenden Machtsteigerung der großen amerikanischen Internetkonzerne eine neue Qualität erreicht. Die durch Trumps Zollpolitik ausgelöste Krise der Weltwirtschaft erhöht den Druck, der auf den westlichen Demokratien lastet. Wer den Niedergang des Westens aufhalten will, tut gut daran, eine Erkenntnis des Gründers des Allgemeinen Deutschen Arbeitervereins, Ferdinand Lassalle, aus dem Jahr 1862 zu beherzigen: «Alle große politische Aktion besteht in dem Aussprechen dessen, was ist, und beginnt damit. Alle politische Kleingeisterei besteht in dem Verschweigen und Bemänteln dessen, was ist.»

Epilog

Durch Schaden wird man klug: So lautet ein schon der griechischen Antike vertrautes Sprichwort. Es fordert Fragen heraus. Wie groß muss der Schaden sein, um aus ihm zu lernen? Wie lange dauert es, bis man aus dem Schaden die richtigen Schlüsse zieht? Wie lange hält die Einsicht an, zu der einem der Schaden verholfen hat?

Vierzig Jahre nach dem «Zusammenbruch» von 1945, der zweiten, diesmal totalen Kriegsniederlage Deutschlands im 20. Jahrhundert, schien einer der beiden Nachfolgestaaten des Deutschen Reiches, die Bundesrepublik Deutschland, klug geworden zu sein. Am 8. Mai 1985 nannte der damalige Bundespräsident Richard von Weizsäcker im Deutschen Bundestag den 8. Mai 1945 einen «Tag der Befreiung. Er hat uns frei gemacht von dem menschenverachtenden System der nationalsozialistischen Gewaltherrschaft.» Es folgte eine Mahnung: «Wir dürfen nicht im Ende des Krieges die Ursache für Flucht, Vertreibung und Unfreiheit sehen. Sie liegt vielmehr in seinem Anfang und im Beginn jener Gewaltherrschaft, die zum Kriege führte. Wir dürfen den 8. Mai 1945 nicht vom 30. Januar 1933 trennen … Wir haben allen Grund, den 8. Mai 1945 als das Ende eines Irrwegs der deutschen Geschichte zu erkennen, das den Keim der Hoffnung auf eine bessere Zukunft barg.»

Es war durchaus nicht so, dass es 1985 und danach keinen Widerspruch gegen Weizsäckers Schlussfolgerungen aus der deutschen Geschichte gegeben hätte. Längst nicht alle bundesdeutschen Konservativen wollten in der nationalen Selbstkritik so weit gehen wie der sechste Bundespräsident, der ja selbst aus den Reihen der Konservativen hervorgegangen war. 1986 entbrannte der in diesem Buch ausführlich behandelte «Historikerstreit», bei dem es letztlich um nichts Geringeres ging als um die Anerkennung der Singularität des deutschen Menschheitsverbrechens schlechthin, der Ermordung der europäischen Juden. Am Ende der Kontroverse schien es, als sei der Verursacher des Streits, der Berliner Historiker Ernst Nolte, mit seinem Versuch, die Einmaligkeit des Holocaust in Frage zu stellen, gescheitert – und nicht nur er, sondern mit ihm alle, die auf eine wie auch immer geartete Relativierung der deutschen Katastrophe setzten. In den letzten Jahren der alten Bundesrepublik formte sich jene selbstkritische Erinnerungs- und Gedenkkultur heraus, auf der das wiedervereinigte Deutschland aufbauen konnte und bis heute aufbaut.

Abermals vierzig Jahre später stellt sich die Frage, wie nachhaltig und wie repräsentativ die bundesdeutschen Lernprozesse waren. Der andere deutsche Staat, die DDR, verstand sich als antifaschistische Alternative zur kapitalistischen und imperialistischen Bundesrepublik, hatte aber als Diktatur keinen Raum für eine zivilgesellschaftliche Streitkultur, wie sie sich in der Bundesrepublik allmählich entwickelte. Die Folge war, dass unter der Decke der marxistisch-leninistischen Staats- und Parteiideologie traditionelle deutschnationale Geschichtsdeutungen im Osten Deutschlands länger fortlebten und sich dort einer größeren Beliebtheit erfreuten als im Westen: ein Erbe der Teilungszeit, das bis heute im Ost-West-Gefälle des Zulaufs zu Parteien der nationalistischen Rechten einschließlich der AfD nachwirkt.

Doch auch im westlichen Teil des wiedervereinigten Landes ist die selbstkritische Betrachtung der jüngeren deutschen Geschichte sehr viel weniger Konsens, als es lange schien. Ende März 2025 veröffentlichte die Wochenzeitung *Die Zeit* die Ergebnisse einer von ihr in Auftrag gegebenen Umfrage, denen zufolge die Zahl der Deutschen, die einen Schlussstrich unter die Vergangenheit des Nationalsozialismus ziehen wollen, von 53 Prozent im Jahr 2020 auf nunmehr 55 Prozent gestiegen ist. Das Fazit des Autors des Berichts, Christian Staas, lautete: «Die Zeiten des deutschen Behagens an der eigenen Erinnerungs-Meisterschaft sind unwiederbringlich vorbei.»

Achtzig Jahre nach dem Ende des Zweiten Weltkriegs gibt nicht nur Deutschland Anlass zu der Frage nach der Nachhaltigkeit beziehungsweise Vergänglichkeit historischer Lernprozesse. In der größten der demokratischen Siegermächte von 1945 vollzieht sich zurzeit eine Abkehr von den normativen Errungenschaften des eigenen Landes, wie sie die Welt in dieser Radikalität anderenorts noch nicht erlebt hat.

Wohin die zweite Präsidentschaft Donald Trumps die USA und die übrige Welt führen wird, ist noch nicht abzusehen. Dass die autoritär-nationalistische Politik des Präsidenten dem eigenen Land schon jetzt schweren Schaden zugefügt hat, darin sind sich die meisten Beobachter einig. Ob der Schaden ausreichen wird, um die USA zur Umkehr und damit zur Abwendung von Trump zu bewegen, steht dahin.

Fatalismus wäre die falsche Antwort auf das Schwinden der überkommenen politischen Gewissheiten. Die Zukunft des Westens hängt im hohen Maße von der Bereitschaft der verbliebenen westlichen Demokratien ab, sich so eng wie möglich zusammenzuschließen, um so wirksam wie möglich zu verteidigen, was von innen wie von außen bedroht ist: ihre politische Freiheit. Eine dieser Demokratien ist die Bundesrepublik Deutschland. Von ihrer Entschlusskraft hängt inzwischen mehr ab als nur das Schicksal des eigenen Landes.

Dank

Mein Dank gilt denen, die zum Erscheinen dieses Bandes beigetragen haben. Ich nenne das Institut für Geschichtswissenschaften der Humboldt-Universität zu Berlin, das mir nach dem Ende meiner regulären Lehrtätigkeit im Jahr 2007 einen Raum für meine Forschungen zur Verfügung gestellt hat, und besonders Frau Prof. Dr. Gabriele Metzler, die meine Projekte betreut, sowie den Deutschen Sparkassen- und Giroverband, den Stifterverband für die Deutsche Wissenschaft und die ZEIT STIFTUNG BUCERIUS, die meine Arbeit an diesem Band materiell unterstützt haben.

Danken möchte ich sodann Frau Friederike Fleschenberg, M. A., die mir bei Recherchen und der Herstellung des PC-Manuskripts unermüdlich geholfen hat. Michael Kuckenburg bin ich dankbar für Auskünfte zum Lehrerkollegium des Ulmer Humboldt-Gymnasiums in den 1950er Jahren. Jürgen Habermas danke ich für die Erlaubnis, aus seinen Briefen an mich zu zitieren. Auf der Seite des Verlags C.H.Beck, dessen Autor ich seit mehr als drei Jahrzehnten bin, danke ich dem Cheflektor Dr. Sebastian Ullrich für die sorgfältige Durchsicht des Textes und vielerlei klugen Rat, meiner stets freundlichen und hilfsbereiten Ansprechpartnerin Janna Rösch und Alexander Goller, der zu meiner Freude auch bei diesem Buch die Erstellung des Personenregisters übernommen hat.

An dem, wovon in diesem Band die Rede ist, hat meine Frau einen immensen Anteil. Ihr ist er deshalb in Dankbarkeit gewidmet.

Berlin, im Mai 2025 Heinrich August Winkler

Anhang

Abkürzungsverzeichnis

AfD	Alternative für Deutschland
APEC	Asia Pacific Economic Cooperation
BAMF	Bundesamt für Migration und Flüchtlinge
BRD	Bundesrepubik Deutschland
BSW	Bündnis Sahra Wagenknecht
CDU	Christlich Demokratische Union Deutschlands
CSU	Christlich Soziale Union
DDR	Deutsche Demokratische Republik
DM	Deutsche Mark
EU	Europäische Union
FAZ	Frankfurter Allgemeine Zeitung
FBI	Federal Bureau of Investigation
FDJ	Freie Deutsche Jugend
FDP	Freie Demokratische Partei
FPÖ	Freiheitliche Partei Österreichs
FU	Freie Universität
HJ	Hitler-Jugend
HU	Humboldt-Universität
ISAF	International Security Assistance Force
KAPD	Kommunistische Arbeiterpartei Deutschlands
KBW	Kommunistischer Bund Westdeutschlands
Kostufra	Kommunistische Studentenfraktion
KPD	Kommunistische Partei Deutschlands
KPO	Kommunistische Partei-Opposition
KZ	Konzentrationslager
MAP	Membership Action Plan

NATO	North Atlantic Treaty Organization
NPD	Nationaldemokratische Partei Deutschlands
NS	Nationalsozialismus
NSDAP	Nationalsozialistische Deutsche Arbeiterpartei
OSI	Otto-Suhr-Institut
OSZE	Organisation für Sicherheit und Zusammenarbeit in Europa
PDS	Partei des Demokratischen Sozialismus
PiS	Prawo i Sprawiedliwość (Recht und Gerechtigkeit)
SA	Sturmabteilung
SBK	Struktur- und Berufungskommission(en)
SDS	Sozialistischer Deutscher Studentenbund
SED	Sozialistische Einheitspartei Deutschlands
SPD	Sozialdemokratische Partei Deutschlands
Stamokap	Staatsmonopolistischer Kapitalismus
taz	Die Tageszeitung
UN	United Nations
USA	United States of Amerika
USPD	Unabhängige Sozialdemokratische Partei Deutschlands
VDA	Verein für das Deutschtum im Ausland
VH	Volkshochschule
ZDF	Zweites Deutsches Fernsehen
ZK	Zentralkomitee

Bildnachweis

Tafel VIII oben links: picture alliance/dpa/DB
Tafel VIII unten links: akg-images/picture alliance/dpa
Tafel VIII unten rechts: Foto: Reinhard Friedrich/FU Berlin, UA, RF/0021-05
Tafel X: Märkische Allgemeine Zeitung/Foto: Michael Hübner
Tafel XII oben: Foto: Klaus Kallabis
Tafel XIII oben: Bundesregierung/Foto: Guido Bergmann
Tafel XIII unten: Foto: Ekko von Schwichow
Tafel XIV: Bundesregierung/Fotos: Guido Bergmann
Tafel XV: Deutscher Bundestag/Foto: Achim Melde
Tafel XVI: Atlantik-Brücke/Foto: Katharina Draheim

Die Fotos zu den Tafeln I bis VII, VIII oben rechts, IX, XI und XII unten stammen aus dem Privatarchiv des Autors.

Personenregister